VICTOR HUGO

HISTOIRE
D'UN CRIME

— DÉPOSITION D'UN TÉMOIN —

I. — PREMIÈRE JOURNÉE. — *LE GUET-APENS.*

II. — DEUXIÈME JOURNÉE. — *LA LUTTE.*

Troisième édition

PARIS
CALMANN LÉVY, ÉDITEUR
ANCIENNE MAISON MICHEL LÉVY FRÈRES

M DCCC LXXVII

HISTOIRE D'UN CRIME

VICTOR HUGO

HISTOIRE
D'UN CRIME

— DÉPOSITION D'UN TÉMOIN —

I. — PREMIÈRE JOURNÉE. — *LE GUET-APENS.*

II. — DEUXIÈME JOURNÉE. — *LA LUTTE.*

Troisième édition

PARIS

CALMANN LÉVY, ÉDITEUR

ANCIENNE MAISON MICHEL LÉVY FRÈRES

M DCCC LXXVII

Ce livre est plus qu'actuel; il est urgent.

Je le publie.

V. H.

Paris, 1ᵉʳ octobre 1877.

NOTE.

Ce livre a été écrit il y a vingt-six ans, à Bruxelles, dans les premiers mois de l'exil. Il a été commencé le 14 décembre 1851, le lendemain de l'arrivée de l'auteur en Belgique, et terminé le 5 mai 1852, comme si le hasard voulait faire contre-signer l'anniversaire de la mort du premier Bonaparte par la condamnation du second. C'est le hasard aussi qui, par un enchevêtrement de travaux, de soucis et de deuils, a retardé jusqu'à cette étrange année 1877 la publication de cette histoire. En faisant coïncider avec les choses d'aujourd'hui le récit des choses d'autrefois, le hasard a-t-il eu une intention? Nous espérons que non.

Comme on vient de le dire, le récit du coup d'État a été écrit par une main chaude encore de la lutte contre le coup d'État. Le proscrit s'est immédiatement fait historien. Il emportait dans sa mémoire indignée ce crime, et il a voulu n'en rien laisser perdre. De là ce livre.

Le manuscrit de 1851 a été fort peu retouché. Il est resté ce qu'il était, abondant en détails et vivant, on pourrait dire saignant, de réalité.

L'auteur s'est fait juge d'instruction; ses compagnons de combat et d'exil sont tous venus déposer devant lui. Il a ajouté son témoignage au leur. Maintenant l'histoire est saisie. Elle jugera.

Si Dieu y consent, la publication de ce livre sera prochainement terminée. La suite et la fin paraîtront le 2 décembre. Date convenable.

PREMIÈRE JOURNÉE

———

LE GUET-APENS

I

SÉCURITÉ

Le 1ᵉʳ décembre 1851, Charras haussa les épaules et déchargea ses pistolets. Au fait, croire à un coup d'État possible, cela devenait humiliant. L'hypothèse d'une violence illégale de la part de M. Louis Bonaparte s'évanouissait devant un sérieux examen. La grosse affaire du moment était évidemment l'élection Devincq; il était clair que le gouvernement ne songeait qu'à cela. Quant à un attentat contre la république et contre le peuple, est-ce que quelqu'un pouvait avoir une telle préméditation? Où était l'homme capable d'un tel rêve? Pour une tragédie il faut un acteur, et ici, certes, l'acteur manquait. Violer le droit, supprimer l'Assemblée, abolir la constitution, étrangler la république, terrasser la nation, salir le drapeau, déshonorer l'armée, prostituer le clergé et la magistrature, réussir, triompher, gouverner, administrer, exiler, bannir, déporter, ruiner, assassiner, régner, avec des complicités telles que la loi finit par ressembler au lit d'une fille publique, quoi! toutes ces énormités seraient faites! et par qui? par un colosse? non! par un nain. On en venait à rire. On ne disait plus : quel crime! mais : quelle farce! Car, enfin, on réfléchissait. Les forfaits veulent de la stature. De certains crimes sont trop hauts pour de certaines mains. Pour faire un 18 brumaire, il faut avoir dans son passé Arcole et dans son avenir Austerlitz. Être un grand bandit n'est pas donné au premier venu. On se disait : — Qu'est-ce que c'est que ce fils d'Hortense? Il a derrière lui Strasbourg au lieu d'Arcole, et Boulogne au lieu d'Austerlitz; c'est un Français né Hollandais et naturalisé Suisse; c'est un Bonaparte mâtiné de Verhuell; il n'est célèbre que par la naïveté de sa pose impériale; et qui arracherait une plume à son aigle risquerait d'avoir dans la main une plume d'oie. Ce Bonaparte-là n'a pas cours dans l'armée; c'est une effigie contrefaite, moins or que plomb; et, certes, les soldats français ne nous rendront pas en rébellions, en atrocités, en massacres, en attentats, en trahisons, la monnaie de ce faux Napoléon. S'il essayait une coquinerie, il avorterait. Pas un régiment ne bougerait. Mais d'ailleurs pourquoi essayerait-il? sans doute, il a des côtés louches; mais pourquoi le supposer absolument scélérat? De si extrêmes attentats le dépassent; il en est matériellement incapable; pourquoi l'en supposer capable moralement? Ne s'est-il pas lié sur l'honneur? N'a-t-il pas dit : Personne en Europe ne doute de ma parole? Ne craignons rien. — Sur quoi l'on pouvait répliquer : Les crimes sont faits grandement ou petitement; dans le premier cas, on est César, dans le second cas, on est Mandrin. César passe le Rubicon, Mandrin enjambe l'égout. — Mais les hommes sages intervenaient : Ne nous donnons pas le tort des conjectures offensantes. Cet homme a été exilé et malheureux; l'exil éclaire, le malheur corrige.

Louis Bonaparte de son côté protestait énergiquement. Les faits à sa décharge abondaient. Pourquoi ne serait-il pas de bonne foi? Il avait pris de remarquables engagements. Vers la fin d'octobre 1848, étant candidat à la présidence, il était allé voir rue de la Tour-d'Auvergne, n° 37, quelqu'un à qui il avait dit : — Je viens m'expliquer avec vous. On me calomnie. Est-ce que je vous fais l'effet d'un insensé? On suppose que je voudrais recommencer Napoléon? Il y a deux hommes qu'une grande ambition peut se proposer pour modèles : Napoléon et Washington. L'un est un homme de génie, l'autre est un homme de vertu. Il est absurde de se dire : je serai un homme de génie; il est honnête de se dire : je serai un homme de vertu. Qu'est-ce qui dépend de nous? Qu'est-ce que nous pouvons par notre volonté? Être un génie? Non. Être une probité? Oui. Avoir du génie n'est pas un but possible; avoir de la probité en est un. Et que pourrais-je recommencer de Napoléon? une seule chose. Un crime. La belle ambition ! Pourquoi me supposer fou? La république étant donnée, je ne suis pas un grand homme, je ne copierai pas Napoléon; mais je suis un honnête homme, j'imiterai Washington. Mon nom, le nom de Bonaparte, sera sur deux pages de l'Histoire de France : dans la première, il y aura le crime et la gloire, dans la seconde il y aura la probité et l'honneur. Et la seconde vaudra peut-être la première. Pourquoi? parce que si Napoléon est plus grand, Washington est meilleur. Entre le héros coupable et le bon citoyen, je choisis le bon citoyen. Telle est mon ambition. —

De 1848 à 1851 trois années s'étaient écoulées. On avait longtemps soupçonné Louis Bonaparte; mais le soupçon prolongé déconcerte l'intelligence et s'use par sa durée inutile. Louis Bonaparte avait eu des ministres doubles, comme Magne et Rouher; mais il avait eu aussi des ministres simples, comme Léon Faucher et Odilon Barrot; ces derniers affirmaient qu'il était probe et sincère. On l'avait vu se frapper la poitrine devant la porte de Ham; sa sœur de lait, madame Hortense Cornu, écrivait à Mieroslawsky : *Je suis bonne républicaine et je réponds de lui;* son ami de Ham, Peauger, homme loyal, disait : *Louis Bonaparte est incapable d'une trahison.* Louis Bonaparte n'avait-il pas fait le livre du *Paupérisme?* Dans les cercles intimes de l'Élysée, le comte Potocki était républicain, et le comte d'Orsay était libéral; Louis Bonaparte disait à Potocki : *Je suis un homme de démocratie,* et à d'Orsay : *Je suis un homme de liberté.* Le marquis du Hallays était contre le coup d'État, et la marquise du Hallays était pour. Louis Bonaparte disait au marquis : Ne craignez rien (il est vrai qu'il disait à la marquise : Soyez tranquille). L'Assemblée, après avoir montré çà et là quelques velléités d'inquiétude, s'était remise et calmée. On avait le général Neumayer « qui était sûr », et qui, de Lyon où il était, marcherait sur Paris. Changarnier s'écriait : *Représentants du peuple, délibérez en paix.* Lui-même, Louis Bonaparte, avait prononcé ces paroles fameuses : *Je verrais un ennemi de mon pays dans quiconque voudrait changer par la force ce qui est établi par la loi.* Et d'ailleurs, la force, c'était l'armée; l'armée avait des chefs, des chefs aimés et victorieux : Lamoricière, Changarnier, Cavaignac, Leflô, Bedeau, Charras; se figurait-on l'armée d'Afrique arrêtant les généraux d'Afrique? Le vendredi 28 novembre 1851, Louis Bonaparte avait dit à Michel de Bourges : — *Je voudrais le mal que je ne le pourrais pas. Hier jeudi, j'ai invité à ma table cinq des colonels de la garnison de Paris; je me suis passé la fantaisie de les interroger chacun à part; tous les cinq m'ont déclaré que jamais l'armée ne se prêterait à un coup de force et n'attenterait à l'inviolabilité de l'Assemblée. Vous pouvez dire ceci à vos amis. — Et il souriait,* disait Michel de Bourges rassuré, *et moi aussi j'ai souri.* A la suite de cela, Michel de Bourges disait à la tribune : *C'est mon homme.* Dans ce même mois de novembre, sur la plainte en calomnie du président de la république, un journal satirique était condamné à l'amende et à la prison pour une caricature représentant un tir, et Louis Bonaparte ayant la constitution pour cible. Le ministre de l'intérieur Thorigny ayant déclaré, dans le conseil, devant le président, que jamais un dépositaire du pouvoir ne devait violer la loi, qu'autrement il serait... — *Un malhonnête homme,* avait dit le président. Toutes ces paroles et tous ces faits avaient la notoriété publique. L'impossibilité matérielle et morale du coup d'État frappait tous les yeux. Attenter à l'Assemblée nationale! arrêter les représentants! quelle folie! On vient de le voir, Charras, qui s'était longtemps tenu sur ses gardes, renonçait à toute précaution. La sécurité était complète et unanime. Nous étions bien, dans l'Assemblée, quelques-uns qui gardaient un certain doute et qui hochaient parfois la tête; mais nous passions pour imbéciles.

II

PARIS DORT; COUP DE SONNETTE

Le 2 décembre 1851, le représentant Versigny, de la Haute-Saône, qui demeurait à Paris rue Léonie, n° 4, dormait. Il dormait profondément; il avait travaillé une partie de la nuit. Versigny était un jeune homme de trente-deux ans, à la figure douce et blonde, très-vaillant esprit, et tourné vers les études sociales et économiques. Il avait passé les premières heures de la nuit dans l'étude d'un livre de Bastiat qu'il annotait, puis, laissant le livre ouvert sur sa table, il s'était endormi. Tout à coup, il fut éveillé en sursaut par un brusque coup de sonnette. Il se dressa sur son séant. C'était le petit jour. Il était environ sept heures du matin.

Ne devinant pas quel pouvait être le motif d'une visite si matinale, et supposant que c'était quelqu'un qui se trompait de porte, il se recoucha, et il allait se rendormir, quand un second coup de sonnette, plus significatif encore que le premier, le réveilla décidément. Il se leva en chemise, et alla ouvrir.

Michel de Bourges et Théodore Bac entrèrent. Michel de Bourges était le voisin de Versigny. Il demeurait rue de Milan, n° 16.

Théodore Bac et Michel étaient pâles et semblaient vivement agités.

— Versigny, dit Michel, habillez-vous tout de suite. On vient d'arrêter Baune.

— Bah ! s'écria Versigny, est-ce que c'est l'affaire Mauguin qui recommence ?

— C'est mieux que cela, reprit Michel. La femme et la fille de Baune sont venues chez moi il y a une demi-heure. Elles m'ont fait éveiller. Baune a été arrêté dans son lit à six heures du matin.

— Qu'est-ce que cela signifie ? demanda Versigny.

On sonna de nouveau.

— Voici qui va probablement nous le dire, répondit Michel de Bourges.

Versigny alla ouvrir. C'était le représentant Pierre Lefranc. Il apportait en effet le mot de l'énigme.

— Savez-vous ce qui se passe ? dit-il.

— Oui, répondit Michel, Baune est en prison.

— C'est la république qui est prisonnière, dit Pierre Lefranc. Avez-vous lu les affiches ?

— Non.

Pierre Lefranc leur expliqua que les murs se couvraient en ce moment d'affiches, que les curieux se pressaient pour les lire, qu'il s'était approché de l'une d'elles au coin de sa rue, et que le coup était fait.

— Le coup ! s'écria Michel, dites le crime.

Pierre Lefranc ajouta qu'il y avait trois affiches, un décret et deux proclamations, toutes trois sur papier blanc, et collées les unes contre les autres.

Le décret était en très-gros caractères.

L'ancien constituant Laissac logé, comme Michel de Bourges, dans le voisinage (4, cité Gaillard), survint. Il apportait les mêmes nouvelles et annonçait d'autres arrestations faites dans la nuit.

Il n'y avait pas une minute à perdre.

On alla prévenir Yvan, le secrétaire de l'Assemblée nommé par la gauche, qui demeurait rue de Boursault.

Il fallait se réunir, il fallait avertir et convoquer sur-le-champ les représentants républicains restés libres. Versigny dit : Je vais chercher Victor Hugo.

Il était huit heures du matin, j'étais éveillé, je travaillais dans mon lit. Mon domestique entra, et me dit avec un certain air effrayé :

— Il y a là un représentant du peuple qui veut parler à Monsieur.

— Qui ?

— Monsieur Versigny.

— Faites entrer.

Versigny entra et me dit la chose. Je sautai à bas du lit.

Il me fit part du rendez-vous chez l'ancien constituant Laissac.

— Allez vite prévenir d'autres représentants, lui dis-je.

Il me quitta.

III

CE QUI S'ÉTAIT PASSÉ DANS LA NUIT

Avant les fatales journées de juin 1848, l'Esplanade des Invalides était divisée en huit vastes boulingrins, entourés de garde-fous en bois, enfermés entre deux massifs d'arbres, séparés par une rue perpendiculaire au portail des Invalides. Cette rue était coupée par trois rues parallèles à la Seine. Il y avait là de larges gazons où les enfants venaient jouer. Le milieu des huit boulingrins était marqué par un piédestal qui avait porté sous l'empire le lion de bronze de Saint-Marc pris à Venise; sous la restauration, une figure de Louis XVIII en marbre blanc, et sous Louis-Philippe un buste en plâtre de Lafayette. Le palais de l'Assemblée constituante ayant été presque atteint par une colonne d'insurgés le 22 juin 1848, et les casernes manquant aux environs, le général Cavaignac fit construire, à trois cents pas du palais législatif, dans les boulingrins des Invalides, plusieurs rangées de longues baraques, sous lesquelles le gazon disparut. Ces baraques, où l'on pouvait loger trois ou quatre mille hommes, reçurent des troupes destinées spécialement à défendre l'Assemblée nationale.

Au 1ᵉʳ décembre 1851, les deux régiments casernés dans les baraques de l'Esplanade, étaient le 6ᵉ et le 42ᵉ de ligne; le 6ᵉ, commandé par le colonel Garderens de Boisse, fameux avant le Deux-Décembre; le 42ᵉ, par le colonel Espinasse, fameux depuis.

La garde nocturne ordinaire du palais de l'Assemblée était composée d'un bataillon d'infanterie et de trente soldats d'artillerie avec un capitaine. Le ministère de la guerre envoyait en outre quelques cavaliers destinés à faire le service d'ordonnances. Deux obusiers et six pièces de canon, avec leurs caissons, étaient rangés dans une petite cour carrée située à droite de la cour d'honneur, et qu'on appelait la cour des canons. Le chef de bataillon, commandant militaire du palais, était placé lui-même sous la direction immédiate des questeurs. A la nuit tombée, on verrouillait les grilles et les portes, on posait les sentinelles, on donnait les consignes, et le palais était fermé comme une citadelle. Le mot d'ordre était le même que celui de la place de Paris.

Les consignes spéciales rédigées par les questeurs, interdisaient l'entrée d'aucune force armée autre que la troupe de service.

Dans la nuit du 1ᵉʳ au 2 décembre, le palais législatif était gardé par un bataillon du 42ᵉ.

La séance du 1ᵉʳ décembre, fort paisible et consacrée à l'examen de la loi municipale, avait fini tard, et s'était terminée par un scrutin à la tribune. Au moment où M. Baze, l'un des questeurs, montait à la tribune pour déposer son vote, un représentant appartenant à ce qu'on appelait « les bancs élyséens », s'approcha de lui et lui dit tout bas : *C'est cette nuit qu'on vous enlève.* On recevait tous les jours de ces avertissements, et on avait fini, nous l'avons expliqué plus haut, par n'y plus prendre garde. Cependant, immédiatement après la séance, les questeurs firent appeler le commissaire spécial de police de l'Assemblée. Le président Dupin était présent. Le commissaire interrogé déclara que les rapports de ses agents étaient « au calme plat », ce fut son expression, et qu'il n'y avait, certes, rien à craindre pour cette nuit. Et comme les questeurs insistaient : « Bah ! » dit le président Dupin, et il s'en alla.

Dans la même journée du 1er décembre, vers trois heures du soir, comme le beau-père du général Leflô traversait le boulevard devant Tortoni, quelqu'un avait passé rapidement près de lui et lui avait jeté dans l'oreille ce mot significatif : *onze heures — minuit.* On s'en émut peu à la questure et quelques-uns en rirent, c'était l'habitude prise. Cependant le général Leflô ne voulut pas se coucher avant que l'heure indiquée fût passée et resta dans les bureaux de la questure jusque vers une heure du matin.

Le service sténographique de l'Assemblée était fait à l'extérieur par quatre commissionnaires attachés au *Moniteur*, et chargés de porter à l'imprimerie la copie des sténographes et de rapporter les épreuves au palais de l'Assemblée où M. Hippolyte Prévost les corrigeait. M. Hippolyte Prévost, chef du service sténographique, et logé en cette qualité au palais législatif, était en même temps rédacteur du feuilleton musical du *Moniteur*. Le 1er décembre il était allé voir à l'Opéra-Comique la première représentation d'une pièce nouvelle, il ne rentra qu'après minuit. Le quatrième commissionnaire du

Moniteur l'attendait avec l'épreuve du dernier feuillet de la séance. M. Prévost corrigea l'épreuve, et le commissionnaire s'en alla. Il était en ce moment-là un peu plus d'une heure, la tranquillité était profonde; excepté la garde, tout dormait dans le palais.

Ce fut vers ce moment de la nuit qu'un incident singulier se produisit. Le capitaine adjudant-major du bataillon de garde à l'Assemblée vint trouver le chef de bataillon, et lui dit : — Le colonel me fait demander. Et il ajouta, selon le règlement militaire : Me permettez-vous d'y aller? Le commandant s'étonna. — Allez! dit-il avec quelque humeur, mais le colonel a tort de déranger un officier de service. — Un des soldats de garde entendit, sans comprendre le sens de ces paroles, le commandant se promener de long en large et répéter à plusieurs reprises : Que diable peut-il lui vouloir?

Une demi-heure après, l'adjudant-major revint. — Eh bien, demanda le commandant, que vous voulait le colonel? — Rien, répondit l'adjudant; il avait à me donner des ordres de service pour demain. Une partie de la nuit s'écoula. Vers quatre heures du matin, l'adjudant-major revint près du chef de bataillon : — Mon commandant, dit-il, le colonel me fait demander. — Encore! s'écria le commandant, ceci devient étrange; allez-y pourtant.

L'adjudant-major avait, entre autres fonctions, celle de donner les consignes, et par conséquent de les lever.

Dès que l'adjudant-major fut sorti, le chef de bataillon, inquiet, pensa qu'il était de son devoir d'avertir le commandant militaire du palais. Il monta à l'appartement du commandant qui s'appelait le lieutenant-colonel Niols; le colonel Niols était couché; les gens de service avaient regagné leurs chambres dans les combles ; le chef de bataillon, tâtonnant dans les corridors, nouveau dans le palais, connaissant peu les êtres, sonna à une porte qui lui sembla celle du commandant militaire. On ne vint pas ; la porte ne s'ouvrit point ; le chef de bataillon redescendit sans avoir pu parler à personne.

De son côté, l'adjudant-major rentra au palais, mais le chef de bataillon ne le revit pas. L'adjudant resta près de la grille de la place Bourgogne, enveloppé dans son manteau, et se promenant dans la cour comme quelqu'un qui attend.

A l'instant où cinq heures sonnaient à la grande horloge du dôme, les troupes qui dormaient dans le camp baraqué des Invalides furent réveillées brusquement. L'ordre fut donné à voix basse dans les chambrées de prendre les armes en silence. Peu après, deux régiments, le sac au dos, se dirigeaient vers le palais de l'Assemblée. C'était le 6e et le 42e.

A ce même coup de cinq heures, sur tous les points de Paris à la fois, l'infanterie sortait partout et sans bruit de toutes les casernes, les colonels en tête. Les aides de camp et les officiers d'ordonnance de Louis Bonaparte, disséminés dans tous les casernements, présidaient à la prise d'armes. On ne mit la cavalerie en mouvement que trois quarts d'heure après l'infanterie, de peur que le pas des chevaux sur le pavé ne réveillât trop tôt Paris endormi.

M. de Persigny, qui avait apporté de l'Élysée au camp des Invalides l'ordre de prise d'armes, marchait en tête du 42e, à côté du colonel Espinasse. On a raconté dans l'armée, car aujourd'hui, blasé qu'on est sur les faits douloureux pour l'honneur, on les y raconte avec une sorte de sombre indifférence, on a raconté qu'au moment de sortir avec son régiment, un des colonels, on pourrait le nommer, avait hésité, et que l'homme de l'Élysée, tirant alors de sa poche un paquet cacheté, lui avait dit : — Colonel, j'en conviens, nous entrons dans un grand hasard. Voici sous ce pli, que je suis chargé de vous remettre, cent mille francs en billets de banque *pour les éventualités*. — Le pli fut accepté, et le régiment partit.

Le soir du 2 décembre, ce colonel disait à une femme : — J'ai gagné ce matin cent mille francs et mes épaulettes de général. — La femme le chassa.

Xavier Durrieu, qui nous a raconté la chose, a eu plus tard la curiosité de voir cette femme. Elle lui a confirmé le fait. Certes! elle avait chassé ce misérable : un soldat, traître à son drapeau, oser venir chez elle! Elle! recevoir un tel homme! Non! elle n'en était pas là! — Et, disait Xavier Durrieu, elle a ajouté : *Moi, je ne suis qu'une fille publique !*

Un autre mystère s'accomplissait à la préfecture de police.

Les habitants attardés de la Cité qui rentraient chez eux à une heure avancée de la nuit, remarquaient un grand nombre de fiacres arrêtés sur divers points, par groupes épars, aux alentours de la rue de Jérusalem.

Dès la veille, à onze heures du soir, on avait consigné dans l'intérieur de la préfecture, sous prétexte de l'arrivée des réfugiés de Gênes et de Londres à Paris, la brigade de sûreté et les huit cents sergents de ville. A trois heures du matin, un ordre de convocation avait été envoyé à domicile aux quarante-huit commissaires de

Paris et de la banlieue et aux officiers de paix. Une heure après, tous arrivaient. On les fit entrer dans une chambre séparée et on les isola les uns des autres le plus possible.

A cinq heures, des coups de sonnette partirent du cabinet du préfet; le préfet Maupas appela les commissaires de police l'un après l'autre dans son cabinet, leur révéla le projet, et leur distribua à chacun sa part du crime. Aucun ne refusa; quelques-uns remercièrent.

Il s'agissait de saisir chez eux soixante-dix-huit démocrates influents dans leurs quartiers et redoutés par l'Élysée comme chefs possibles de barricades. Il fallait, attentat plus audacieux encore, arrêter dans leur maison seize représentants du peuple. On choisit pour cette dernière tâche, parmi les commissaires de police, ceux de ces magistrats qui parurent les plus aptes à devenir des bandits. On partagea à ceux-ci les représentants. Chacun eut le sien. Le sieur Courtille eut Charras, le sieur Desgranges eut Nadaud, le sieur Hubaut aîné eut M. Thiers, et le sieur Hubaut jeune le général Bedeau. On donna le général Changarnier à Lerat et le général Cavaignac à Colin. Le sieur Dourlens eut le représentant Valentin, le sieur Benoist le représentant Miot, le sieur Allard le représentant Cholat. Le sieur Barlet eut M. Roger (du Nord); le général Lamoricière échut au commissaire Blanchet. Le commissaire Gronfier eut le représentant Greppo, et le commissaire Boudrot le représentant Lagrange. On distribua aussi les questeurs : M. Baze au sieur Primorin, et le général Leflô au sieur Bertoglio.

Des mandats d'amener avec les noms des représentants avaient été dressés dans le cabinet même du préfet. On n'avait laissé en blanc que les noms des commissaires. On les remplit au moment du départ.

Outre la force armée qui devait les assister, on régla que chaque commissaire serait accompagné de deux escouades, l'une de sergents de ville, l'autre d'agents en bourgeois. Ainsi que le préfet Maupas l'avait dit à M. Bonaparte, le capitaine de la garde républicaine Baudinet fut adjoint au commissaire Lerat pour l'arrestation du général Changarnier.

Vers cinq heures et demie, on fit approcher les fiacres préparés qui attendaient, et tous partirent, chacun avec ses instructions.

Pendant ce temps-là, dans un autre coin de Paris, Vieille rue du Temple, dans cet antique hôtel Soubise dont on a fait l'imprimerie royale, aujourd'hui imprimerie nationale, une autre partie de l'attentat se construisait.

Vers une heure du matin, un passant qui gagnait la Vieille rue du Temple par la rue des Vieilles-Haudriettes remarqua, à l'angle de ces deux rues, plusieurs longues et hautes fenêtres vivement éclairées. C'étaient les fenêtres des ateliers de l'Imprimerie Nationale. Il tourna à droite et entra dans la Vieille rue du Temple; un moment après, il passa devant la demi-lune rentrante où s'ouvre le portail de l'imprimerie; la grande porte était fermée; deux factionnaires gardaient la porte bâtarde latérale. Par cette petite porte qui était entre-bâillée le passant regarda dans la cour de l'imprimerie et la vit pleine de soldats. Les soldats ne parlaient pas, on n'entendait aucun bruit, mais on voyait reluire les bayonnettes. Surpris, le passant s'approcha. Un des factionnaires le repoussa rudement et lui cria : Au large !

Comme les sergents de ville à la préfecture de police,

les ouvriers avaient été retenus à l'Imprimerie Nationale pour un travail de nuit; en même temps que M. Hippolyte Prévost rentrait au palais législatif, le directeur de l'Imprimerie Nationale rentrait à l'imprimerie, revenant, lui aussi, de l'Opéra-Comique, où il était allé voir la pièce nouvelle, qui était de son frère, M. de Saint-Georges. A peine rentré, le directeur auquel il était venu un ordre de l'Élysée dans la journée, prit une paire de pistolets de poche et descendit dans le vestibule qui communique par un perron de quelques marches avec la cour de l'imprimerie. Peu après, la porte de la rue s'ouvrit, un fiacre entra, un homme qui portait un grand portefeuille en descendit. Le directeur alla au-devant de cet homme et lui dit : — C'est vous, monsieur de Béville? — Oui, dit l'homme.

On remisa le fiacre, on installa à l'écurie les chevaux, et l'on enferma le cocher dans une salle basse; on lui donna à boire et on lui mit une bourse dans la main. Les bouteilles de vin et les louis d'or, c'est le fond de ce genre de politique. Le cocher but et s'endormit. On verrouilla la porte de la salle basse.

La grande porte de la cour de l'imprimerie était à peine fermée qu'elle se rouvrit, donna passage à des hommes armés qui entrèrent en silence, puis se referma. C'était une compagnie de gendarmerie mobile, la 4e du 1er bataillon, commandée par un capitaine appelé la Roche-d'Oisy. Comme on pourra le remarquer par la suite, pour toutes les expéditions délicates les hommes du coup d'état eurent soin d'employer la gendarmerie mobile et la garde républicaine, c'est-à-dire deux corps presque entièrement composés d'anciens gardes municipaux ayant au cœur la rancune de Février.

Le capitaine la Roche-d'Oisy apportait une lettre du ministre de la guerre qui le mettait, lui et sa troupe, à la disposition du directeur de l'Imprimerie Nationale. On chargea les armes sans dire une parole, on posa des factionnaires dans les ateliers, dans les corridors, aux portes, aux fenêtres, partout, deux à la porte de la rue. Le capitaine demanda quelle consigne il devait donner aux soldats. — *Rien de plus simple,* dit l'homme qui était venu dans le fiacre; *quiconque essaiera de sortir ou d'ouvrir une croisée, fusillé.*

Cet homme, qui était en effet M. de Béville, officier d'ordonnance de M. Bonaparte, se retira avec le directeur dans le grand cabinet du premier étage, pièce solitaire qui donne sur le jardin; là il communiqua au directeur ce qu'il apportait, le décret de dissolution de l'Assemblée, l'appel à l'armée, l'appel au peuple, le décret de convocation des électeurs; plus la proclamation du préfet Maupas et sa lettre aux commissaires de police. Les quatre premières pièces étaient entièrement écrites de la main du Président. On y remarquait çà et là quelques ratures.

Les ouvriers attendaient. On plaça chacun d'eux entre deux gendarmes, avec défense de prononcer une parole, puis on distribua dans l'atelier les pièces à imprimer, coupées en très-petits morceaux de façon que pas un ouvrier ne pût lire une phrase entière. Le directeur déclara qu'il leur donnait une heure pour imprimer le tout. Les divers tronçons furent rapportés ensuite au colonel Béville qui les rapprocha et corrigea les épreuves. Le tirage se fit avec les mêmes précautions, chaque presse entre deux soldats. Quelque diligence qu'on y mît, ce travail dura deux heures, les gendarmes surveillant les ouvriers, Béville surveillant Saint-Georges.

Quand ce fut fini, il se fit une chose suspecte et qui ressemble fort à une trahison de la trahison. A traître traître et demi. Ce genre de crime est sujet à cet accident. Béville et Saint-Georges, les deux affidés entre les mains desquels était le secret du coup d'état, c'est-à-dire la tête du Président, ce secret qui ne devait à aucun prix transpirer avant l'heure sous peine de voir tout avorter, eurent l'idée de le confier tout de suite à deux cents hommes « pour se rendre compte de l'effet », comme l'ex-colonel Béville l'a dit plus tard, un peu naïvement. Ils lurent les mystérieux documents tout frais imprimés aux gendarmes mobiles rangés dans la cour. Ces anciens gardes municipaux applaudirent. S'ils eussent hué, on se demande ce qu'auraient fait les deux essayeurs de coup d'état. Peut-être M. Bonaparte se fût-il réveillé de son rêve à Vincennes.

On mit en liberté le cocher, on attela le fiacre, et à quatre heures du matin l'officier d'ordonnance et le directeur de l'Imprimerie Nationale, désormais deux criminels, arrivèrent à la préfecture de police avec les ballots de décrets. Là les flétrissures commencèrent pour eux, le préfet Maupas leur prit la main.

Des bandes d'afficheurs, embauchés pour cette occasion, partirent dans toutes les directions, emportant les décrets et les proclamations.

C'était précisément l'heure où le palais de l'Assemblée nationale était investi. Il y a, rue de l'Université, une porte du palais qui est l'ancienne entrée du palais Bourbon et à laquelle aboutit l'avenue qui mène à l'hôtel du président de l'Assemblée; cette porte, appelée porte de la Présidence, était, selon l'usage, gardée par un factionnaire. Depuis un certain temps l'adjudant-major, mandé deux fois dans la nuit par le colonel Espinasse, se tenait immobile en silence près de cette sentinelle. Cinq minutes après avoir quitté les baraques des Invalides, le 42e de ligne, suivi à quelque distance du 6e qui avait pris par la rue de Bourgogne, débouchait rue de l'Université. Le régiment, dit un témoin oculaire, marchait comme on marche dans la chambre d'un malade. Il arrivait à pas de loup devant la porte de la présidence. Cette embuscade venait surprendre la loi.

Le factionnaire, voyant venir la troupe, se mit en arrêt ; à l'instant où il allait crier qui vive, l'adjudant-major lui saisit le bras, et, en sa qualité d'officier chargé de lever les consignes, lui ordonna de livrer passage au 42e ; en même temps il commanda au portier ébahi d'ouvrir. La porte tourna sur ses gonds ; les soldats se répandirent dans l'avenue ; Persigny entra et dit : C'est fait.

L'Assemblée nationale était envahie.

Au bruit des pas, le commandant Meunier accourut. — Commandant, lui cria le colonel Espinasse, je viens relever votre bataillon. Le commandant pâlit ; son œil resta un moment fixé à terre. Puis tout à coup il porta rapidement la main à ses épaules et arracha ses épaulettes ; il tira son épée, la cassa sur son genou, jeta les deux tronçons sur le pavé, et, tout tremblant de désespoir, il cria d'une voix terrible : — Colonel, vous déshonorez le numéro du régiment !

— C'est bon ! c'est bon ! dit Espinasse.

On laissa ouverte cette porte de la présidence, mais toutes les autres entrées restèrent fermées. On releva tous les postes, on changea toutes les sentinelles, le bataillon de garde fut renvoyé au camp des Invalides, les soldats firent les faisceaux dans l'avenue et dans la cour d'honneur; le 42ᵉ, toujours en silence, occupa les portes du dehors, les portes du dedans, la cour, les salles, les galeries, les corridors, les couloirs; tout le monde dormait toujours dans le palais.

Bientôt arrivèrent deux de ces petits coupés appelés quarante-sous et deux fiacres, escortés de deux détachements de garde républicaine et de chasseurs de Vincennes et de plusieurs escouades d'hommes de police. Les commissaires Bertoglio et Primorin descendirent des deux coupés.

Comme ces voitures arrivaient, on vit paraître à la grille de la place de Bourgogne un personnage chauve, jeune encore. Ce personnage avait toute la tournure d'un homme du monde qui sort de l'Opéra et il en venait en effet, après avoir passé par une caverne, il est vrai; il arrivait de l'Élysée. C'était M. de Morny. Il regarda un instant les soldats faire les faisceaux, puis poussa jusqu'à la porte de la présidence. Là il échangea avec M. de Persigny quelques paroles. Un quart d'heure plus tard, accompagné de deux cent cinquante chasseurs de Vincennes, il s'emparait du ministère de l'intérieur, surprenait dans son lit M. de Thorigny effaré, et lui remettait à bout portant une lettre de remerciement de M. Bonaparte. Quelques jours auparavant le candide M. de Thorigny, dont nous avons déjà cité les paroles ingénues, disait dans un groupe près duquel passait M. de Morny : — Comme ces montagnards calomnient le Président! pour violer son serment, pour faire un coup d'état, *il faudrait qu'il fût un misérable*. — Réveillé brusquement au milieu de la nuit, et relevé de sa faction de ministre comme les sentinelles de l'Assemblée, le bonhomme, tout ahuri et se frottant les yeux, balbutia :

Eh! mais, le Président est donc un...? — Oui, dit Morny avec un éclat de rire.

Celui qui écrit ces lignes a connu Morny. Morny et Walewsky avaient dans la quasi-famille régnante la position, l'un de bâtard royal, l'autre de bâtard impérial. Qu'était-ce que Morny? Disons-le. Un important gai, un intrigant, mais point austère, ami de Romieu et souteneur de Guizot, ayant les manières du monde et les mœurs de la roulette, content de lui, spirituel, combinant une certaine libéralité d'idées avec l'acceptation des crimes utiles, trouvant moyen de faire un gracieux sourire avec de vilaines dents, menant la vie de plaisir, dissipé, mais concentré, laid, de bonne humeur, féroce, bien mis, intrépide, laissant volontiers sous les verrous un frère prisonnier, et prêt à risquer sa tête pour un frère empereur, ayant la même mère que Louis Bonaparte et, comme Louis Bonaparte, un père quelconque, pouvant s'appeler Beauharnais, pouvant s'appeler Flahaut, et s'appelant Morny, poussant la littérature jusqu'au vaudeville et la politique jusqu'à la tragédie, viveur tueur, ayant toute la frivolité conciliable avec l'assassinat, pouvant être esquissé par Marivaux, à la condition d'être ressaisi par Tacite, aucune conscience, une élégance irréprochable, infâme et aimable, au besoin parfaitement duc; tel était ce malfaiteur.

Il n'était pas encore six heures du matin. Les troupes commençaient à se masser place de la Concorde, où Leroy-Saint-Arnaud, à cheval, les passait en revue.

Les commissaires de police Bertoglio et Primorin firent mettre en bataille deux compagnies sous la voûte du grand escalier de la questure, mais ne montèrent pas par là. Ils s'étaient fait accompagner d'agents de police qui connaissaient les recoins les plus secrets du Palais-Bourbon. Ils prirent par les couloirs.

Le général Leflô était logé dans le pavillon habité par M. de Feuchères du temps de M. le duc de Bourbon. Le général Leflô avait chez lui cette nuit-là sa sœur et son beau-frère, qui étaient venus lui faire visite à Paris et qui couchaient dans une chambre dont la porte donnait sur un des corridors du palais. Le commissaire Bertoglio heurta à cette porte, se la fit ouvrir, et se rua brusquement lui et ses agents dans cette chambre où une femme était couchée. Le beau-frère du général se jeta à bas du lit, et cria au questeur qui dormait dans une pièce voisine : Adolphe, on force les portes, le palais est plein de soldats, lève-toi ! Le général ouvrit les yeux, il vit le commissaire Bertoglio debout devant son lit.

Il se dressa sur son séant.

— Général, dit le commissaire, je viens remplir un devoir.

— Je comprends, dit le général Leflô, vous êtes un traître.

Le commissaire, balbutiant les mots de « complot contre la sûreté de l'État », déploya un mandat d'amener. Le général, sans prononcer une parole, frappa cet infâme papier d'un revers de main.

Puis il s'habilla, et revêtit son grand uniforme de Constantine et de Médéah, s'imaginant dans sa loyale illusion militaire qu'il y avait encore pour les soldats qu'il allait trouver sur son passage, des généraux d'Afrique. Il n'y avait plus que des généraux de guet-apens. Sa femme l'embrassait ; son fils, enfant de sept ans, en chemise et pleurant, disait au commissaire de police : Grâce, monsieur Bonaparte !

Le général, en serrant sa femme dans ses bras, lui murmura à l'oreille : Il y a des pièces dans la cour, tâche de faire tirer un coup de canon !

Le commissaire et les agents l'emmenèrent. Il dédaignait ces hommes de police et ne leur parlait pas ; mais quand il fut dans la cour, quand il vit des soldats, quand il reconnut le colonel Espinasse, son cœur militaire et breton se souleva.

— Colonel Espinasse, dit-il, vous êtes un infâme, et j'espère vivre assez pour arracher de votre habit vos boutons d'uniforme !

L'ex-colonel Espinasse baissa la tête et bégaya : Je ne vous connais pas.

Un chef de bataillon agita son épée en criant : Nous en avons assez de généraux avocats ! Quelques soldats croisèrent la baïonnette contre le prisonnier désarmé ; trois sergents de ville le poussèrent dans un fiacre, et un sous-lieutenant s'approchant de la voiture, regardant en face cet homme qui, s'il était citoyen, était son représentant, et s'il était soldat, était son général, lui jeta cette hideuse parole : Canaille !

De son côté le commissaire Primorin avait fait un détour pour surprendre plus sûrement l'autre questeur, M. Baze.

L'appartement de M. Baze avait une porte sur un couloir communiquant à la salle de l'Assemblée. C'est à cette porte que le sieur Primorin frappa. — Qui est là ? demanda une servante qui s'habillait. — Commissaire de police, répondit Primorin. La servante, croyant que c'était le commissaire de police de l'Assemblée, ouvrit.

En ce moment, M. Baze, qui avait entendu du bruit et qui venait de s'éveiller, passait une robe de chambre et criait : N'ouvrez pas.

Il achevait à peine qu'un homme en bourgeois et trois sergents de ville en uniforme faisaient irruption dans sa chambre. L'homme, entr'ouvrant son habit et montrant sa ceinture tricolore, dit à M. Baze : — Reconnaissez-vous ceci? — Vous êtes un misérable, répondit le questeur.

Les agents mirent la main sur M. Baze. — Vous ne m'emmènerez pas! dit-il; vous commissaire de police, vous qui êtes magistrat et qui savez ce que vous faites, vous attentez à la représentation nationale, vous violez la loi, vous êtes un criminel! — Une lutte s'engagea, corps à corps, de quatre contre un, madame Baze et ses deux petites filles jetant des cris, la servante repoussée par les sergents de ville à coups de poing. — Vous êtes des brigands! criait M. Baze. Ils l'emportèrent en l'air sur les bras, se débattant, nu, sa robe de chambre en lambeaux, le corps couvert de contusions, le poignet déchiré et saignant.

L'escalier, le rez-de-chaussée, la cour, étaient pleins de soldats, la baïonnette au fusil et l'arme au pied. Le questeur s'adressa à eux : — On arrête vos représentants! Vous n'avez pas reçu vos armes pour briser les lois! Un sergent avait une croix toute neuve : — Est-ce pour cela qu'on vous a donné la croix? — Le sergent répondit : — Nous ne connaissons qu'un maître. — Je remarque votre numéro, reprit M. Baze, vous êtes un régiment déshonoré. Les soldats écoutaient dans une attitude morne et semblaient encore endormis. Le commissaire Primorin leur disait : — Ne répondez pas! cela ne vous regarde pas! On porta le questeur à travers les cours au corps de garde de la Porte-Noire.

C'est le nom qu'on donne à la petite porte pratiquée sous la voûte en face de la caisse de l'Assemblée et qui s'ouvre vis-à-vis de la rue de Lille sur la rue de Bourgogne.

On mit plusieurs factionnaires à la porte du corps de garde et en haut du petit perron qui y conduit, et on laissa là M. Baze sous la garde de trois sergents de ville. Quelques soldats sans armes, en veste, allaient et venaient. Le questeur les interpellait au nom de l'honneur militaire. — Ne répondez pas, disaient les sergents de ville aux soldats.

Les deux petites filles de M. Baze l'avaient suivi des yeux avec épouvante; quand elles l'eurent perdu de vue, la plus petite éclata en sanglots. — Ma sœur, dit l'aînée qui avait sept ans, faisons notre prière. Et les deux enfants, joignant les mains, se mirent à genoux.

Le commissaire Primorin se rua avec sa nuée d'agents dans le cabinet du questeur. Il fit main basse sur tout. Les premiers papiers qu'il aperçut au milieu de la table et qu'il saisit, furent ces fameux décrets préparés pour le cas où l'Assemblée aurait voté la proposition des questeurs. Tous les tiroirs furent ouverts et fouillés. Ce bouleversement des papiers de M. Baze, que le commissaire de police appelait « visite domiciliaire », dura plus d'une heure.

On avait apporté à M. Baze ses vêtements, il s'était habillé. Quand la « visite domiciliaire » fut finie, on le fit sortir du corps de garde. Il y avait un fiacre dans la cour, M. Baze y monta, et les trois sergents de ville avec lui. Le fiacre, pour gagner la porte de la présidence, passa par la cour d'honneur, puis par la cour des canons ; le jour paraissait. M. Baze regarda dans cette cour pour voir si les canons y étaient encore. Il vit les caissons rangés en ordre, les timons relevés ; les places des six canons et des deux obusiers étaient vides.

Dans l'avenue de la Présidence, le fiacre s'arrêta un instant. Deux haies de soldats, le bras droit appuyé sur le coude de la baïonnette, bordaient les trottoirs de l'avenue. Au pied d'un arbre étaient groupés trois hommes : le colonel Espinasse que M. Baze connaissait et reconnut, une façon de lieutenant-colonel qui avait au cou un ruban orange et noir, et un chef d'escadron de lanciers, tous le sabre à la main et se concertant. Les vitres du fiacre étaient levées ; M. Baze voulut les baisser pour interpeller ces hommes ; les sergents de ville lui saisirent les bras. Survint le commissaire Primorin ; il allait remonter dans le petit coupé à deux places qui l'avait amené. — Monsieur Baze, dit-il avec cette courtoisie de chiourme que les agents du coup d'état mêlaient volontiers à leur crime, vous êtes mal avec ces trois hommes dans le fiacre, vous êtes gêné, montez avec moi. — Laissez-moi, dit le prisonnier, avec ces trois hommes je suis gêné, avec vous je serais souillé.

Une escorte d'infanterie se rangea des deux côtés du fiacre. Le colonel Espinasse cria au cocher : — Allez par le quai d'Orsay et au pas jusqu'à ce que vous rencontriez l'escorte de cavalerie ; quand les cavaliers prendront la conduite, les fantassins reviendront. — On partit.

Comme le fiacre tournait sur le quai d'Orsay, un piquet du 7ᵉ lanciers arrivait à toute bride : c'était l'escorte. Les cavaliers entourèrent le fiacre et l'on prit le galop.

Nul incident dans le trajet. Çà et là, au trot des

chevaux, des fenêtres s'ouvraient, des têtes passaient, et le prisonnier qui avait enfin réussi à baisser une vitre, entendait des voix effarées dire : — Qu'est-ce que c'est que ça?

Le fiacre s'arrêta. — Où sommes-nous? demanda M. Baze. — A Mazas, dit un sergent de ville.

Le questeur fut conduit au greffe. Au moment où il entrait, il en vit sortir Baune et Nadaud qu'on emmenait. Une table était au milieu, où vint s'asseoir le commissaire Primorin qui avait suivi le fiacre dans son coupé. Pendant que le commissaire écrivait, M. Baze remarqua sur la table un papier, qui était évidemment une note d'écrou, où étaient écrits dans l'ordre suivant les noms qu'on va lire : Lamoricière, Charras, Cavaignac, Changarnier, Leflô, Thiers, Bedeau, Roger (du Nord), Chambolle. — C'était probablement l'ordre dans lequel les représentants étaient arrivés à la prison.

Quand le sieur Primorin eut terminé ce qu'il écrivait : — Maintenant, dit M. Baze, vous allez recevoir ma protestation et la joindre à votre procès-verbal. — Ce n'est pas un procès-verbal, objecta le commissaire, c'est un simple ordre d'envoi. — J'entends écrire ma protestation sur-le-champ, répliqua M. Baze. — Vous aurez le temps dans votre cellule, dit avec un sourire un homme qui se tenait debout près de la table. M. Baze se retourna : — Qui êtes-vous? — Je suis le directeur de la prison, dit l'homme. — En ce cas, reprit M. Baze, je vous plains, car vous connaissez le crime que vous commettez. L'homme pâlit et balbutia quelques mots inintelligibles. Le commissaire se levait; M. Baze prit vivement son fauteuil, s'assit à la table, et dit au sieur

Primorin : — Vous êtes officier public, je vous requiers de joindre ma protestation au procès-verbal. — Eh bien ! soit, dit le commissaire. M. Baze écrivit la protestation que voici :

« Je soussigné, Jean-Didier Baze, représentant du peuple et questeur de l'Assemblée nationale, enlevé violemment de mon domicile au palais de l'Assemblée nationale et conduit dans cette prison par la force armée à laquelle il m'a été impossible de résister, déclare protester au nom de l'Assemblée nationale et en mon nom contre l'attentat à la représentation nationale commis sur mes collègues et sur moi.

« Fait à Mazas, le 2 décembre 1851, à huit heures du matin.

« BAZE. »

Pendant que ceci se passait à Mazas, les soldats riaient et buvaient dans la cour de l'Assemblée. Ils faisaient du café dans des marmites. Ils avaient allumé dans la cour des feux énormes; les flammes, poussées par le vent, touchaient par moments les murs de la salle. Un employé supérieur de la questure, officier de la garde nationale, M. Ramond de la Croisette, se risqua à leur dire : Vous allez mettre le feu au palais. Un soldat lui donna un coup de poing.

Quatre des pièces prises à la cour des canons furent mises en batterie contre l'Assemblée, deux sur la place de Bourgogne tournées vers la grille, deux sur le pont de la Concorde tournées vers le grand perron.

En marge de cette instructive histoire, mettons un fait : ce 42ᵉ de ligne était le même régiment qui avait arrêté Louis Bonaparte à Boulogne. En 1840, ce régiment prêta main-forte à la loi contre le conspirateur; en 1851, il prêta main-forte au conspirateur contre la loi. Beautés de l'obéissance passive!

IV

AUTRES ACTES NOCTURNES

Dans cette même nuit, sur tous les points de Paris s'accomplissaient des faits de brigandage; des inconnus, conduisant des troupes armées, et armés eux-mêmes de haches, de maillets, de pinces, de leviers de fer, de casse-têtes, d'épées cachées sous leurs habits, de pistolets dont on distinguait les crosses sous les plis de leurs vêtements, arrivaient en silence autour d'une maison, investissaient la rue, cernaient les abords, crochetaient l'entrée, garrottaient le portier, envahissaient l'escalier, et se ruaient, à travers les portes enfoncées, sur un homme endormi; et quand l'homme réveillé en sursaut demandait à ces bandits : Qui êtes-vous? le chef répondait : Commissaire de police. Ceci arriva chez Lamoricière, qui fut colleté par Blanchet, lequel le menaça du bâillon; chez Greppo, qui fut brutalisé et terrassé par Gronfier, assisté de six hommes portant une lanterne sourde et un merlin; chez Cavaignac, qui fut empoigné par Colin, lequel, brigand mielleux, se scandalisa de l'entendre « jurer et sacrer »; chez M. Thiers, qui fut saisi par Hubaut aîné, lequel prétendit l'avoir vu « trembler et pleurer », mensonge mêlé au crime; chez Valentin, qui fut assailli dans son lit par Dourlens, pris par les pieds et par les épaules, et mis dans un fourgon de police, à cadenas; chez Miot, destiné aux tortures des casemates africaines; chez Roger du Nord qui, vaillamment et spirituellement ironique, offrit du vin de Xérès aux bandits. Charras et Changarnier furent pris au dépourvu. Ils demeuraient, rue Saint-Honoré, presque en face l'un de l'autre, Changarnier au n° 3, Charras au n° 14. Depuis le 9 septembre, Changarnier avait congédié les quinze hommes armés jusqu'aux dents par lesquels il se faisait garder la nuit, et le 1er décembre, Charras, nous l'avons dit, avait déchargé ses pistolets. Ces pistolets vides étaient sur sa table quand on vint le surprendre. Le commissaire de police se jeta dessus. — *Imbécile*, lui dit Charras, *s'ils avaient été chargés, tu serais mort*. Ces pistolets, nous notons ce détail, avaient été donnés à Charras lors de la prise de Mascara, par le général Renaud, lequel, au moment où le coup d'État arrêtait Charras, était à cheval dans la rue pour le service du coup d'État. Si les pistolets fussent restés chargés, et si le général Renaud eût eu la mission d'arrêter Charras, il eût été curieux que les pistolets de Renaud tuassent Renaud. Charras, certes, n'eût pas hésité. Nous avons déjà indiqué les noms de ces coquins de police, les répéter n'est pas inutile. Ce fut le nommé Courtille qui arrêta Charras; le nommé Lerat arrêta Changarnier; le nommé Desgranges arrêta Nadaud. Les hommes, ainsi saisis dans leurs maisons, étaient des représentants du peuple, ils étaient inviolables, de sorte qu'à ce crime, la violation de la personne, s'ajoutait cette forfaiture, le viol de la constitution.

Aucune effronterie ne manqua à cet attentat. Les agents de police étaient gais. Quelques-uns de ces drôles raillaient. A Mazas, les argousins ricanaient autour de Thiers. Nadaud les réprimanda rudement. Le sieur Hubaut jeune réveilla le général Bedeau.—Général, vous êtes prisonnier. — Je suis inviolable. — Hors le cas de flagrant délit. — Alors, dit Bedeau, flagrant délit de sommeil. — On le prit au collet et on le traîna dans un fiacre.

En se rencontrant à Mazas, Nadaud serra la main de Greppo, et Lagrange serra la main de Lamoricière. Cela faisait rire les hommes de police. Un nommé Thirion, colonel, la croix de commandeur au cou, assistait à l'écrou des généraux et des représentants. — Regardez-moi donc en face, vous! lui dit Charras. Thirion s'en alla.

Ainsi, sans compter d'autres arrestations qui eurent lieu plus tard, furent emprisonnés, dans la nuit du 2 décembre, seize représentants et soixante-dix-huit citoyens. Les deux agents du crime en rendirent compte à Louis Bonaparte. *Coffrés*, écrivit Morny. *Bouclés*, écrivit Maupas. L'un dans l'argot des salons, l'autre dans l'argot des bagnes; nuances de langage.

V

OBSCURITÉ DU CRIME

Versigny venait de me quitter.
Pendant que je m'habillais en hâte, survint un homme en qui j'avais toute confiance. C'était un pauvre brave ouvrier ébéniste sans ouvrage, nommé Girard, à qui j'avais donné asile dans une chambre de ma maison, sculpteur sur bois et point illettré. Il venait de la rue. Il était tremblant.

— Eh bien, lui demandai-je, que dit le peuple?
Girard me répondit :
— Cela est trouble. La chose est faite de telle sorte qu'on ne la comprend pas. Les ouvriers lisent les affiches, ne soufflent mot, et vont à leur travail. Il y en a un sur cent qui parle. C'est pour dire : Bon! Voici comment cela se présente à eux : La loi du 31 mai est abolie. — C'est bon. — Le suffrage universel est rétabli. — C'est bien. — La majorité réactionnaire est chassée. — A

merveille. — Thiers est arrêté. — Parfait. — Changarnier est empoigné. — Bravo ! — Autour de chaque affiche il y a des claqueurs. Ratapoil explique son coup d'État à Jacques Bonhomme. Jacques Bonhomme se laisse prendre. Bref, c'est ma conviction, le peuple adhère.

— Soit ! dis-je.

— Mais, me demanda Girard, que ferez-vous, monsieur Victor Hugo ?

Je tirai mon écharpe d'une armoire et je la lui montrai.

Il comprit.

Nous nous serrâmes la main.

Comme il s'en allait, Carini entra.

Le colonel Carini est un homme intrépide. Il a commandé la cavalerie sous Mieroslawsky dans l'insurrection de Sicile. Il a raconté dans quelques pages émues et enthousiastes cette généreuse insurrection. Carini est un de ces Italiens qui aiment la France comme nous Français nous aimons l'Italie. Tout homme de cœur en ce siècle a deux patries, la Rome d'autrefois et le Paris d'aujourd'hui.

— Dieu merci, me dit Carini, vous êtes encore libre.

Et il ajouta :

— Le coup est fait d'une manière formidable. L'Assemblée est investie. J'en viens. La place de la Révolution, les quais, les Tuileries, les boulevards sont encombrés de troupes. Les soldats ont le sac au dos. Les batteries sont attelées. Si l'on se bat, ce sera terrible.

Je lui répondis : — On se battra.

Et j'ajoutai en riant : — Vous avez prouvé que les

colonels écrivent comme des poëtes, maintenant, c'est aux poëtes à se battre comme des colonels.

J'entrai dans la chambre de ma femme; elle ne savait rien et lisait paisiblement le journal dans son lit.

J'avais pris sur moi cinq cents francs en or. Je posai sur le lit de ma femme une boîte qui contenait neuf cents francs, tout l'argent qui me restait, et je lui contai ce qui se passait.

Elle pâlit et me dit : — Que vas-tu faire ?

— Mon devoir.

Elle m'embrassa et ne me dit que ce seul mot :

— Fais.

Mon déjeuner était servi. Je mangeai une côtelette en deux bouchées. Comme je finissais, ma fille entra. A la façon dont je l'embrassai, elle s'émut et me demanda :

— Qu'y a-t-il donc?

— Ta mère te l'expliquera, lui dis-je.

Et je partis.

La rue de la Tour-d'Auvergne était paisible et déserte comme à l'ordinaire. Pourtant il y avait près de ma porte quatre ouvriers qui causaient. Ils me saluèrent.

Je leur criai :

— Vous savez ce qui se passe?

— Oui, dirent-ils.

— Eh bien! c'est une trahison. Louis Bonaparte égorge la République. Le peuple est attaqué, il faut que le peuple se défende.

— Il se défendra.

— Vous me le promettez.

Ils s'écrièrent : — Oui!

L'un d'eux ajouta : — Nous vous le jurons.

Ils ont tenu parole. Des barricades ont été faites dans ma rue (rue de la Tour-d'Auvergne), rue des Martyrs, cité Rodier, rue Coquenard et à Notre-Dame de Lorette.

VI

LES AFFICHES

En quittant ces hommes vaillants, je pus lire, à l'angle de la rue de la Tour-d'Auvergne et de la rue des Martyrs, les trois infâmes affiches placardées pendant la nuit sur les murs de Paris.

Les voici :

PROCLAMATION
DU PRÉSIDENT DE LA RÉPUBLIQUE

APPEL AU PEUPLE

« Français !

« La situation actuelle ne peut durer plus longtemps. Chaque jour qui s'écoule aggrave les dangers du pays. L'Assemblée qui devait être le plus ferme appui de l'ordre est devenue un foyer de complots. Le patriotisme de trois cents de ses membres n'a pu arrêter ses fatales tendances. Au lieu de faire des lois dans l'intérêt général, elle forge des armes pour la guerre civile; elle attente aux pouvoirs que je tiens directement du Peuple; elle encourage toutes les mauvaises passions ; elle compromet le repos de la France; je l'ai dissoute, et je rends le Peuple entier juge entre elle et moi.

« La Constitution, vous le savez, avait été faite dans le but d'affaiblir d'avance le pouvoir que vous alliez me confier. Six millions de suffrages furent une éclatante protestation contre elle, et cependant je l'ai fidèlement observée. Les provocations, les calomnies, les outrages m'ont trouvé impassible. Mais aujourd'hui que le pacte fondamental n'est plus respecté de ceux-là mêmes qui l'invoquent sans cesse, et que les hommes qui ont perdu deux monarchies veulent me lier les mains, afin de renverser la République, mon devoir est de déjouer leurs perfides projets, de maintenir la République et de sauver le pays en invoquant le jugement solennel du seul souverain que je reconnaisse en France : le Peuple.

« Je fais donc appel loyal à la nation tout entière, et je vous dis : Si vous voulez continuer cet état de malaise qui nous dégrade et compromet notre avenir, choisissez un autre à ma place, car je ne veux plus d'un pouvoir qui est impuissant à faire le bien, me rend responsable d'actes que je ne puis empêcher et m'enchaîne au gouvernail quand je vois le vaisseau courir vers l'abîme.

« Si, au contraire, vous avez encore confiance en moi, donnez-moi les moyens d'accomplir la grande mission que je tiens de vous.

« Cette mission consiste à fermer l'ère des révolutions en satisfaisant les besoins légitimes du peuple et en le protégeant contre les passions subversives. Elle consiste surtout à créer des institutions qui survivent aux hommes et qui soient enfin des fondations sur lesquelles on puisse asseoir quelque chose de durable.

« Persuadé que l'instabilité du pouvoir, que la prépondérance d'une seule Assemblée sont des causes permanentes de trouble et de discorde, je soumets à vos suffrages les bases fondamentales suivantes d'une Constitution que les Assemblées développeront plus tard :

« 1° Un chef responsable, nommé pour dix ans ;

« 2° Des ministres dépendant du pouvoir exécutif seul ;

« 3° Un conseil d'État formé des hommes les plus distingués, préparant les lois et en soutenant la discussion devant le Corps législatif ;

« 4° Un Corps législatif discutant et votant les lois, nommé par le suffrage universel, sans scrutin de liste qui fausse l'élection ;

« 5° Une seconde Assemblée formée de toutes les illustrations du pays, pouvoir pondérateur, gardien du pacte fondamental et des libertés publiques.

« Ce système, créé par le premier consul au commencement du siècle, a déjà donné à la France le repos et la prospérité ; il les lui garantirait encore.

« Telle est ma conviction profonde. Si vous la partagez, déclarez-le par vos suffrages. Si, au contraire, vous préférez un gouvernement sans force, monarchique ou républicain, emprunté à je ne sais quel passé ou à quel avenir chimérique, répondez négativement.

« Ainsi donc, pour la première fois depuis 1804, vous voterez en connaissance de cause, en sachant bien pour qui et pour quoi.

« Si je n'obtiens pas la majorité de vos suffrages, alors

je provoquerai la réunion d'une nouvelle Assemblée, et je lui remettrai le mandat que j'ai reçu de vous.

« Mais si vous croyez que la cause dont mon nom est le symbole, c'est-à-dire la France régénérée par la Révolution de 89 et organisée par l'Empereur, est toujours la vôtre, proclamez-le en consacrant les pouvoirs que je vous demande.

« Alors la France et l'Europe seront préservées de l'anarchie, les obstacles s'aplaniront, les rivalités auront disparu, car tous respecteront, dans l'arrêt du peuple, le décret de la Providence.

« Fait au palais de l'Élysée, le 2 décembre 1851.

« Louis-Napoléon Bonaparte. »

PROCLAMATION

DU PRÉSIDENT DE LA RÉPUBLIQUE A L'ARMÉE

« Soldats !

« Soyez fiers de votre mission ; vous sauverez la patrie, car je compte sur vous, non pour violer les lois, mais pour faire respecter la première loi du pays : la souveraineté nationale, dont je suis le légitime représentant.

« Depuis longtemps vous souffriez comme moi des obstacles qui s'opposaient et au bien que je voulais faire et aux démonstrations de vos sympathies en ma faveur. Ces obstacles sont brisés.

« L'Assemblée a essayé d'attenter à l'autorité que je tiens de la nation entière, elle a cessé d'exister.

« Je fais un loyal appel au peuple et à l'armée et je

lui dis : Ou donnez-moi les moyens d'assurer votre prospérité, ou choisissez un autre à ma place.

« En 1830 comme en 1848, on vous a traités en vaincus. Après avoir flétri votre désintéressement héroïque, on a dédaigné de consulter vos sympathies et vos vœux, et cependant vous êtes l'élite de la nation. Aujourd'hui, en ce moment solennel, je veux que l'armée fasse entendre sa voix.

« Votez donc librement comme citoyens; mais comme soldats, n'oubliez pas que l'obéissance passive aux ordres du chef du gouvernement est le devoir rigoureux de l'armée, depuis le général jusqu'au soldat.

« C'est à moi, responsable de mes actions devant le peuple et devant la postérité, de prendre les mesures qui me semblent indispensables pour le bien public.

« Quant à vous, restez inébranlables dans les règles de la discipline et de l'honneur. Aidez, par votre attitude imposante, le pays à manifester sa volonté dans le calme et la réflexion.

« Soyez prêts à réprimer toute tentative contre le libre exercice de la souveraineté du peuple.

« Soldats, je ne vous parle pas des souvenirs que mon nom rappelle. Ils sont gravés dans vos cœurs. Nous sommes unis par des liens indissolubles. Votre histoire est la mienne. Il y a entre nous, dans le passé, communauté de gloire et de malheur.

« Il y aura dans l'avenir communauté de sentiments et de résolutions pour le repos et la grandeur de la France.

« Fait au palais de l'Élysée, le 2 décembre 1851.

« *Signé* : L.-N. BONAPARTE. »

AU NOM DU PEUPLE FRANÇAIS.

Le président de la République décrète :

ARTICLE PREMIER.

L'Assemblée nationale est dissoute.

ART. 2.

Le suffrage universel est rétabli. La loi du 31 mai est abrogée.

ART. 3.

Le peuple français est convoqué dans ses comices, à partir du 14 décembre jusqu'au 21 décembre suivant.

ART. 4.

L'état de siége est décrété dans l'étendue de la première division militaire.

ART. 5.

Le conseil d'État est dissous.

ART. 6.

Le ministre de l'intérieur est chargé de l'exécution du présent décret.

Fait au palais de l'Élysée, le 2 décembre 1851.

LOUIS-NAPOLÉON BONAPARTE.

Le ministre de l'intérieur,

DE MORNY.

VII

RUE BLANCHE, NUMÉRO 70

La cité Gaillard est assez difficile à découvrir. C'est une ruelle déserte de ce quartier neuf qui sépare la rue des Martyrs de la rue Blanche. Je la trouvai pourtant. Comme j'arrivais au numéro 4, Yvan sortit de la porte cochère, et me dit : Je suis là pour vous prévenir. La police a l'éveil sur cette maison. Michel vous attend rue Blanche, numéro 70, à quelques pas d'ici.

Je connaissais le numéro 70 de la rue Blanche. C'est là que demeurait Manin, le mémorable président de la République vénitienne. Du reste, ce n'était pas chez lui qu'on se réunissait.

La portière du numéro 70 me fit monter au premier étage. La porte s'ouvrit, et une femme d'une quarantaine d'années, belle, avec des cheveux gris, madame la baronne Coppens, que je reconnus pour l'avoir vue dans le monde et chez moi, m'introduisit dans un salon.

Il y avait là Michel de Bourges et Alexandre Rey, ancien constituant, écrivain éloquent, vaillant homme. Alexandre Rey rédigeait alors *le National*.

On se serra la main.

Michel me dit :

— Hugo, que voulez-vous faire ?

Je lui répondis :

— Tout.

— C'est aussi mon avis, dit-il.

Plusieurs représentants arrivèrent, entre autres Pierre Lefranc, Labrousse, Théodore Bac, Noël Parfait, Arnaud (de l'Ariége), Démosthènes Ollivier, ancien constituant, Charamaule. L'indignation était profonde et inexprimable, mais on ne disait pas de paroles inutiles.

Tous avaient cette virile colère d'où sortent les grandes résolutions.

On causa. On exposa la situation. Chacun apportait ses nouvelles.

Théodore Bac venait de chez Léon Faucher qui demeurait rue Blanche. C'était lui qui avait réveillé Léon Faucher et lui avait annoncé la nouvelle. Le premier mot de Léon Faucher avait été : — C'est un acte infâme.

Charamaule montra dès les premiers moments un courage qui, dans les quatre journées de la lutte, ne s'est pas démenti un seul instant. Charamaule est un homme de haute taille, à la figure énergique et à la parole convaincue ; il votait avec la gauche, mais siégeait parmi la droite. A l'Assemblée il était voisin de Montalembert et de Riancey. Il avait quelquefois avec eux de vives querelles que nous voyions de loin et qui nous égayaient.

Charamaule arriva à la réunion du numéro 70 vêtu d'une sorte de caban militaire en drap bleu, et armé comme nous le vîmes plus tard.

La situation était grave : seize représentants arrêtés,

tous les généraux de l'Assemblée, et celui qui était plus qu'un général, Charras. Tous les journaux supprimés, toutes les imprimeries occupées militairement. D'un côté de Bonaparte une armée de quatre-vingt mille hommes, qui pouvait être doublée en quelques heures; de notre côté, rien. Le peuple trompé, et d'ailleurs désarmé. Le télégraphe à leurs ordres. Toutes les murailles couvertes de leurs affiches, et pour nous pas une casse d'imprimerie, pas un carré de papier. Aucun moyen d'élever la protestation, aucun moyen de commencer le combat. Le coup d'État était cuirassé, la République était nue; le coup d'État avait un porte-voix, la République avait un bâillon.

Que faire ?

La razzia contre la République, contre la Constitution, contre l'Assemblée, contre le droit, contre la loi, contre le progrès, contre la civilisation, était commandée par des généraux d'Afrique. Ces braves venaient de prouver qu'ils étaient des lâches. Ils avaient bien pris leurs précautions. La peur seule peut donner tant d'habileté. On avait arrêté tous les hommes de guerre de l'Assemblée et tous les hommes d'action de la gauche; Baune, Charles Lagrange, Miot, Valentin, Nadaud, Cholat. Ajoutons que tous les chefs possibles de barricades étaient en prison. Les fabricateurs du guet-apens avaient soigneusement oublié Jules Favre, Michel de Bourges et moi, nous jugeant moins hommes d'action que de tribune, voulant laisser à la gauche des hommes capables de résister mais incapables de vaincre, espérant nous déshonorer si nous ne combattions pas et nous fusiller si nous combattions.

Aucun du reste n'hésita. La délibération s'ouvrit. D'autres représentants arrivaient de minute en minute. Edgar Quinet, Doutre, Pelletier, Cassal, Bruckner, Baudin, Chauffour. Le salon était plein, les uns assis, la plupart debout, en désordre, mais sans tumulte.

Je parlai le premier.

Je déclarai qu'il fallait entamer la lutte sur-le-champ. Coup pour coup.

Qu'à mon avis les cent cinquante représentants de la gauche devaient se revêtir de leurs écharpes, descendre processionnellement par les rues et les boulevards jusqu'à la Madeleine en criant vive la République! vive la Constitution! se présenter au front des troupes, seuls, calmes et désarmés, et sommer la force d'obéir au droit. Si les troupes cédaient, se rendre à l'Assemblée et en finir avec Louis Bonaparte. Si les soldats mitraillaient les législateurs, se disperser dans Paris, crier aux armes et courir aux barricades. Commencer la résistance constitutionnellement, et si cela échouait, la continuer révolutionnairement. Qu'il fallait se hâter.

Un forfait, disais-je, veut être saisi flagrant. C'est une grande faute de laisser accepter un attentat par les heures qui s'écoulent. Chaque minute qui passe est complice et donne sa signature au crime. Redoutez cette affreuse chose qu'on appelle le fait accompli. Aux armes!

Plusieurs appuyèrent vivement cet avis, entre autres Edgar Quinet, Pelletier et Doutre.

Michel de Bourges fit de graves objections. Mon instinct était de commencer tout de suite. Son avis était de voir venir.

Selon lui, il y avait péril à précipiter le dénoûment. Le coup d'État était organisé, et le peuple ne l'était pas. On était pris au dépourvu. Il ne fallait pas se faire illusion, les masses ne bougeaient pas encore. Calme profond dans les faubourgs. De la surprise, oui ; de la colère, non. Le peuple de Paris, si intelligent pourtant, ne comprenait pas.

Michel ajoutait : Nous ne sommes pas en 1830. Charles X, en chassant les 221, s'était exposé à ce soufflet, la réélection des 221. Nous ne sommes point dans cette situation. Les 221 étaient populaires, l'Assemblée actuelle ne l'est pas. Une Chambre injurieusement dissoute, que le peuple soutient, est toujours sûre de vaincre. Aussi le peuple s'est-il levé en 1830. Aujourd'hui il est stagnant. Il est dupe en attendant qu'il soit victime. Et Michel de Bourges concluait : il fallait laisser au peuple le temps de comprendre, de s'irriter et de se lever. Quant à nous, représentants, nous serions téméraires de brusquer la situation. Marcher tout de suite droit aux troupes, c'était se faire mitrailler en pure perte, et priver d'avance la généreuse insurrection pour le droit de ses chefs naturels, les représentants du peuple. C'était décapiter l'armée populaire. La temporisation était bonne, au contraire. Il fallait bien se garder de trop d'entraînement, il était nécessaire de se réserver ; se livrer, c'était perdre la bataille avant de l'avoir commencée. Ainsi, par exemple, il ne fallait pas se rendre à la réunion indiquée par la droite pour midi, tous ceux qui iraient seraient pris. Rester libres, rester debout, rester calmes et agir, attendre que le peuple vînt. Quatre jours de cette agitation sans combats fatigueraient l'armée. Michel était d'avis de commencer pourtant, mais simplement par l'affichage de l'article 68 de la Constitution. Seulement, où trouver un imprimeur ?

Michel de Bourges parlait avec l'expérience du procédé révolutionnaire qui me manquait. Il avait depuis longues années une certaine pratique des masses. Son avis était sage. Il faut ajouter que tous les renseignements qui nous arrivaient lui venaient en aide et semblaient conclure contre moi. Paris était morne. L'armée du coup d'État l'envahissait paisiblement. On ne déchirait même pas les affiches. Presque tous les représentants présents, et les plus intrépides, partagèrent l'avis de Michel : attendre et voir venir. La nuit prochaine, disait-on, le bouillonnement commencera et l'on concluait comme Michel de Bourges : il faut donner au peuple le temps de comprendre. Commencer trop tôt ce serait risquer d'être seuls. Ce n'est pas dans ce premier moment que nous entraînerions le peuple. Laissons l'indignation lui monter peu à peu au cœur. Prématurée, notre manifestation avorterait. C'était le sentiment de tous. Moi-même, en les écoutant, je me sentais ébranlé. Ils avaient peut-être raison. Ce serait une faute de donner en vain le signal du combat. A quoi bon l'éclair que ne suit pas le coup de foudre?

Élever la voix, pousser un cri, trouver un imprimeur, c'était là la première question. Mais, y avait-il encore une presse libre?

Le vieux et brave ancien chef de la sixième légion, le colonel Forestier, entra. Il nous prit à part Michel de Bourges et moi.

— Écoutez, nous dit-il, je viens à vous, j'ai été destitué, je ne commande plus ma légion, mais nommez-moi au nom de la gauche colonel de la sixième. Signez-moi un ordre, j'y vais sur-le-champ et je fais battre le rappel. Dans une heure la légion sera sur pied.

— Colonel, lui répondis-je, je ferai mieux que vous signer un ordre. Je vais vous accompagner.

Et je me tournai vers Charamaule qui avait une voiture en bas.

— Venez avec nous, lui dis-je.

Forestier était sûr de deux chefs de bataillon de la sixième. Nous convînmes de nous transporter chez eux sur-le-champ, et que Michel et les autres représentants iraient nous attendre chez Bonvalet, boulevard du Temple, près le café Turc. Là on aviserait.

Nous partîmes.

Nous traversâmes Paris où se manifestait déjà un certain fourmillement menaçant. Les boulevards étaient couverts d'une foule inquiète. On allait et venait, les passants s'abordaient sans se connaître, grand signe d'anxiété publique, et des groupes parlaient à voix haute au coin des rues. On fermait les boutiques.

— Allons donc! s'écria Charamaule.

Depuis le matin il errait dans la ville, et il avait observé avec tristesse l'apathie des masses.

Nous trouvâmes chez eux les deux chefs de bataillon sur lesquels comptait le colonel Forestier. C'étaient deux riches négociants en toiles qui nous reçurent avec quelque embarras. Les commis des magasins s'étaient groupés aux vitres et nous regardaient passer. C'était de la simple curiosité.

Cependant l'un des deux chefs de bataillon contremanda un voyage qu'il devait faire dans la journée même et nous promit son concours. — Mais, ajouta-t-il, ne vous faites pas illusion ; on prévoit qu'on sera écharpé. Peu d'hommes marcheront.

Le colonel Forestier nous dit : — Watrin, le colonel actuel de la 6e, ne se soucie pas des coups : il me remettra peut-être le commandement à l'amiable. Je vais aller le trouver seul pour moins l'effaroucher, et je vous rejoindrai chez Bonvalet.

A la hauteur de la porte Saint-Martin, nous quittâmes notre voiture, et nous suivîmes le boulevard à pied, Charamaule et moi, afin de voir les groupes de plus près et de mieux juger la physionomie de la foule.

Les derniers nivellements de la voie publique ont fait du boulevard de la Porte-Saint-Martin un ravin profond dominé par deux escarpements. Au haut de ces escarpements sont les trottoirs garnis de rampes. Les voitures cheminent dans le ravin et les passants sur les trottoirs.

Au moment où nous arrivions sur le boulevard, une longue colonne d'infanterie débouchait dans ce ravin, tambours en tête. Les ondulations épaisses des bayonnettes remplissaient le carré Saint-Martin et se perdaient dans les profondeurs du boulevard Bonne-Nouvelle.

Une foule énorme et compacte couvrait les deux trottoirs du boulevard Saint-Martin. Il y avait une multitude d'ouvriers en blouse accoudés sur les rampes.

Au moment où la tête de la colonne s'engagea dans le défilé devant le théâtre de la Porte-Saint-Martin, un immense cri de : Vive la République! sortit de toutes les bouches comme s'il était crié par un seul homme. Les soldats continuèrent d'avancer en silence, mais on eût dit que leur pas se ralentissait, et plusieurs d'entre eux regardaient la foule d'un air indécis. Que signifiait ce cri de *Vive la République?* Était-ce une acclamation? était-ce une huée?

Il me sembla dans ce moment-là que la République relevait le front et que le coup d'État baissait la tête.

Cependant Charamaule me dit : — Vous êtes reconnu.

En effet, à la hauteur du Château-d'Eau, la foule m'entoura. Quelques jeunes gens crièrent : Vive Victor Hugo ! Un d'eux me demanda : — Citoyen Victor Hugo, que faut-il faire ?

Je répondis : — Déchirez les affiches factieuses du coup d'État et criez : Vive la Constitution !

— Et si l'on tire sur nous ? me dit un jeune ouvrier.

— Vous courrez aux armes.

— Bravo ! cria la foule.

J'ajoutai : — Louis Bonaparte est un rebelle. Il se couvre aujourd'hui de tous les crimes. Nous, représentants du peuple, nous le mettons hors la loi ; mais, sans même qu'il soit besoin de notre déclaration, il est hors la loi par le fait seul de sa trahison. Citoyens ! vous avez deux mains ; prenez dans l'une votre droit, dans l'autre votre fusil, et courez sus à Bonaparte !

— Bravo ! bravo ! répéta le peuple.

Un bourgeois qui fermait sa boutique me dit : — Parlez moins haut. Si l'on vous entendait parler comme cela, on vous fusillerait.

— Eh bien ! repris-je, vous promèneriez mon cadavre, et ce serait une bonne chose que ma mort si la justice de Dieu en sortait !

Tous crièrent : Vive Victor Hugo ! Criez : *Vive la Constitution !* leur dis-je.

Un cri formidable de *Vive la Constitution ! Vive la République !* sortit de toutes les poitrines.

L'enthousiasme, l'indignation, la colère, mêlaient leurs éclairs dans tous les regards. Je pensai alors et je pense encore que c'était là peut-être une minute suprême. Je fus tenté d'enlever toute cette foule et de commencer le combat.

Charamaule me retint. Il me dit tout bas :

— Vous causerez une mitraillade inutile. Tout le monde est désarmé. L'infanterie est à deux pas de nous, et voici l'artillerie qui arrive.

Je tournai la tête. En effet, plusieurs pièces de canon attelées débouchaient au grand trot par la rue de Bondy derrière le Château-d'Eau.

Le conseil de m'abstenir, donné par Charamaule, me frappait. De la part d'un tel homme, et si intrépide, il n'était certes pas suspect. En outre, je me sentais lié par la délibération qui venait d'être prise dans la réunion de la rue Blanche.

Je reculai devant la responsabilité que j'aurais encourue. Saisir un tel moment, ce pouvait être la victoire, ce pouvait aussi être un massacre. Ai-je eu raison? ai-je eu tort?

La foule grossissait autour de nous et il devenait difficile d'avancer. Nous voulions cependant gagner le rendez-vous Bonvalet.

Tout à coup quelqu'un me poussa le bras. C'était Léopold Duras, du *National*.

— N'allez pas plus loin, me dit-il tout bas. Le restaurant Bonvalet est investi. Michel de Bourges a essayé de haranguer le peuple, mais la troupe est venue. Il n'a réussi à sortir de là qu'avec peine. On a arrêté plusieurs représentants qui venaient l'y rejoindre. Rebroussez chemin. On retourne à l'ancien rendez-vous, rue Blanche. Je vous cherche pour vous le dire.

Un cabriolet passait; Charamaule fit signe au cocher, nous nous jetâmes dedans, suivis de la foule qui criait : Vive la République! Vive Victor Hugo!

Il paraît qu'en ce moment-là même une escouade de sergents de ville arrivait sur le boulevard pour m'arrêter. Le cocher alla ventre à terre. Un quart d'heure après, nous étions rue Blanche.

VIII

VIOLATION DE LA SALLE

A sept heures du matin, le pont de la Concorde était encore libre; la grande grille du palais de l'Assemblée était fermée; à travers les barreaux, on voyait les marches du perron, de ce perron où la République avait été proclamée le 4 mai 1848, couvertes de soldats, et on distinguait les faisceaux formés sur la plate-forme derrière ces hautes colonnes qui, du temps de la Constituante, après le 15 mai et le 23 juin, masquaient de petits obusiers de montagne chargés et braqués.

Un portier à collet rouge, portant la livrée de l'Assemblée, se tenait à la petite porte de la grille. De moment en moment des représentants arrivaient. Le portier disait: — Ces messieurs sont représentants? — et ouvrait. Quelquefois il leur demandait leurs noms.

On entrait sans obstacle chez M. Dupin. A la grande galerie, à la salle à manger, au salon d'honneur de la présidence, on trouvait des valets en livrée qui ouvraient silencieusement les portes comme à l'ordinaire.

Avant le jour, immédiatement après l'arrestation des questeurs, MM. Baze et Leflô, M. de Panat, seul questeur resté libre, ménagé ou dédaigné comme légitimiste, était venu éveiller M. Dupin, et l'avait invité à convoquer immédiatement les représentants à domicile. M. Dupin avait fait cette réponse inouïe : Je n'y vois pas d'urgence.

Presque en même temps que M. de Panat, était accouru le représentant Jérôme Bonaparte. Il avait sommé M. Dupin de se mettre à la tête de l'Assemblée. M. Dupin avait répondu : Je ne puis, je suis gardé. Jérôme Bonaparte éclata de rire. On n'avait en effet pas même daigné mettre un factionnaire à la porte de M. Dupin. On le savait gardé par sa bassesse.

Ce fut plus tard, vers midi seulement, qu'on eut pitié de lui. On sentit que c'était trop de mépris, et on lui accorda deux sentinelles.

A sept heures et demie, quinze ou vingt représentants, et entre autres MM. Eugène Sue, Joret, de Rességuier et de Talhouet, étaient réunis dans le salon de M. Dupin. Ils avaient, eux aussi, fait de vains efforts sur le président. Dans l'embrasure d'une fenêtre un membre spirituel de la majorité, M. Desmousseaux de Givré, un peu sourd et très-furieux, se querellait presque avec un représentant de la droite comme lui, qu'il supposait, à tort, favorable au coup d'État.

M. Dupin, séparé du groupe des représentants, seul, vêtu de noir, les mains derrière le dos, la tête basse, se promenait de long en large devant la cheminée où un grand feu était allumé. On parlait tout haut chez lui de lui devant lui, il semblait ne pas entendre.

Deux membres de la gauche survinrent, Benoît (du

Rhône) et Crestin. Crestin entra dans le salon, alla droit à M. Dupin, et lui dit : — Monsieur le président, vous savez ce qui se passe? Comment se fait-il que l'Assemblée ne soit pas encore convoquée?

M. Dupin s'arrêta et répondit avec ce geste du dos qui lui était familier :

— Il n'y a rien à faire.

Puis il se remit à se promener.

— C'est assez, dit M. de Rességuier.

— C'est trop, dit Eugène Sue.

Tous les représentants sortirent.

Cependant le pont de la Concorde se couvrait de troupes. Le général Vast-Vimeux, maigre, vieux, petit, ses cheveux blancs plats collés sur les tempes, en grand uniforme, son chapeau bordé sur la tête, chargé de deux grosses épaulettes, étalant son écharpe, non de représentant, mais de général, laquelle écharpe, trop longue, traînait à terre, parcourait à pied le pont, et jetait aux soldats des cris inarticulés d'enthousiasme pour l'Empire et le coup d'État. On voyait de ces figures-là en 1814. Seulement, au lieu de porter une grosse cocarde tricolore, elles portaient une grosse cocarde blanche. Au fond, même phénomène : des vieux criant : Vive le passé ! Presque au même moment, M. de Larochejaquelein traversait la place de la Concorde entouré d'une centaine d'hommes en blouse qui le suivaient en silence et avec un air de curiosité. Plusieurs régiments de cavalerie étaient échelonnés dans la grande avenue des Champs-Élysées.

A huit heures, des forces formidables investissaient le palais législatif. Tous les abords en étaient gardés, toutes les portes en étaient fermées. Cependant quelques représentants parvenaient encore à s'introduire dans l'intérieur du palais, non, comme on l'a raconté à tort, par le passage de l'hôtel du président du côté de l'esplanade des Invalides, mais par la petite porte de la rue de Bourgogne, dite Porte-Noire. Cette porte, par je ne sais quel oubli ou je ne sais quelle combinaison, resta ouverte le 2 décembre jusque vers midi. La rue de Bourgogne était cependant pleine de troupes. Des pelotons épars çà et là, rue de l'Université, laissaient circuler les passants, qui étaient rares.

Les représentants qui s'introduisaient par la porte de la rue de Bourgogne pénétraient jusque dans la salle des Conférences où ils rencontraient leurs collègues sortis de chez M. Dupin.

Il y eut bientôt dans cette salle un groupe assez nombreux d'hommes de toutes les fractions de l'Assemblée, parmi lesquels MM. Eugène Sue, Richardet, Fayolle, Joret, Marc Dufraisse, Benoît (du Rhône), Canet, Gambon, d'Adelsward, Crépu, Répellin, Teillard-Latérisse, Rantion, le général Leydet, Paulin Durrieu, Chanay, Brilliez, Collas (de la Gironde), Monet, Gaston, Favreau et Albert de Rességuier.

Chaque survenant consultait M. de Panat.

— Où sont les vice-présidents?

— En prison.

— Et les deux autres questeurs?

— Aussi. — Et je vous prie de croire, messieurs, ajoutait M. de Panat, que je ne suis pour rien dans l'affront qu'on m'a fait en ne m'arrêtant pas.

L'indignation était au comble; toutes les nuances se confondaient dans le même sentiment de dédain et de colère, et M. de Rességuier n'était pas moins énergique qu'Eugène Sue. Pour la première fois l'Assemblée semblait n'avoir qu'un cœur et qu'une voix. Chacun disait enfin de l'homme de l'Élysée ce qu'il en pensait, et l'on s'aperçut alors que depuis longtemps Louis Bonaparte avait, sans qu'on s'en rendît compte, créé dans l'Assemblée une parfaite unanimité, l'unanimité du mépris.

M. Collas (de la Gironde) gesticulait et narrait. Il venait du ministère de l'intérieur, il avait vu M. de Morny, il lui avait parlé, il était, lui M. Collas, outré du crime de M. Bonaparte. — Depuis, ce crime l'a fait conseiller d'État.

M. de Panat allait et venait dans les groupes, annonçant aux représentants qu'il avait convoqué l'Assemblée pour une heure. Mais il était impossible d'attendre jusque-là. Le temps pressait. Au Palais-Bourbon comme rue Blanche, c'était le sentiment général, chaque heure qui s'écoulait accomplissait le coup d'État, chacun sentait comme un remords le poids de son silence ou de son inaction; le cercle de fer se resserrait, le flot des soldats montait sans cesse et envahissait silencieusement le palais; à chaque instant on trouvait, à une porte, libre le moment d'auparavant, une sentinelle de plus. Cependant le groupe des représentants réunis dans la salle des conférences était encore respecté. Il fallait agir, parler, siéger, lutter, et ne pas perdre une minute.

Gambon dit : Essayons encore de Dupin ; il est notre homme officiel; nous avons besoin de lui. On alla le chercher. On ne le trouva pas. Il n'était plus là; il avait disparu, il était absent, caché, tapi, blotti, enfoui, évanoui, enterré. Où? Personne ne le savait. La lâcheté a des trous inconnus.

Tout à coup un homme entra dans la salle, un

homme étranger à l'Assemblée, en uniforme, avec l'épaulette d'officier supérieur et l'épée au côté. C'était un chef de bataillon du 42e qui venait sommer les représentants de sortir de chez eux. Tous, les royalistes comme les républicains, se ruèrent sur lui, c'est l'expression d'un témoin oculaire indigné. Le général Leydet lui adressa de ces paroles qui ne tombent pas dans l'oreille, mais sur la joue.

— Je fais mon métier; j'exécute ma consigne, balbutiait l'officier.

— Vous êtes un imbécile si vous croyez que vous faites votre métier, lui cria Leydet, et vous êtes un misérable si vous savez que vous faites un crime! Entendez-vous ce que je vous dis? fâchez-vous, si vous l'osez.

L'officier refusa de s'irriter et reprit : — Ainsi, messieurs, vous ne voulez pas vous retirer?

— Non.

— Je vais chercher la force.

— Soit.

Il sortit, et en réalité alla chercher des ordres au ministère de l'intérieur.

Les représentants attendirent dans cette espèce de trouble indescriptible qu'on pourrait appeler la suffocation du droit devant la violence.

Bientôt un d'eux, qui était sorti, rentra précipitamment et les avertit que deux compagnies de gendarmerie mobile arrivaient le fusil au poing.

Marc Dufraisse s'écria :

— Que l'attentat soit complet! que le coup d'État vienne nous trouver sur nos siéges! Allons à la salle des séances! Il ajouta : Puisque nous y sommes, donnons-nous le spectacle réel et vivant d'un 18 brumaire.

VIOLATION DE LA SALLE.

Ils se rendirent tous à la salle des séances. Le passage était libre. La salle Casimir-Perier n'était pas encore occupée par la troupe.

Ils étaient soixante environ. Plusieurs avaient ceint leurs écharpes. Ils entrèrent avec une sorte de recueillement dans la salle.

Là, M. de Rességuier, dans une bonne intention d'ailleurs, et afin de former un groupe plus compacte, insista pour que tous s'installassent au côté droit.

— Non, dit Marc Dufraisse, chacun à son banc. Ils se dispersèrent dans la salle, chacun à sa place ordinaire.

M. Monet, qui siégeait sur un des bancs inférieurs du centre gauche, tenait dans ses mains un exemplaire de la Constitution.

Quelques minutes s'écoulèrent. Personne ne parlait. C'était ce silence de l'attente qui précède les actes décisifs et les crises finales, et pendant lequel chacun semble écouter respectueusement les dernières instructions de sa conscience.

Tout à coup des soldats de gendarmerie mobile, précédés d'un capitaine le sabre nu, paraissent sur le seuil. La salle des séances était violée. Les représentants se levèrent de tous les bancs à la fois, criant : Vive la République ! puis ils se rassirent.

Le représentant Monet resta seul debout, et d'une voix haute et indignée, qui retentissait comme un clairon dans la salle vide, ordonna aux soldats de s'arrêter.

Les soldats s'arrêtèrent, regardant les représentants d'un air ahuri.

Les soldats n'encombraient encore que le couloir de gauche, et ils n'avaient pas dépassé la tribune.

Alors le représentant Monet lut les articles 36, 37 et 68 de la Constitution.

Les articles 36 et 37 consacraient l'inviolabilité des représentants. L'article 68 destituait le président dans le cas de trahison.

Ce moment fut solennel. Les soldats écoutaient silencieusement.

Les articles lus, le représentant d'Adelsward, qui siégeait au premier banc inférieur de la gauche et qui était le plus près des soldats, se tourna vers eux et leur dit :

— Soldats, vous le voyez, le président de la République est un traître et veut faire de vous des traîtres. Vous violez l'enceinte sacrée de la représentation nationale. Au nom de la Constitution, au nom des lois, nous vous ordonnons de sortir.

Pendant qu'Adelsward parlait, le chef de bataillon commandant la gendarmerie mobile était entré.

— Messieurs, dit-il, j'ai ordre de vous inviter à vous retirer, et si vous ne vous retirez pas, de vous expulser.

— L'ordre de nous expulser! s'écria Adelsward; et tous les représentants ajoutèrent : L'ordre de qui? Voyons l'ordre! Qui a signé l'ordre?

Le commandant tira un papier et le déplia. A peine l'eut-il déplié qu'il fit un mouvement pour le remettre dans sa poche; mais le général Leydet s'était jeté sur lui et lui avait saisi le bras. Plusieurs représentants se penchèrent, et on lut l'ordre d'expulsion de l'Assemblée, signé FORTOUL, *ministre de la marine*.

Marc Dufraisse se tourna vers les gendarmes mobiles et leur cria :

— Soldats! votre seule présence ici est une forfaiture. Sortez!

Les soldats semblaient indécis. Mais tout à coup une seconde colonne déboucha par la porte de droite, et, sur un geste du commandant, le capitaine cria :

— En avant! F.....-les tous dehors!

Alors commença on ne sait quelle lutte corps à corps entre les gendarmes et les législateurs. Les soldats, le fusil au poing, entrèrent dans les bancs du sénat. Repellin, Chanay, Rantion furent violemment arrachés de leurs siéges. Deux gendarmes se ruèrent sur Marc Dufraisse, deux sur Gambon. Ils se débattirent longtemps au premier banc de droite, à la place même où avaient coutume de siéger MM. Odilon Barrot et Abbatucci. Paulin Durrieu résista à la violence par la force; il fallut trois hommes pour le détacher de son banc. Monet fut renversé sur la banquette des commissaires. Ils saisirent d'Adelsward à la gorge, et le jetèrent hors de la salle. Richardet, infirme, fut culbuté et brutalisé. Quelques-uns furent touchés par la pointe des bayonnettes; presque tous eurent leurs vêtements déchirés.

Le commandant criait aux soldats : Faites le rateau!

Ce fut ainsi que soixante représentants du peuple furent pris au collet par le coup d'État et chassés de leurs siéges. La voie de fait compléta la trahison. L'acte matériel fut digne de l'acte moral.

Les trois derniers qui sortirent furent Fayolle, Teillard-Latérisse et Paulin Durrieu.

On leur laissa passer la grande porte du palais et ils se trouvèrent place Bourgogne.

La place Bourgogne était occupée par le 42ᵉ de ligne sous les ordres du colonel Garderens.

Entre le palais et la statue de la République qui occupait le centre de la place, une pièce de canon était braquée sur l'Assemblée, en face de la grande porte.

A côté de la pièce, des chasseurs de Vincennes chargeaient leurs armes et déchiraient des cartouches.

Le colonel Garderens était à cheval près d'un groupe de soldats qui attira l'attention des représentants Teillard-Latérisse, Fayolle et Paulin Durrieu.

Au milieu de ce groupe se débattaient énergiquement trois hommes arrêtés criant : Vive la Constitution ! Vive la République !

Fayolle, Paulin Durrieu et Teillard-Latérisse s'approchèrent et reconnurent dans les trois prisonniers trois membres de la majorité, les représentants Toupet-des-Vignes, Radoubt-Lafosse et Arbey.

Le représentant Arbey réclamait vivement. Comme il élevait la voix, le colonel Garderens lui coupa la parole en ces termes qui méritent d'être conservés :

— Taisez-vous ! un mot de plus, je vous fais crosser !

Les trois représentants de la gauche, indignés, sommèrent le colonel de relâcher leurs collègues.

— Colonel, dit Fayolle, vous violez trois fois la loi.

— Je vais la violer six fois, répondit le colonel ; et il fit arrêter Fayolle, Paulin Durrieu et Teillard-Latérisse.

Les soldats reçurent l'ordre de les conduire au poste du palais en construction pour le ministère des affaires étrangères.

Chemin faisant, les six prisonniers, marchant entre deux files de baïonnettes, rencontrèrent trois de leurs collègues, les représentants Eugène Sue, Chanay et Benoist (du Rhône).

Eugène Sue barra le passage à l'officier qui commandait le détachement et lui dit :

— Nous vous sommons de mettre nos collègues en liberté.

— Je ne puis, répondit l'officier.

— En ce cas, complétez vos crimes, dit Eugène Sue. Nous vous sommons de nous arrêter, nous aussi.

L'officier les arrêta.

On les mena au poste du ministère projeté des affaires étrangères et de là plus tard à la caserne du quai d'Orsay. Ce ne fut qu'à la nuit que deux compagnies de ligne vinrent les chercher pour les transférer à ce dernier gîte.

Tout en les faisant placer entre les soldats, l'officier commandant les salua jusqu'à terre et leur dit avec politesse : — Messieurs, les armes de mes hommes sont chargées.

L'évacuation de la salle s'était faite, comme nous l'avons dit, tumultueusement, les soldats poussant les représentants devant eux par toutes les issues.

Les uns, et dans le nombre ceux dont nous venons de parler, sortirent par la rue de Bourgogne, les autres furent entraînés par la salle des Pas-Perdus vers la grille qui fait face au pont de la Concorde [1].

La salle des Pas-Perdus a pour antichambre une espèce de salle-carrefour sur laquelle s'ouvrent l'escalier des tribunes hautes, et plusieurs portes, entre autres la grande porte vitrée de la galerie qui aboutit aux appartements du président de l'Assemblée.

Parvenus à cette salle-carrefour qui est contiguë à la petite rotonde où est la porte latérale de sortie

---

1. Cette grille, fermée le 2 décembre, ne s'est rouverte que le 12 mars pour M. Louis Bonaparte venant visiter les travaux de la salle du Corps législatif.

du palais, les soldats laissèrent libres les représentants.

Il se forma là en quelques instants un groupe dans lequel les représentants Canet et Favreau prirent la parole. Un cri s'éleva : Allons chercher Dupin, traînons-le ici, s'il le faut!

On ouvrit la porte vitrée et l'on se précipita dans la galerie. Cette fois, M. Dupin était chez lui. M. Dupin, ayant appris que les gendarmes avaient fait évacuer la salle, était sorti de sa cachette. L'Assemblée étant terrassée, Dupin se dressait debout. La loi étant prisonnière, cet homme se sentait délivré.

Le groupe de représentants conduit par MM. Canet et Favreau le trouva dans son cabinet.

Là s'engagea un dialogue. Les représentants sommèrent le président de se mettre à leur tête et de rentrer dans la salle, lui l'homme de l'Assemblée, avec eux les hommes de la Nation.

M. Dupin refusa net, tint bon, fut très-ferme, se cramponna héroïquement à son néant.

— Que voulez-vous que je fasse? disait-il, mêlant à ses protestations effarées force axiomes de droit et citations latines, instinct des oiseaux jaseurs qui débitent tout leur répertoire quand ils ont peur. Que voulez-vous que je fasse? Qui suis-je? Que puis-je? je ne suis rien. Personne n'est plus rien. *Ubi nihil, nihil*. La force est là. Où il y a la force, le peuple perd ses droits. *Novus nascitur ordo*. Prenez-en votre parti. Je suis bien obligé de me résigner, moi. *Dura lex, sed lex*. Loi selon la nécessité, entendons-nous bien, et non selon le droit. Mais qu'y faire? Qu'on me laisse tranquille. Je ne peux rien, je fais ce que je peux. Ce n'est pas la bonne volonté qui me manque. Si j'avais quatre hommes et un caporal, je les ferais tuer.

— Cet homme ne connaît que la force, dirent les représentants ; eh bien, usons de la force.

On lui fit violence, on lui passa une écharpe comme une corde autour du cou, et, comme on l'avait dit, on le traîna vers la salle, se débattant, réclamant sa « liberté », se lamentant, se rebiffant, — je dirais ruant, si le mot n'était pas noble.

Quelques minutes après l'évacuation, cette salle des Pas-Perdus qui venait de voir passer les représentants empoignés par les gendarmes, vit passer M. Dupin empoigné par les représentants.

On n'alla pas loin. Les soldats barraient la grande porte verte à deux battants. Le colonel Espinasse accourut, le commandant de la gendarmerie accourut. On voyait passer de la poche du commandant les pommeaux d'une paire de pistolets.

Le colonel était pâle, le commandant était pâle, M. Dupin était blême. Des deux côtés on avait peur. M. Dupin avait peur du colonel ; le colonel, certes, n'avait pas peur de M. Dupin, mais derrière cette risible et misérable figure il voyait se dresser quelque chose de terrible, son crime, et il tremblait. Il y a dans Homère une scène où Némésis apparaît derrière Thersite.

M. Dupin resta quelques moments interdit, abruti et muet.

Le représentant Gambon lui cria :

— Parlez donc, monsieur Dupin, la gauche ne vous interrompt pas.

Alors, la parole des représentants dans les reins, la

bayonnette des soldats devant la poitrine, le malheureux parla. Ce qui sortit de sa bouche en ce moment, ce que le président de l'Assemblée souveraine de France balbutia devant les gendarmes à cette minute suprême, on ne saurait le recueillir.

Ceux qui ont entendu ces derniers hoquets de la lâcheté agonisante, se sont hâtés d'en purifier leurs oreilles. Il paraît pourtant qu'il bégaya quelque chose comme ceci : — Vous êtes la force, vous avez des bayonnettes, j'invoque le droit, et je m'en vais. J'ai l'honneur de vous saluer.

Il s'en alla.

On le laissa s'en aller. Au moment de sortir, il se retourna, et laissa encore tomber quelques mots. Nous ne les ramasserons pas. L'histoire n'a pas de hotte.

IX

UNE FIN PIRE QU'UNE MORT

Nous voudrions laisser là, pour n'en plus reparler jamais, cet homme qui avait porté trois ans ce titre auguste : Président de l'Assemblée nationale de France, et qui n'avait su être que le domestique de la majorité. Il trouva moyen à sa dernière heure de descendre encore plus bas qu'on ne l'aurait cru possible, même à lui. Sa carrière à l'Assemblée avait été d'un valet, sa fin fut d'un laquais.

L'attitude inouïe que M. Dupin eut devant les gendarmes, en grimaçant son semblant de protestation, autorisa même des soupçons. Gambon s'écria : — Il résiste comme un complice. Il savait tout.

Nous croyons ces soupçons injustes. M. Dupin ne savait rien. Qui donc, parmi les machinateurs du coup d'État, eût pris la peine de s'assurer son adhésion ? Corrompre M. Dupin ! Était-ce possible ? Et puis, à quoi bon ? Le payer ? Pourquoi ? c'est de l'argent perdu quand la peur suffit. Il y a des connivences toutes faites d'avance.

La couardise est la vieille complaisante de la félonie. Le sang de la loi versé est vite essuyé. Derrière l'assassin qui tient le poignard arrive le trembleur qui tient l'éponge.

Dupin s'enfuit dans son cabinet. On l'y suivit.

— Mon Dieu, s'écriait-il, on ne comprend donc pas que je veux rester en paix!

On le torturait en effet depuis le matin pour extraire de lui une impossible parcelle de courage.

— Vous me maltraitez plus que les gendarmes, disait-il.

Les représentants s'installèrent dans son cabinet, s'assirent à sa table pendant qu'il gémissait et bougonnait sur un fauteuil, et rédigèrent un procès-verbal de ce qui venait de se passer, voulant laisser dans les archives trace officielle de l'attentat.

Le procès-verbal terminé, le représentant Canet en donna lecture au président et lui présenta une plume.

— Que voulez-vous que je fasse de ça? dit-il.

— Vous êtes le président, répondit Canet. C'est notre dernière séance. Votre devoir est d'en signer le procès-verbal.

Cet homme refusa.

X

LA PORTE NOIRE

M. Dupin est une honte incomparable.

Plus tard il accepta le paiement. Il paraît qu'il fut quelque chose comme procureur général à la cour de cassation.

M. Dupin rend à Louis Bonaparte le service d'être à sa place le dernier des hommes.

Continuons cette sombre histoire.

Les représentants de la droite, dans le premier effarement du coup d'État, coururent en grand nombre chez M. Daru, qui était vice-président de l'Assemblée et en même temps un des présidents de la réunion des Pyramides. Cette réunion avait toujours appuyé la politique de l'Élysée, mais sans croire à des préméditations de coup d'État. M. Daru demeurait rue de Lille, n° 75.

Vers dix heures du matin, une centaine environ de ces représentants étaient rassemblés chez M. Daru. Ils résolurent de tenter de pénétrer dans le lieu des séances de l'Assemblée. La rue de Lille débouche dans la rue de Bourgogne, presque en face de la petite porte qui donne entrée dans le palais, et qu'on nomme la Porte Noire.

Ils se dirigèrent vers cette porte, M. Daru en tête. Ils se tenaient sous le bras et marchaient trois par trois. Quelques-uns avaient revêtu leurs écharpes. Ils les ôtèrent plus tard.

La Porte Noire, entr'ouverte comme à l'ordinaire, n'était gardée que par deux factionnaires.

Quelques-uns des plus indignés, M. de Kerdrel entre autres, se précipitèrent vers cette porte et cherchèrent à la franchir. Mais elle fut violemment refermée et il y eut là, entre les représentants et les sergents de ville qui accoururent, une sorte de lutte où un représentant eut le poignet foulé.

En même temps, un bataillon rangé en ligne sur la place de Bourgogne s'ébranla et arriva au pas de course sur le groupe des représentants.

M. Daru, très-noble et très-ferme, fit signe au commandant d'arrêter; le bataillon fit halte, et M. Daru, au nom de la Constitution et en sa qualité de vice-président de l'Assemblée, somma les soldats de mettre bas les armes et de livrer passage aux représentants du peuple souverain.

Le commandant du bataillon répliqua par l'injonction de vider la rue immédiatement, déclarant qu'il n'y avait plus d'Assemblée; que, quant à lui, il ne savait pas ce que c'était que des représentants du peuple, et que si les personnes qu'il avait devant lui ne se retiraient pas de gré, il les expulserait de force.

— Nous ne céderons qu'à la violence, dit M. Daru.

— Vous êtes en forfaiture, ajouta M. de Kerdrel.

L'officier donna ordre de charger.

Les compagnies s'avancèrent en rangs serrés.

Il y eut un moment de confusion. Presque un choc. Les représentants refoulés violemment refluèrent dans la rue de Lille. Quelques-uns tombèrent. Plusieurs membres de la droite furent roulés dans la boue par les soldats. L'un d'eux, M. Étienne, reçut dans l'épaule un coup de crosse. Ajoutons sans transition que huit jours après, M. Étienne était membre de cette chose qu'on a appelée la Commission consultative. Il trouvait bon le coup d'État, y compris le coup de crosse.

On revint chez M. Daru; chemin faisant, le groupe dispersé se rallia et se recruta même de quelques survenants.

— Messieurs, dit M. Daru, le président nous fait défaut, la salle nous est fermée. Je suis vice-président, ma maison est le palais de l'Assemblée.

Il fit ouvrir un grand salon, et les représentants de la droite s'y installèrent. On y délibéra d'abord assez tumultueusement. Cependant M. Daru fit observer que les moments étaient précieux, et le silence se rétablit.

La première mesure à prendre était évidemment la déchéance du président de la République, en vertu de l'article 68 de la Constitution. Quelques représentants, de ceux que j'avais servi à baptiser et qu'on appelait *burgraves,* s'assirent autour d'une table et préparèrent la rédaction de l'acte de déchéance.

Comme ils allaient en donner lecture, un représentant qui arrivait du dehors se présenta à la porte du salon et déclara à l'assemblée que la rue de Lille s'emplissait de troupes et qu'on allait cerner l'hôtel.

Il n'y avait pas une minute à perdre.

M. Benoist-d'Azy dit : — Messieurs, allons à la mairie du Xe arrondissement, nous pourrons délibérer là sous la protection de la 10e légion dont notre collègue, le général Lauriston, est colonel.

L'hôtel de M. Daru avait une issue sur les derrières par une petite porte qui était au fond du jardin. Beaucoup de représentants sortirent par là.

M. Daru se disposait à les suivre. Il ne restait plus que lui dans le salon avec M. Odilon Barrot et deux ou trois autres quand la porte s'ouvrit. Un capitaine entra et dit à M. Daru :

— Monsieur le comte, vous êtes mon prisonnier.

— Où dois-je vous suivre? demanda M. Daru.

— J'ai ordre de vous garder à vue dans votre maison.

L'hôtel, en effet, était occupé militairement; et c'est ainsi que M. Daru fut empêché d'assister à la séance de la mairie du Xe arrondissement.

L'officier laissa sortir M. Odilon Barrot.

XI

LA HAUTE COUR

Pendant que ceci se passait sur la rive gauche, vers midi, on remarquait dans la grande salle des Pas-Perdus du Palais de justice un homme qui allait et venait. Cet homme soigneusement boutonné dans son paletot, semblait accompagné à distance de plusieurs souteneurs possibles; de certaines aventures de police ont des auxiliaires dont la figure à double sens inquiète les passants, si bien qu'on se demande : Sont-ce des magistrats? sont-ce des voleurs? L'homme au paletot boutonné errait de porte en porte, de couloir en couloir, échangeant des signes d'intelligence avec les espèces d'estafiers qui le suivaient, puis revenait dans la grande salle, arrêtait au passage les avocats, les avoués, les huissiers, les commis-greffiers, les garçons de salle, et répétait à tous à voix basse de façon à ne pas être entendu des passants, la même question ; à cette question les uns répondaient : oui; non, disaient les autres. Et l'homme se remettait à rôder dans le Palais de justice avec la mine d'un limier en quête.

C'était le commissaire de police de l'Arsenal.

Que cherchait-il?

La haute cour.

Que faisait la haute cour?

Elle se cachait.

Pourquoi faire? Pour juger?

Oui et non.

Le commissaire de police de l'Arsenal avait reçu le matin du préfet Maupas l'ordre de chercher partout où elle serait la haute cour de justice, si par aventure elle croyait devoir se réunir. Confondant la haute cour avec le conseil d'État, le commissaire de police était allé d'abord au quai d'Orsay. N'y ayant rien trouvé, pas même le conseil d'État, il était revenu à vide et s'était dirigé à tout hasard vers le Palais de justice, pensant que puisqu'il avait à chercher la justice, il la trouverait peut-être là.

Ne la trouvant pas il s'en alla.

La haute cour s'était pourtant réunie.

Où et comment? on va le voir :

A l'époque dont nous écrivons en ce moment l'histoire, avant les reconstructions actuelles des vieux édifices de Paris, quand on abordait le Palais de justice par la cour de Harlay, un escalier peu majestueux vous conduisait en tournant dans un long corridor, nommé galerie Mercière. Vers le milieu de ce corridor, on rencontrait deux portes, l'une à droite qui menait à la cour d'appel, l'autre à gauche qui menait à la cour de cassation. La porte de gauche ouvrait à deux battants sur une ancienne galerie, dite de Saint-Louis, récemment restaurée et qui sert aujourd'hui de salle des Pas-Perdus aux avocats de la cour de cassation. Une statue de saint

Louis en bois faisait face à la porte d'entrée. Une entrée, pratiquée dans un pan coupé à droite de cette statue, débouchait sur un couloir tournant terminé par une sorte de cul-de-sac que fermaient en apparence deux doubles portes. Sur la porte de droite on lisait : *Cabinet de M. le premier président;* sur la porte de gauche : *Chambre du conseil.* Entre les deux portes on avait ménagé, pour servir de passage aux avocats qui allaient à la salle de la chambre civile, qui est l'ancienne grand'-chambre du parlement, une sorte de boyau étroit et obscur dans lequel, selon l'expression de l'un d'eux, *on aurait pu commettre tous les crimes impunément.*

Si on laissait de côté le cabinet du premier président et si l'on ouvrait la porte sur laquelle était écrit *Chambre du conseil,* on traversait une grande pièce, meublée d'une vaste table en fer à cheval qu'entouraient des chaises vertes. Au fond de cette chambre, qui servait en 1793 de salle de délibération aux jurés du tribunal révolutionnaire, une porte coupée dans la boiserie donnait entrée dans un petit couloir où l'on trouvait deux portes, à droite la porte du cabinet du président de la chambre criminelle, à gauche la porte de la buvette. — *A mort,* et *allons dîner!* — Ces choses se touchent depuis des siècles. Une troisième porte fermait l'extrémité de ce couloir. Cette porte était, pour ainsi dire, la dernière du Palais de justice, la plus lointaine, la plus inconnue, la plus perdue; elle s'ouvrait sur ce qu'on appelle la bibliothèque de la cour de cassation, spacieuse salle en forme d'équerre, éclairée de deux fenêtres donnant sur le grand préau intérieur de la Conciergerie, meublée de quelques chaises de cuir, d'une grande table à tapis vert, et de livres de droit couvrant les murs du plancher jusqu'au plafond.

Cette salle, on le voit, est la plus retirée et la plus cachée qu'il y ait dans le palais.

Ce fut là, dans cette salle, qu'arrivèrent successivement le 2 décembre, vers onze heures du matin, plusieurs hommes vêtus de noir, sans robes, sans insignes, effarés, désorientés, hochant la tête et se parlant bas. Ces hommes tremblants, c'était la haute cour de justice.

La haute cour de justice se composait, aux termes de la Constitution, de sept magistrats : un président, quatre juges et deux suppléants, choisis par la cour de cassation parmi ses propres membres et renouvelés tous les ans.

En décembre 1851 ces sept juges s'appelaient Hardouin, Pataille, Moreau, Delapalme, Cauchy, Grandet et Quesnault, les deux derniers suppléants.

Ces hommes, à peu près obscurs, avaient des antécédents quelconques. M. Cauchy, il y a quelques années président de chambre à la cour royale de Paris, homme doux et facilement effrayé, était le frère du mathématicien membre de l'Institut, à qui l'on doit le calcul des ondes sonores, et de l'ancien greffier-archiviste de la Chambre des pairs. M. Delapalme avait été avocat-général, fort mêlé aux procès de presse sous la Restauration ; M. Pataille avait été député du centre sous la monarchie de Juillet; M. Moreau (de la Seine) était remarquable en cela qu'on l'avait surnommé *de la Seine* pour le distinguer de M. Moreau (de la Meurthe), lequel de son côté était remarquable en ceci qu'on l'avait surnommé *de la Meurthe* pour le distinguer de M. Moreau (de la Seine). Le premier suppléant, M. Grandet, avait été président de chambre à Paris. J'ai lu de lui cet éloge : « On ne lui connaît ni caractère ni opinion quelconque . » Le second suppléant, M. Quesnault, libéral, député, fonctionnaire, avocat-général, conservateur, docte, obéissant, était parvenu, se faisant de tout un échelon, à la chambre criminelle de la cour de cassation, où il se signalait parmi les sévères. 1848 avait choqué sa notion du droit; il avait donné sa démission après le 24 février; il ne l'a pas donnée après le 2 décembre.

M. Hardouin, qui présidait la haute cour, était un ancien président d'assises, homme religieux, janséniste rigide, noté parmi ses collègues comme « magistrat scrupuleux », vivant dans Port-Royal, lecteur assidu de Nicolle, de la race des vieux parlementaires du Marais, qui allaient au Palais de justice montés sur une mule; la mule était maintenant passée de mode, et qui fût allé chez le président Hardouin n'eût pas plus trouvé l'entêtement dans son écurie que dans sa conscience.

Le matin du 2 décembre, à neuf heures, deux hommes montaient l'escalier de M. Hardouin, rue de Condé, n° 10, et se rencontraient à sa porte. L'un était M. Pataille; l'autre, un des membres les plus considérables du barreau de la cour de cassation, l'ancien constituant Martin (de Strasbourg). M. Pataille venait se mettre à la disposition de M. Hardouin.

La première pensée de Martin (de Strasbourg), en lisant les affiches du coup d'État, avait été pour la haute cour. M. Hardouin fit passer M. Pataille dans une pièce voisine de son cabinet et reçut Martin (de Strasbourg) comme un homme auquel on ne désire pas parler devant témoins. Mis en demeure par Martin (de Strasbourg) de convoquer la haute cour, il pria qu'on le laissât « faire »; déclara que la haute cour « ferait son devoir »; mais qu'il fallait avant tout qu'il « conférât avec ses collègues », et termina par ce mot: — *Ce sera fait aujourd'hui ou demain.* — Aujourd'hui ou demain ! s'écria Martin (de Strasbourg) ; monsieur le président, le salut de la république, le salut du pays dépend peut-être de ce que la haute cour fera ou ne fera pas. Votre responsabilité est considérable, songez-y. Quand on est la haute cour de justice, on ne fait pas son devoir aujourd'hui ou demain, on le fait tout de suite, sur l'heure, sans perdre une minute, sans hésiter un instant.

Martin (de Strasbourg) avait raison, la justice c'est toujours aujourd'hui.

Martin (de Strasbourg) ajouta : — S'il vous faut un homme pour les actes énergiques, je m'offre. — M. Hardouin déclina l'offre, affirma qu'il ne perdrait pas un moment, et pria Martin (de Strasbourg) de le laisser « conférer » avec son collègue M. Pataille.

Il convoqua en effet la haute cour pour onze heures, et il fut convenu qu'on se réunirait dans la salle de la bibliothèque.

Les juges furent exacts. A onze heures et quart ils étaient tous réunis. M. Pataille arriva le dernier.

Ils prirent séance au bout de la grande table verte. Ils étaient seuls dans la bibliothèque.

Nulle solennité. Le président Hardouin ouvrit ainsi la délibération : — Messieurs, il n'y a point à exposer la situation, tout le monde sait de quoi il s'agit.

L'article 68 de la Constitution était impérieux. Il avait fallu que la haute cour se réunît, *sous peine de forfaiture*. On gagna du temps ; on se constitua, on nomma greffier de la haute cour M. Bernard, greffier en chef de la cour de cassation, on l'envoya chercher, et en l'attendant on pria le bibliothécaire, M. Denevers, de tenir la plume. On convint d'une heure et d'un lieu où l'on se réunirait le soir. On s'entretint de la démarche du constituant Martin (de Strasbourg), dont on se fâcha presque comme d'un coup de coude donné par la politique à la justice. On parla un peu du socialisme, de la montagne et de la république rouge, et un peu aussi de l'arrêt qu'on avait à prononcer. On causa, on conta, on blâma, on conjectura, on traîna. Qu'attendait-on ?

Nous avons raconté ce que le commissaire de police faisait de son côté.

Et, à ce propos, quand on songeait, parmi les complices du coup d'État, que le peuple pouvait, pour sommer la haute cour de faire son devoir, envahir le Palais de justice, et que jamais il n'irait la chercher où elle était, on trouvait cette salle bien choisie ; mais quand on songeait que la police viendrait sans doute aussi pour chasser la haute cour et qu'elle ne parviendrait peut-être pas à la trouver, chacun déplorait à part soi le choix de la salle. On avait voulu cacher la haute cour, on y avait trop réussi. Il était douloureux de penser que peut-être, quand la police et la force armée arriveraient, les choses seraient trop avancées et la haute cour trop compromise.

On avait constitué un greffe, maintenant il fallait constituer un parquet. Deuxième pas, plus grave que le premier.

Les juges temporisaient espérant que la chance finirait par se décider d'un côté ou de l'autre, soit pour l'Assemblée, soit pour le président, soit contre le coup d'État, soit pour, et qu'il y aurait un vaincu ; et que la haute cour pourrait alors en toute sécurité mettre la main sur le collet de quelqu'un.

Ils débattirent longuement la question de savoir s'ils

décréteraient immédiatement le président d'accusation ou s'ils rendraient un simple arrêt d'information. Ce dernier parti fut adopté.

Ils rédigèrent un arrêt. Non l'arrêt honnête et brutal qui a été placardé par les soins des représentants de la gauche et publié, et où se trouvent ces mots de mauvais goût, *crime* et *haute trahison ;* cet arrêt, arme de guerre, n'a jamais existé autrement que comme projectile. La sagesse, quand on est juge, consiste quelquefois à rendre un arrêt qui n'en est pas un, un de ces arrêts qui n'engagent pas, où l'on met tout au conditionnel, où l'on n'incrimine personne et où l'on ne qualifie rien. Ce sont des espèces d'interlocutoires qui permettent d'attendre et de voir venir ; lorsqu'on est des hommes sérieux, il ne faut pas, dans les conjonctures délicates, mêler inconsidérément aux événements possibles cette brusquerie qu'on appelle la justice. La haute cour s'en rendit compte ; elle rédigea un arrêt prudent ; cet arrêt n'est pas connu ; il est publié ici pour la première fois. Le voici. C'est un chef-d'œuvre du genre oblique.

EXTRAIT

DU REGISTRE DE LA HAUTE COUR DE JUSTICE

« La haute cour de justice,

« Vu l'article 68 de la Constitution ;

« Attendu que des placards imprimés, commençant par ces mots : *Le président de la République...* et portant, à la fin, la signature *Louis-Napoléon Bonaparte* et *de Morny, ministre de l'intérieur,* lesdits placards portant, entre autres mesures, dissolution de l'Assemblée nationale, ont été affichés aujourd'hui même, sur les murs de Paris, que ce fait de la dissolution de l'Assemblée nationale par le président de la République serait de nature à réaliser le cas prévu par l'article 68 de la Constitution et rend indispensable aux termes dudit article la réunion de la haute cour;

« Déclare que la haute cour de justice est constituée, nomme...[1] pour remplir près d'elle les fonctions du ministère public; pour remplir les fonctions de greffier M. Bernard, greffier en chef de la cour de cassation, et, pour procéder ultérieurement dans les termes dudit article 68 de la Constitution, s'ajourne à demain trois décembre, heure de midi.

« Fait et délibéré en la chambre du conseil, où siégeaient MM. Hardouin, président; Pataille, Moreau, Delapalme et Cauchy, juges, le 2 décembre 1851. »

Les deux suppléants, MM. Grandet et Quesnault, offrirent de signer l'arrêt, mais le président jugea plus régulier de ne prendre que les signatures des titulaires, les suppléants étant sans qualité quand la cour se trouve au complet.

Cependant il était une heure, la nouvelle commençait à se répandre au Palais qu'un décret de déchéance avait été rendu contre Louis Bonaparte par une portion de l'Assemblée; un des juges, sorti pendant la délibération, rapporta ce bruit à ses collègues. Ceci coïncida avec un accès d'énergie. Le président fit observer qu'il serait à propos de nommer un procureur-général.

Ici, difficulté. Qui nommer? Dans tous les procès-

---

1. On laissa cette ligne en blanc. Elle ne fut remplie que plus tard par le nom de M. Renouard, conseiller à la cour de cassation

précédents, on avait toujours choisi pour procureur-général près la haute cour le procureur-général près la cour d'appel de Paris. Pourquoi innover? on s'en tint audit procureur-général de la cour d'appel. Ce procureur-général était pour l'instant M. de Royer, qui avait été garde-des-sceaux de M. Bonaparte. Difficulté nouvelle et longue discussion.

M. de Royer accepterait-il? M. Hardouin se chargea d'aller lui porter l'offre. Il n'y avait que la galerie Mercière à traverser.

M. de Royer était dans son cabinet. L'offre le gêna fort. Il resta interdit du choc : accepter, c'était sérieux; refuser, c'était grave.

La forfaiture était là. Le 2 décembre, à une heure après midi, le coup d'État était encore un crime. M. de Royer, ne sachant pas si la haute trahison réussirait, se hasardait à la qualifier dans l'intimité et baissait les yeux avec une noble pudeur devant cette violation des lois à laquelle, trois mois plus tard, beaucoup de robes de pourpre, y compris la sienne, ont prêté serment. Mais son indignation n'allait pas jusqu'à l'accusation. L'accusation parle tout haut; M. de Royer n'en était encore qu'au murmure. Il était perplexe.

M. Hardouin comprit cette situation de conscience. Insister eût été excessif. Il se retira.

Il rentra dans la salle où ses collègues l'attendaient.

Cependant le commissaire de police de l'Arsenal était revenu.

Il avait fini par réussir à « déterrer », — ce fut son mot, — la haute cour. Il pénétra jusqu'à la chambre du conseil de la chambre civile; il n'avait encore dans ce moment-là d'autre escorte que les quelques agents du matin. Un garçon passait, le commissaire lui demanda la haute cour. — La haute cour? dit le garçon, qu'est-ce que c'est que ça? — A tout hasard le garçon avertit le bibliothécaire, qui vint. Quelques paroles s'échangèrent entre M. Denevers et le commissaire :

— Que demandez-vous ?

— La haute cour.

— Qui êtes-vous?

— Je demande la haute cour.

— Elle est en séance.

— Où siége-t-elle ?

— Ici.

Et le bibliothécaire indiqua la porte.

— C'est bien, dit le commissaire.

Il n'ajouta pas un mot et rentra dans la galerie Mercière.

Nous venons de dire qu'il n'était accompagné en ce moment-là que de quelques agents.

La haute cour était en séance en effet. Le président rendait compte aux juges de sa visite au procureur-général. Tout à coup on entend un tumulte de pas dans le couloir qui mène de la chambre du conseil à la salle où l'on délibérait. La porte s'ouvre brusquement. Des baïonnettes apparaissent, et au milieu des baïonnettes un homme en paletot boutonné avec une ceinture tricolore sur son paletot.

Les magistrats regardent, stupéfaits.

— Messieurs, dit l'homme, dispersez-vous sur-le-champ.

Le président Hardouin se lève.

— Que veut dire ceci? qui êtes-vous? savez-vous à qui vous parlez?

— Je le sais. Vous êtes la haute cour, et je suis le commissaire de police.

— Eh bien ?

— Allez-vous-en.

Il y avait là trente-cinq gardes municipaux commandés par un lieutenant et tambour en tête.

— Mais... dit le président.

Le commissaire l'interrompit par ces paroles qui sont textuelles :

— Monsieur le président, je n'entamerai point de lutte oratoire avec vous. J'ai des ordres et je vous les transmets. Obéissez.

— A qui ?

— Au préfet de police.

Le président fit cette question étrange qui impliquait l'acceptation d'un ordre :

— Avez-vous un mandat ?

Le commissaire répondit :

— Oui.

Et il tendit au président un papier.

Les juges étaient pâles.

Le président déplia le papier ; M. Cauchy avançait la tête par-dessus l'épaule de M. Hardouin. Le président lut :

« Ordre de disperser la haute cour, et, en cas de refus, d'arrêter MM. Béranger, Rocher, de Boissieux, Pataille et Hello. »

Et se tournant vers les juges, le président ajouta :

« Signé MAUPAS. »

Puis, s'adressant au commissaire, il reprit :

— Il y a erreur. Ces noms-là ne sont pas les nôtres. MM. Béranger, Rocher et de Boissieux ont fait leur temps et ne sont plus juges de la haute cour ; quant à M. Hello, il est mort.

La haute cour en effet était temporaire et renouvelable ; le coup d'État brisait la Constitution, mais ne la connaissait pas. Le mandat signé *Maupas* était applicable à la précédente haute cour. Le coup d'État s'était fourvoyé sur une vieille liste. Étourderie d'assassins.

— Monsieur le commissaire de police, continua le président, vous le voyez, ces noms-là ne sont pas les nôtres.

— Cela m'est égal, répliqua le commissaire. Que ce mandat s'applique ou ne s'applique pas à vous, dispersez-vous, ou je vous arrête tous.

Et il ajouta :

— Sur-le-champ.

Les juges se turent ; un d'eux prit sur la table une feuille volante qui était l'arrêt rendu par eux et mit ce papier dans sa poche, et ils s'en allèrent.

Le commissaire leur montra la porte où étaient les baïonnettes, et dit :

— Par là.

Ils sortirent par le couloir entre deux haies de soldats. Le peloton de garde républicaine les escorta jusque dans la galerie Saint-Louis.

Là on les laissa libres, la tête basse.

Il était environ trois heures.

Pendant que ces choses s'accomplissaient dans la bibliothèque, tout à côté, dans l'ancienne grand'chambre du parlement, la cour de cassation siégeait et jugeait comme à son ordinaire, sans rien sentir de ce qui se passait près d'elle. Il faut croire que la police n'a pas d'odeur.

Finissons-en tout de suite de cette haute cour.

Le soir, à sept heures et demie, les sept juges se réunirent chez l'un d'eux, celui qui avait emporté l'arrêt, dressèrent procès-verbal, rédigèrent une protestation, et comprenant le besoin de remplir la ligne laissée en blanc dans leur arrêt, nommèrent, sur la proposition de M. Quesnault, procureur-général M. Renouard, leur collègue à la cour de cassation. M. Renouard, immédiatement averti, accepta.

Ils se réunirent une dernière fois le lendemain 3, à onze heures du matin, une heure avant l'heure indiquée dans l'arrêt qu'on a lu plus haut, encore dans la bibliothèque de la cour de cassation, M. Renouard présent. Acte lui fut donné de son acceptation et de ce qu'il déclarait requérir l'information. L'arrêt rendu fut porté par M. Quesnault au grand greffe et transcrit immédiatement sur le registre des délibérations intérieures de la cour de cassation, la haute cour n'ayant point de registre spécial et ayant, dès l'origine, décidé qu'elle se servirait du registre de la cour de cassation. A la suite de l'arrêt, on transcrivit deux pièces désignées ainsi sur le registre : 1° Procès-verbal constatant l'intervention de la police pendant le délibéré de l'arrêt précédent ; 2° Donné acte de l'acceptation de M. Renouard pour les fonctions de procureur-général. En outre, sept copies de ces diverses pièces, faites de la main des juges eux-mêmes et signées d'eux tous, furent mises en lieu sûr, ainsi qu'un calepin sur lequel avaient été transcrites, dit-on, cinq autres décisions secrètes relatives au coup d'État.

Cette page du registre de la cour de cassation existe-t-elle encore à l'heure qu'il est? Est-il vrai, comme on l'a affirmé, que le préfet Maupas se soit fait apporter le registre et ait déchiré la feuille où était l'arrêt? Nous n'avons pu éclaircir ce point; le registre maintenant n'est communiqué à personne, et les employés du grand greffe sont muets.

Tels sont les faits. Résumons-les.

Si cette cour appelée haute eût été de tempérament à concevoir une telle idée que celle de faire son devoir, une fois réunie, se constituer était l'affaire de quelques minutes; elle eût procédé résolûment et rapidement, elle eût nommé procureur-général quelque homme énergique tenant à la cour de cassation, du parquet, comme Freslon, ou du barreau, comme Martin (de Strasbourg). En vertu de l'article 68 et sans attendre les actes de l'Assemblée, elle eût rendu un arrêt qualifiant le crime, lancé contre le président et ses complices un décret de prise de corps et ordonné le dépôt de la personne de Louis Bonaparte dans une maison de force. De son côté le procureur-général eût lancé un mandat d'arrêt. Tout cela pouvait être terminé à onze heures et demie, et à ce moment aucune tentative n'avait encore été faite pour disperser la haute cour. Ces premiers actes accomplis, la haute cour pouvait, en sortant par une porte condamnée qui communique à la salle des Pas-Perdus, descendre dans la rue et y proclamer, à la face du peuple, son arrêt. Elle n'eût à cette heure rencontré aucun obstacle. Enfin, et dans tous les cas, elle devait siéger en costume, dans un prétoire, avec tout l'appareil de la magistrature; l'agent de police et les soldats se présentant, enjoindre aux soldats, qui eussent obéi peut-être, d'arrêter l'agent; les soldats désobéissant, se laisser traîner solennellement en prison, afin que le peuple vît sous ses yeux, là, dans la rue, le pied fangeux du coup d'État posé sur la robe de la Justice.

Au lieu de cela, qu'a fait la haute cour ?
On vient de le voir.

— Allez-vous-en.

— Nous nous en allons.

On se figure autrement le dialogue de Mathieu Molé avec Vidocq.

XII

MAIRIE DU Xe ARRONDISSEMENT

Les représentants, sortis de chez M. Daru, se rejoignirent et se rallièrent dans la rue. Là on délibéra sommairement, de groupe à groupe. On était nombreux. On pouvait en moins d'une heure, par des avertissements à domicile, rien que sur la rive gauche, vu l'urgence, réunir plus de trois cents membres. Mais où se réunirait-on? chez Lemardelay? la rue Richelieu était gardée; à la salle Martel? c'était bien loin. On comptait sur la 10e légion qui avait pour colonel le général Lauriston ; on s'en tint à la mairie du Xe arrondissement. D'ailleurs le trajet était assez court et l'on n'avait pas besoin de passer les ponts.

On se forma en colonne et l'on se mit en marche.

M. Daru, nous l'avons dit, demeurait rue de Lille, dans le voisinage de l'Assemblée. Tout le tronçon de la rue de Lille compris entre sa maison et le palais Bourbon était occupé par l'infanterie. Le dernier peloton barrait sa porte; mais il ne la barrait qu'à droite, et non à gauche. Les représentants sortant de chez M. Daru se dirigèrent du côté de la rue des Saints-Pères et laissèrent les soldats derrière eux. La troupe en ce moment-là n'avait pas d'autre instruction que de les empêcher de se réunir au palais de l'Assemblée; ils purent paisiblement se ranger en colonne dans la rue et partir. S'ils eussent pris à droite au lieu de prendre à gauche, on leur eût fait obstacle. Mais il n'y avait point d'ordre pour cela; ils passèrent à travers une lacune de la consigne.

Ceci donna, une heure après, un accès de colère à Saint-Arnaud.

Chemin faisant, de nouveaux représentants survenaient, et la colonne grossissait. Les membres de la droite étant la plupart logés dans le faubourg Saint-Germain, la colonne se composait presque entièrement d'hommes de la majorité.

Au coin du quai d'Orsay, ils rencontrèrent un groupe de membres de la gauche qui s'étaient ralliés après la sortie du palais de l'Assemblée, et qui délibéraient. C'étaient les représentants Esquiros, Marc Dufraisse, Victor Hennequin, Colfavru et Chamiot.

Ceux qui marchaient en tête de la colonne se détachèrent, vinrent au groupe et dirent : — Venez avec nous.

— Où allez-vous? demanda Marc Dufraisse.

— A la mairie du X⁰ arrondissement.

— Qu'y faire?

— Y décréter la déchéance de Louis Bonaparte.

— Et ensuite?

— Ensuite nous nous rendrons en corps au palais de l'Assemblée, nous nous ferons jour à travers la résistance, et du haut du perron nous lirons le décret de déchéance aux soldats.

— C'est bien, nous en sommes, dit Marc Dufraisse.

Les cinq membres de la gauche se mirent en marche à quelque distance de la colonne. Plusieurs de leurs amis qui s'y étaient mêlés vinrent les retrouver ; et, nous constatons ici un fait sans lui donner plus d'importance qu'il n'en a, les deux fractions de l'Assemblée représentées dans cette réunion improvisée marchèrent vers la mairie désignée sans se confondre, chacune des deux côtés de la rue. Le hasard fit que les hommes de la majorité tinrent la droite de la rue et les hommes de la minorité la gauche.

Personne n'avait d'écharpe. Aucun signe extérieur ne les faisait reconnaître. Les passants les regardaient avec surprise et ne semblaient pas comprendre ce que c'était que cette procession d'hommes silencieux dans les rues solitaires du faubourg Saint-Germain. Une partie de Paris ne connaissait pas encore le coup d'État.

Stratégiquement, comme point de défense, la mairie du Xe arrondissement était mal choisie. Située dans une rue étroite, dans ce court tronçon de la rue de Grenelle-Saint-Germain qui est entre la rue des Saints-Pères et la rue du Sépulcre, voisine du carrefour de la Croix-Rouge auquel les troupes peuvent arriver de tant de points différents, la mairie du Xe arrondissement, resserrée, dominée et bloquée de toutes parts, était une chétive citadelle pour la représentation nationale attaquée. Il est vrai qu'on n'avait pas plus le choix de la citadelle qu'on n'eut plus tard le choix du général.

L'arrivée à la mairie put sembler de bon augure. La

grande porte cochère, qui donne sur une cour carrée, était fermée ; elle s'ouvrit. Le poste de garde nationale, composé d'une vingtaine d'hommes, prit les armes et rendit les honneurs militaires à l'Assemblée. Les représentants entrèrent ; un adjoint les reçut avec respect au seuil de la mairie.

— Le palais de l'Assemblée est fermé par les troupes, dirent les représentants, nous venons délibérer ici. — L'adjoint les conduisit au premier étage et leur fit ouvrir la grande salle municipale. Les gardes nationaux criaient : Vive l'Assemblée nationale !

Les représentants entrés, on fit fermer la porte. La foule commençait à s'amasser dans la rue et criait : Vive l'Assemblée ! Un certain nombre de personnes étrangères à l'Assemblée pénétrèrent dans la mairie en même temps que les représentants. On craignit l'encombrement, et l'on mit deux factionnaires à une petite porte latérale qu'on laissa ouverte avec ordre de ne laisser passer que les membres de l'Assemblée qui pourraient survenir. M. Howyn Tranchère se tint à cette porte et se chargea de les reconnaître.

A leur arrivée à la mairie, les représentants étaient un peu moins de trois cents. Ils dépassèrent ce nombre plus tard. Il était environ onze heures du matin. Tous ne montèrent pas immédiatement dans la salle où l'on devait délibérer. Plusieurs, ceux de la gauche en particulier, restèrent dans la cour mêlés aux gardes nationaux et aux citoyens.

On parlait de ce qu'on allait faire.

Il y eut un premier incident.

Le doyen d'âge de la réunion était M. de Kératry.

Était-ce lui qui allait présider ?

Les représentants réunis dans la grande salle le désignaient.

Les représentants demeurés dans la cour hésitaient.

Marc Dufraisse aborda MM. Jules de Lasteyrie et Léon de Maleville qui étaient restés parmi les représentants de la gauche, et leur dit : — A quoi pensent-ils là-haut ? faire présider Kératry ! le nom de Kératry effarouchera le peuple absolument comme le mien effaroucherait la bourgeoisie !

Un membre de la droite, M. de Keranflech, survint et crut appuyer l'objection en ajoutant : — Et puis, réfléchissez à l'âge de Kératry. C'est une folie. Mettre un homme de quatrevingts ans aux prises avec cette heure redoutable !

Mais Esquiros se récria :

— Mauvaise raison celle-là. Quatrevingts ans, c'est une force.

— Oui, bien portés, dit Colfavru. Kératry les porte mal.

— Rien de plus grand, reprit Esquiros, que les grands octogénaires.

— Il est beau, ajouta Chamiot, d'être présidés par Nestor.

— Non, par Géronte ! dit Victor Hennequin.

Ce mot mit fin au débat. Kératry fut écarté. MM. Léon de Maleville et Jules de Lasteyrie, deux hommes honorés de tous les partis, se chargèrent de faire entendre raison aux membres de la droite ; il fut décidé que le bureau présiderait. Cinq membres du bureau étaient présents ; deux vice-présidents, MM. Benoist-d'Azy et Vitet, et trois secrétaires, MM. Grimault, Chapot et Moulin. Des deux autres vice-présidents, l'un, le général Bedeau, était à

Mazas, l'autre, M. Daru, était gardé à vue chez lui. Des trois autres secrétaires, deux, MM. Peupin et Lacaze, hommes de l'Élysée, avaient fait défaut; l'autre, M. Yvan, membre de la gauche, était à la réunion de la gauche, rue Blanche, qui avait lieu presque au même moment.

Cependant un huissier parut sur le perron de la mairie et cria comme aux plus paisibles jours de l'Assemblée : — Messieurs les représentants, en séance.

Cet huissier, qui appartenait à l'Assemblée et qui l'avait suivie, partagea son sort toute cette journée, y compris la séquestration au quai d'Orsay.

A l'appel de l'huissier, tous les représentants qui étaient dans la cour, et parmi lesquels était un des vice-présidents, M. Vitet, montèrent dans la salle, et la séance s'ouvrit.

Cette séance a été la dernière que l'Assemblée ait tenue dans des conditions régulières. La gauche qui, comme on l'a vu, avait intrépidement ressaisi de son côté le pouvoir législatif en y ajoutant ce que les circonstances commandaient, le devoir révolutionnaire, la gauche tint, sans bureau, sans huissier et sans secrétaires-rédacteurs, des séances auxquelles manque le calque fidèle et froid de la sténographie, mais qui vivent dans nos souvenirs et que l'histoire recueillera.

Deux sténographes de l'Assemblée, MM. Grosselet et Lagache, assistaient à la séance de la mairie du Xe arrondissement. Ils ont pu la recueillir. La censure du coup d'État victorieux a tronqué leur compte rendu et a fait publier par ses historiographes cette version mutilée comme étant la version exacte. Un mensonge de plus, cela ne compte pas. Ce récit sténographique appartient au dossier du 2 décembre; il est une des pièces capitales du procès que l'avenir instruira. On lira dans les notes de ce livre ce document complet. Les passages guillemetés sont ceux que la censure de M. Bonaparte a supprimés. Cette suppression en fait comprendre la signification et l'importance.

La sténographie reproduit tout, excepté la vie. Le sténographe est une oreille, il entend et ne voit pas. Il est donc nécessaire de combler ici les lacunes inévitables du compte rendu sténographique.

Pour se faire une idée complète de cette séance du X⁰ arrondissement, il faut se figurer la grande salle de la mairie, espèce de carré long, éclairée à droite par quatre ou cinq fenêtres donnant sur la cour, à gauche, le long du mur, meublée de plusieurs rangées de bancs apportés en hâte, où s'entassaient les trois cents représentants réunis par le hasard. Personne n'était assis, ceux de devant se tenaient debout, ceux de derrière étaient montés sur les bancs. Il y avait çà et là quelques petites tables. Au milieu on allait et venait. Au fond, à l'extrémité opposée à la porte, on voyait une table longue, garnie de bancs, qui occupait toute la largeur du mur, et derrière laquelle siégeait le bureau. *Siéger* est le mot convenu. Le bureau ne siégeait pas, il était debout comme le reste de l'Assemblée. Les secrétaires, MM. Chapot, Moulin et Grimault, écrivaient debout. A de certains moments, les deux vice-présidents montaient sur les bancs pour être mieux vus de tous les points de la salle. La table était couverte d'un vieux tapis de drap vert, taché d'encre; on y avait apporté trois ou quatre écritoires, une main de papier y était éparse. C'est là qu'on écrivait les décrets à mesure qu'ils étaient rendus. On multipliait les copies; quelques représentants s'étaient improvisés secrétaires et aidaient les secrétaires officiels.

Cette grande salle donnait de plain-pied sur le palier. Elle était, comme nous l'avons dit, au premier étage ; on y arrivait par un escalier assez étroit.

Rappelons que presque tous les membres présents là étaient des membres de la droite.

Le premier moment fut tragique. Berryer y fit bonne figure. De Berryer, comme de tous les improvisateurs sans style, il ne restera qu'un nom, et un nom très-discuté, Berryer ayant été plutôt un avocat plaidant qu'un orateur convaincu. Ce jour-là, Berryer fut bref, logique et sérieux. On commença par ce cri : — Que faire ? — Une déclaration, dit M. de Falloux. — Une protestation, dit M. de Flavigny. — Un décret, dit Berryer.

En effet, une déclaration, c'était du vent ; une protestation, c'était du bruit ; un décret, c'était un acte. On cria : — Quel décret ? — La déchéance, dit Berryer. — La déchéance, c'était la limite extrême de l'énergie de la droite. Au delà de la déchéance il y avait la mise hors la loi ; la déchéance était faisable par la droite ; la mise hors la loi n'était possible qu'à la gauche. Ce fut en effet la gauche qui mit Louis Bonaparte hors la loi. Elle le fit dès sa première réunion rue Blanche. On le verra plus loin. A la déchéance la légalité finissait ; à la mise hors la loi la révolution commençait. Les recommencements de révolution sont la suite logique des coups d'État. La déchéance votée, un homme qui plus tard a été un traître, Quentin Bauchart, cria : — Signons-la tous. Tous la signèrent. Odilon Barrot entra, et la signa. Antony Thouret entra, et la signa. Tout à coup M. Piscatory annonça que le maire refusait de laisser pénétrer

dans la salle les représentants qui arrivaient. — Ordonnons-le-lui par décret, dit Berryer. Et le décret fut voté. Grâce à ce décret, MM. Favreau et Monet entrèrent; ils venaient du palais législatif; ils racontèrent la lâcheté de Dupin. M. Dahirel, un des meneurs de la droite, était lui-même indigné et disait : — Nous avons reçu des coups de bayonnette. Des voix s'élevèrent : — Requérons la 10ᵉ légion. Qu'on batte le rappel. Lauriston hésite. Ordonnons-lui de défendre l'Assemblée. — Ordonnons-le-lui par décret, dit Berryer. Ce décret fut rendu, ce qui n'empêcha pas Lauriston de refuser. Un autre décret, proposé encore par Berryer, déclara en forfaiture quiconque avait attenté à l'inviolabilité parlementaire, et ordonna la mise en liberté immédiate des représentants criminellement prisonniers. Tout cela était voté d'emblée, sans discussion, dans une sorte d'immense pêle-mêle unanime, et à travers un orage de dialogues furieux. De temps en temps Berryer faisait faire silence. Puis les clameurs irritées recommençaient.
— Le coup d'État n'osera pas venir jusqu'ici! Nous sommes ici les maîtres. Nous sommes chez nous. Nous attaquer ici, c'est impossible. Ces misérables n'oseront pas! — Si la rumeur eût été moins violente, les représentants eussent pu, à travers les fenêtres ouvertes, entendre, tout à côté d'eux, un bruit de soldats chargeant leurs fusils.

C'était un bataillon de chasseurs de Vincennes qui venait d'entrer silencieusement dans le jardin de la mairie, et qui, en attendant des ordres, chargeait ses armes.

Peu à peu la séance, d'abord confuse et trouble, avait pris un aspect régulier. La clameur était devenue un bourdonnement. La voix de l'huissier criant :

— Silence, messieurs! avait fini par dominer le brouhaha. A tous moments de nouveaux représentants survenaient et s'empressaient d'aller signer sur le bureau le décret de déchéance. Comme il y avait foule autour du bureau pour signer, on fit circuler dans la grande salle et dans les deux autres pièces contiguës une douzaine de feuilles volantes sur lesquelles les représentants apposaient leur signature.

Le premier qui signa le décret de déchéance fut M. Dufaure, le dernier fut M. Betting de Lancastel. Des deux présidents, l'un, M. Benoist-d'Azy, parlait à l'Assemblée, l'autre, M. Vitet, pâle, mais calme et ferme, distribuait les instructions et les ordres. M. Benoist-d'Azy avait une contenance convenable; mais une certaine hésitation de la parole révélait un trouble intérieur. Les divisions, même dans la droite, n'avaient pas disparu à ce moment critique. On entendait un membre légitimiste dire à demi-voix en parlant d'un des vice-présidents : *Ce grand Vitet a l'air d'un sépulcre blanchi.* Vitet était orléaniste.

Étant donné l'aventurier auquel on avait affaire, ce Louis Bonaparte capable de tout, l'heure et l'homme étant crépusculaires, quelques personnages légitimistes de l'espèce candide avaient une peur sérieuse, mais comique. Le marquis de ***, mouche du coche de la droite, allait, venait, pérorait, criait, déclamait, réclamait, proclamait, et tremblait. Un autre, M. A.-N., suant, rouge, essoufflé, se démenait éperdument :
— Où est le poste? Combien d'hommes? Qui est-ce qui commande? L'officier! Envoyez-moi l'officier! Vive la République! Gardes nationaux, tenez bon! — Vive la République! Toute la droite poussait ce cri.

— Vous voulez donc la faire mourir! leur disait Esquiros. Quelques-uns étaient mornes ; Bourbousson gardait un silence d'homme d'État vaincu. Un autre, le vicomte de ***, parent du duc d'Escars, était si épouvanté qu'à chaque instant il s'en allait dans un angle de la cour. Il y avait là, dans la foule qui emplissait cette cour, un gamin de Paris, enfant d'Athènes, qui a été depuis un poëte brave et charmant, Albert Glatigny. Albert Glatigny cria à ce vicomte ému : — Ah ça? est-ce que vous croyez qu'on éteint les coups d'État comme Gulliver éteignait les incendies !

O rire, que tu es sombre, mêlé aux tragédies !

Les orléanistes étaient plus tranquilles et avaient meilleure attitude. Cela tenait à ce qu'ils couraient eux plus de vrais dangers.

Pascal Duprat fit rétablir en tête des décrets les mots *République française* qu'on avait oubliés.

De temps en temps des hommes qui ne parlaient plus la langue du moment prononçaient ce mot étrange : Dupin, c'étaient alors des huées et des éclats de rire.— Ne prononcez plus le nom de ce lâche, cria Antony Thouret.

Les motions se croisaient ; c'était une rumeur continue coupée de profonds et solennels silences. Les paroles d'alarme circulaient de groupe en groupe. Nous sommes dans un cul-de-sac. Nous sommes pris ici comme dans une souricière ; puis à chaque motion des voix s'élevaient :— C'est cela ! c'est juste ! c'est entendu ! On se donnait à voix basse rendez-vous rue de la Chaussée-d'Antin, n° 19, pour le cas où l'on serait expulsé de la mairie. M. Bixio emportait le décret de déchéance pour le faire imprimer. Esquiros, Marc Dufraisse, Pascal Duprat, Rigal, Lherbette, Chamiot, Latrade, Colfavru, Antony Thouret jetaient çà et là d'énergiques conseils. M. Dufaure, résolu et indigné, protestait avec autorité. M. Odilon Barrot, immobile dans un coin, gardait le silence de la naïveté stupéfaite.

MM. Passy et de Tocqueville racontaient au milieu des groupes qu'ils avaient, étant ministres, l'inquiétude permanente du coup d'État, et qu'ils voyaient clairement cette idée fixe dans le cerveau de Louis Bonaparte. M. de Tocqueville ajoutait : — Je me disais chaque soir : je m'endors ministre, si j'allais me réveiller prisonnier !

Quelques-uns de ces hommes qui s'appelaient *hommes d'ordre*, grommelaient tout en signant le décret de déchéance : Gare la république rouge ! — et semblaient craindre également de succomber et de réussir. M. de Vatimesnil serrait la main des hommes de la gauche, et les remerciait de leur présence : — Vous nous faites populaires, disait-il. — Et Antony Thouret lui répondait : — Je ne connais aujourd'hui ni droite ni gauche, je ne vois que l'Assemblée.

Le plus jeune des deux sténographes communiquait les feuillets écrits aux représentants qui avaient parlé, les engageait à les revoir tout de suite, et leur disait : — Nous n'aurons pas le temps de relire. Quelques représentants, descendus dans la rue, montraient au peuple des copies du décret de déchéance signées par les membres du bureau. Un homme du peuple prit une de ces copies et cria : — Citoyens ! l'encre est encore toute fraîche ! Vive la République !

L'adjoint se tenait à la porte de la salle, l'escalier était encombré de gardes nationaux et d'assistants étrangers. A l'Assemblée plusieurs avaient pénétré jusque dans l'enceinte et parmi eux l'ancien constituant Beslay, homme d'un rare courage. On voulut d'abord les faire sortir, mais ils résistèrent en s'écriant : — Ce sont nos affaires, vous êtes l'Assemblée, mais nous sommes le peuple. — Ils ont raison, dit M. Berryer.

M. de Falloux, accompagné de M. de Kéranflech, aborda le constituant Beslay et s'accouda à côté de lui sur le poêle en lui disant : — Bonjour, collègue ; puis il lui rappela qu'ils avaient tous les deux fait partie de la commission des ateliers nationaux et qu'ils avaient visité ensemble les ouvriers au parc Monceaux ; on se sentait tomber, on devenait tendre aux républicains. La République s'appelle Demain.

Chacun parlait d'où il était, celui-ci montait sur son banc, celui-là sur une chaise, quelques-uns sur des tables. Toutes les contradictions éclataient à la fois. Dans un coin d'anciens meneurs de l'ordre s'effrayaient du triomphe possible des « rouges ». Dans un autre, les hommes de la droite entouraient les hommes de la gauche et leur demandaient : — Est-ce que les faubourgs ne se lèveront pas?

Le narrateur n'a qu'un devoir, raconter. Il dit tout, le mal comme le bien. Quoi qu'il en soit pourtant, et en dépit de tous ces détails que nous n'avons pas dû taire, à part les restrictions que nous avons indiquées, l'attitude des hommes de la droite, qui composaient la grande majorité de cette réunion, fut à beaucoup d'égards honorable et digne. Quelques-uns même, nous venons de l'indiquer, se piquèrent de résolution et d'énergie presque comme s'ils avaient voulu rivaliser avec les membres de la gauche.

Disons-le ici, car on reverra plus d'une fois dans la suite de ce récit ces regards de quelques membres de la droite tournés vers le peuple, et il ne faut pas qu'on s'y méprenne : ces hommes monarchiques qui parlaient d'insurrection populaire et qui invoquaient les faubourgs étaient une minorité dans la majorité, une minorité imperceptible. Antony Thouret proposa à ceux qui étaient là les chefs, de parcourir en corps les quartiers populaires, le décret de déchéance à la main. Mis au pied du mur, ils refusèrent. Ils déclarèrent ne vouloir se défendre que par la force organisée, point par le peuple. Chose bizarre à dire, mais qu'il faut constater, avec leurs habitudes de myopie politique, la résistance populaire armée, même au nom de la loi, leur semblait sédition. Tout ce qu'ils pouvaient supporter d'apparence révolutionnaire, c'était une légion de garde nationale tambours en tête; ils reculaient devant la barricade; le droit en blouse n'était plus le droit, la vérité armée d'une pique n'était plus la vérité, la loi dépavant une rue leur faisait l'effet d'une euménide. Au fond, du reste, et en les prenant pour ce qu'ils étaient et pour ce qu'ils signifiaient comme hommes politiques, ces membres de la droite avaient raison. Qu'eussent-ils fait du peuple? Et qu'eût fait le peuple d'eux? Comment s'y fussent-ils pris pour mettre le feu aux masses? Se figure-t-on Falloux tribun soufflant sur le faubourg Antoine?

Hélas! au milieu de ces obscurités accumulées, dans ces fatales complications de circonstances dont le coup d'État profitait si odieusement et si perfidement, dans cet immense malentendu qui était toute la situation, allumer l'étincelle révolutionnaire au cœur du peuple, Danton lui-même n'y eût pas suffi!

Le coup d'État entra dans cette réunion impudemment, son bonnet de forçat sur la tête. Il eut une assurance infâme; là, du reste, comme partout. Il y avait dans cette majorité trois cents représentants du peuple, Louis Bonaparte envoya pour les chasser un sergent. L'Assemblée ayant résisté au sergent, il envoya un officier, le commandant par intérim du 6ᵉ bataillon des chasseurs de Vincennes. Cet officier jeune, blond, goguenard, moitié riant, moitié menaçant, montrait du doigt l'escalier plein de bayonnettes et narguait l'Assemblée. — Quel est ce petit blondin ? dit un membre de la droite. Un garde national qui était là dit : — Jetez-le donc par la fenêtre ! — Donnez-lui un coup de pied au cul ! cria un homme du peuple, trouvant ainsi devant le Deux-Décembre, comme Cambronne devant Waterloo, le mot extrême et vrai.

Cette Assemblée, si graves que fussent ses torts envers les principes de la Révolution, et ces torts, la démocratie seule avait le droit de les lui reprocher, cette Assemblée, dis-je, c'était l'Assemblée nationale, c'est-à-dire la République incarnée, le suffrage universel vivant, la majesté de la nation debout et visible ; Louis Bonaparte assassina cette Assemblée, et de plus l'insulta. Souffleter est pire que poignarder.

Les jardins des environs, occupés par la troupe, étaient pleins de bouteilles brisées. On avait fait boire les soldats. Ils obéissaient purement et simplement aux épaulettes, et, suivant l'expression d'un témoin oculaire, semblaient « hébétés ». Les représentants les interpellaient et leur disaient : Mais c'est un crime ! ils répondaient : Nous ne savons pas.

On entendit un soldat dire à un autre : — Qu'as-tu fait de tes dix francs de ce matin ?

Les sergents poussaient les officiers. A l'exception du commandant, qui probablement gagnait la croix, les officiers étaient respectueux, les sergents brutaux.

Un lieutenant ayant semblé fléchir, un sergent lui cria : —Vous ne commandez pas seul ici. Allons, marchez donc !

M. de Vatimesnil demanda à un soldat : — Est-ce que vous oserez nous arrêter, nous représentants du peuple ? — Parbleu ! dit le soldat.

Plusieurs soldats entendant des représentants dire qu'ils n'avaient pas mangé depuis le matin, leur offrirent de leur pain de munition. Quelques représentants acceptèrent. M. de Tocqueville, qui était malade et qu'on voyait tout pâle adossé dans l'encognure d'une fenêtre, reçut d'un soldat un morceau de ce pain qu'il partagea avec M. Chambolle.

Deux commissaires de police se présentèrent « en tenue », en habits noirs, avec leurs ceintures-écharpes et leurs chapeaux à ganses noires. L'un était vieux, l'autre était jeune. La premier s'appelait Lemoine-Tacherat, et non Bacherel, comme on l'a imprimé par erreur ; le second Barlet. Il faut noter ces deux noms. On remarqua l'audace inouïe de ce Barlet. Rien ne lui manqua, la parole cynique, le geste provocateur, l'accent sardonique. Ce fut avec un inexprimable air d'insolence que Barlet, en sommant la réunion de se disperser, ajouta : *A tort ou à raison.* On murmurait sur les bancs de l'Assemblée : — Quel est ce polisson ! L'autre, comparé à celui-ci, semblait modéré et passif. Émile Péan cria : — Le vieux fait son métier, le jeune fait son avancement.

Avant que ce Tacherat et ce Barlet entrassent, avant qu'on entendît les crosses des fusils sonner sur les dalles de l'escalier, cette Assemblée avait songé à la résistance. A quelle résistance? nous venons de le dire. La majorité ne pouvait admettre qu'une résistance régulière, militaire, en uniforme et en épaulettes. Décréter cette résistance était simple, l'organiser était difficile. Les généraux sur lesquels la majorité avait coutume de compter étant arrêtés, il n'y avait plus là pour elle que deux généraux possibles, Oudinot et Lauriston. Le général marquis de Lauriston, ancien pair de France, à la fois colonel de la 10e légion et représentant du peuple, distinguait entre son devoir de représentant et son devoir de colonel. Sommé par quelques-uns de ses amis de la droite de faire battre le rappel et de convoquer la 10e légion, il répondait : — Comme représentant du peuple, je dois mettre le pouvoir exécutif en accusation, mais comme colonel, je dois lui obéir. — Il paraît qu'il s'enferma obstinément dans ce raisonnement singulier et qu'il fut impossible de le tirer dehors.

— Qu'il est bête! disait Piscatory.

— Qu'il a d'esprit! disait Falloux.

Le premier officier de garde nationale qui se présenta en uniforme parut être reconnu par deux membres de la droite, qui dirent : — C'est M. de Périgord! Ils se trompaient; c'était M. Guilbot, chef du 3e bataillon de la 10e légion. Il déclara qu'il était prêt à marcher, au premier ordre de son colonel le général Lauriston. Le général Lauriston descendit dans la cour et remonta un moment après en disant : — On méconnaît mon autorité. Je viens de donner ma démission. Du reste, le nom de Lauriston n'était point familier aux soldats. Oudinot était plus connu de l'armée. Mais comment?

Au moment où le nom d'Oudinot fut prononcé, il y eut, dans cette réunion presque exclusivement composée de la droite, un frémissement. En effet, à cette minute critique, à ce nom fatal d'Oudinot, les réflexions se pressaient dans tous les esprits.

Qu'était-ce que le coup d'État?

C'était « l'expédition de Rome à l'intérieur »; qui se faisait contre qui? contre ceux qui avaient fait l'expédition de Rome à l'extérieur. L'Assemblée nationale de France, dissoute par la violence, ne trouvait plus pour se défendre à cette heure suprême qu'un seul général, et lequel? précisément celui qui, au nom de l'Assemblée nationale de France, avait dissous par la violence l'Assemblée nationale de Rome. Quelle force pouvait avoir pour sauver une république Oudinot, égorgeur d'une république? N'était-il pas tout simple que ses propres soldats lui répondissent : — Qu'est-ce que vous nous voulez? Ce que nous avons fait à Rome, nous le faisons à Paris. — Quelle histoire que cette histoire de la trahison! La Législative française avait écrit le chapitre premier avec le sang de la Constituante romaine; la Providence écrivait le chapitre second avec le sang de la Législative française, Louis Bonaparte tenant la plume.

En 1849, Louis Bonaparte avait assassiné la souveraineté du peuple dans la personne de ses représentants romains; en 1851, il l'assassinait dans la personne de ses représentants français. C'était logique, et, quoique ce fût infâme, c'était juste. L'Assemblée législative portait à la fois le poids des deux crimes, complice du premier, victime du second. Tous ces hommes de la majorité le sentaient, et se courbaient. Ou plutôt, c'était le même crime, le crime du 2 juillet 1849, toujours debout, toujours vivant, qui n'avait fait que changer de nom, qui s'appelait maintenant le 2 décembre, et qui, engendré par cette Assemblée, la poignardait. Presque tous les crimes sont parricides. A un jour donné, ils se retournent contre ceux qui les ont faits, et ils les tuent.

En ce moment si plein de méditation, M. de Falloux dut chercher des yeux M. de Montalembert. M. de Montalembert était à l'Élysée.

Quand Tamisier se leva et prononça ce mot terrible : *l'affaire de Rome!* M. de Dampierre, éperdu, lui cria :
— Taisez-vous! vous nous tuez!

Ce n'était pas Tamisier qui les tuait, c'était Oudinot.
— M. de Dampierre ne s'apercevait pas qu'il criait : Taisez-vous! à l'histoire.

Et puis, sans même compter ce souvenir funeste qui eût écrasé en un pareil moment l'homme le mieux doué des grandes qualités militaires, le général Oudinot, excellent officier d'ailleurs et digne fils de son vaillant père, n'avait aucun des dons imposants qui, à l'heure critique des révolutions, émeuvent le soldat et entraînent le peuple. En cet instant-là, pour retourner une armée de cent mille hommes, pour faire rentrer les boulets dans la gueule des canons, pour retrouver sous le vin versé aux prétoriens l'âme vraie du soldat français à demi noyée et presque morte, pour arracher le drapeau au coup d'État et le remettre à la loi, pour entourer l'Assemblée de foudres et d'éclairs, il eût fallu un de ces hommes qui ne sont plus ; il eût fallu la main ferme, la parole calme, le regard froid et profond de Desaix, ce Phocion français; il eût fallu les vastes épaules, la haute stature, la voix tonnante, l'éloquence injurieuse, insolente, cynique, gaie et sublime de Kléber, ce Mirabeau militaire. Desaix, la figure de l'homme juste, ou

Kléber, la face de lion! Le général Oudinot, petit, gauche, embarrassé, le regard indécis et terne, les pommettes rouges, le front étroit, les cheveux grisonnants et plats, le son de voix poli, le sourire humble, sans parole, sans geste, sans puissance, brave devant l'ennemi, timide devant le premier venu, ayant, certes, l'air d'un soldat, mais ayant aussi l'air d'un prêtre, faisait hésiter l'esprit entre l'épée et le cierge ; il avait dans les yeux une espèce d'Ainsi soit-il !

Il avait les meilleures intentions du monde ; mais que faire? Seul, sans prestige, sans gloire vraie, sans autorité personnelle, et traînant Rome après lui! il sentait tout cela lui-même et il en était comme paralysé. Lorsqu'on l'eut nommé, il monta sur une chaise et remercia l'Assemblée avec un cœur ferme, sans doute, mais avec une parole hésitante. Quand le petit officier blond osa le regarder en face et l'affronter, lui, tenant l'épée du peuple, lui général de l'Assemblée souveraine, il ne sut que balbutier des choses malheureuses comme celles-ci : — Je viens vous déclarer que nous ne pouvons *obéir que contraints, forcés,* à l'ORDRE qui nous interdirait de rester réunis. — Il parlait d'obéir, lui qui devait commander. On lui avait passé son écharpe et il en semblait gêné. Il penchait alternativement la tête sur l'une et l'autre épaule, il tenait son chapeau et sa canne à la main, il avait l'air bienveillant. Un membre légitimiste murmurait tout bas à son voisin : — On dirait un bailli haranguant une noce. — Et le voisin, légitimiste aussi, répondait : — Il me rappelle monsieur le duc d'Angoulême.

Quelle différence avec Tamisier! Tamisier, pur, sérieux, convaincu, simple capitaine d'artillerie, avait l'air du général. Tamisier, grave et douce figure, forte intelligence, cœur intrépide, espèce de philosophe soldat, plus connu eût pu rendre des services décisifs. On ne sait ce qui fût advenu si la Providence eût donné à Oudinot l'âme de Tamisier ou à Tamisier les épaulettes d'Oudinot.

Dans cette sanglante aventure de décembre, il nous manqua un habit de général bien porté. Il y a un livre à faire sur le rôle de la passementerie dans la destinée des nations.

Tamisier, nommé chef d'état-major quelques instants avant l'invasion de la salle, se mit aux ordres de l'Assemblée. Il était debout sur une table. Il parlait avec une voix vibrante et cordiale. Les plus décontenancés se rassuraient devant cette attitude modeste, probe, dévouée. Tout à coup il se redressa et, regardant en face toute cette majorité royaliste, il s'écria : — Oui, j'accepte le mandat que vous m'offrez! j'accepte le mandat de défendre la République! rien que la République, entendez-vous bien?

Un cri unanime lui répondit : Vive la République !

— Tiens, dit Beslay, la voix vous revient comme au 4 mai! — Vive la République! rien que la République! répétaient les hommes de la droite, Oudinot plus fort que les autres. Tous les bras se tendirent vers Tamisier, toutes les mains serrèrent la sienne. O danger! irrésistible convertisseur! à l'heure suprême l'athée invoque Dieu et le royaliste la République. On se cramponne à ce qu'on a nié.

Les narrateurs officiels du coup d'État ont raconté que, dès les commencements de la séance, deux représentants avaient été envoyés par l'Assemblée au ministère de l'intérieur pour « négocier ». Ce qui est certain, c'est que ces deux représentants n'avaient aucun mandat. Ils se présentèrent, non de la part de l'Assemblée, mais en leur nom propre. Ils s'offrirent comme intermédiaires pour terminer pacifiquement la catastrophe commencée. Ils sommèrent, avec une probité un peu ingénue, Morny de se constituer prisonnier et de rentrer sous la loi, lui déclarant qu'en cas de refus l'Assemblée ferait son devoir et appellerait le peuple à la défense de la Constitution et de la République. Morny leur répondit par un sourire assaisonné de ces simples paroles : — Si vous faites un appel aux armes et si je trouve des représentants sur les barricades, je les fais tous fusiller jusqu'au dernier.

La réunion du Xe arrondissement céda à la force. Le président Vitet exigea qu'on mît la main sur lui. L'agent qui le saisit était pâle et frissonnait. Dans de certains cas, mettre la main sur un homme, c'est la mettre sur le droit, et ceux qui l'osent ont le tremblement de la loi touchée.

La sortie de la mairie fut longue et embarrassée. Il s'écoula une demi-heure environ tandis que les soldats faisaient la haie et que les commissaires de police, tout en ne semblant occupés que du soin de refouler les passants dans la rue, envoyaient chercher des ordres au ministère de l'intérieur. Pendant ce temps-là, quelques représentants, assis autour d'une table de la grande salle, écrivirent à leurs familles, à leurs femmes, à leurs amis. On s'arrachait les dernières feuilles de papier; les plumes manquaient; M. de Luynes écrivit à sa femme un billet au crayon. Il n'y avait pas de pains à cacheter; on était forcé d'envoyer les lettres ouvertes; quelques soldats s'offrirent pour les mettre à la poste. Le fils de M. Cham-

bolle, qui avait accompagné son père jusque-là, se
chargea de porter les lettres adressées à mesdames de
Luynes, de Lasteyrie et Duvergier de Hauranne.

Le général F., le même qui avait refusé un bataillon au président de la Constituante Marrast, ce
qui, de colonel l'avait fait général, le général F., au
milieu de la cour de la mairie, la face enluminée, à
demi ivre, sortant, disait-on, de déjeuner à l'Élysée,
présidait à l'attentat. Un membre, dont nous regrettons
de ne pas savoir le nom, trempa sa botte dans le ruisseau
et l'essuya le long du galon d'or du pantalon d'uniforme
du général F. Le représentant Lherbette vint au général F. et lui dit : — Général, vous êtes un lâche. Puis,
se retournant vers ses collègues, il cria : — Entendez-vous, je dis à ce général qu'il est un lâche. Le général F.
ne bougea pas. Il garda la boue sur son uniforme et
l'épithète sur sa joue.

La réunion n'appela pas le peuple aux armes. Nous
venons d'expliquer qu'elle n'était pas de force à le faire;
pourtant, au dernier moment, un membre de la gauche,
Latrade, fit un nouvel effort, il prit à part M. Berryer et
lui dit : — L'acte de résistance est consommé; maintenant
ne nous laissons pas arrêter. Dispersons-nous dans les
rues en criant : Aux armes ! — M. Berryer en conféra
quelques secondes avec le vice-président Benoist d'Azy,
qui refusa.

L'adjoint reconduisit les membres de l'Assemblée
jusqu'à la porte de la mairie, chapeau bas; au moment
où ils parurent dans la cour, prêts à sortir, entre deux
haies de soldats, les gardes nationaux du poste présentèrent les armes en criant : Vive l'Assemblée ! vivent les
représentants du peuple ! On fit désarmer immédia-

tement les gardes nationaux, et presque de force, par les chasseurs de Vincennes.

Il y avait un marchand de vin en face de la mairie. Lorsque la grande porte de la mairie s'ouvrit à deux battants et que l'Assemblée parut dans la rue, menée par le général F. à cheval, et ayant en tête le vice-président Vitet empoigné à la cravate par un agent de police, quelques hommes en blouses blanches, groupés aux fenêtres de ce marchand de vin, battirent des mains et crièrent : — C'est bien fait! à bas les vingt-cinq francs!

On se mit en route.

Les chasseurs de Vincennes, qui marchaient en double haie des deux côtés des prisonniers, leur jetaient des regards de haine. Le général Oudinot disait à demi-voix: — Cette petite infanterie est terrible, au siége de Rome ils mordaient à l'assaut comme des furieux; ces gamins sont des diables. — Les officiers évitaient les regards des représentants. En sortant de la mairie, M. de Coislin passa près d'un officier et s'écria : — Quelle honte pour l'uniforme! — L'officier répondit par des paroles de colère et provoqua M. de Coislin. Quelques instants après, pendant la marche, il s'approcha de M. de Coislin et lui dit : — Tenez, monsieur, j'ai réfléchi, c'est moi qui ai tort.

On cheminait lentement. A quelques pas de la mairie le cortége rencontra M. Chegaray. Les représentants lui crièrent : Venez! Il répondit en faisant des mains et des épaules un geste expressif : — Oh! ma foi! puisqu'on ne m'a pas pris!... — et fit mine de passer outre. Il eut honte pourtant, et vint. On trouve son nom dans l'appel fait à la caserne.

Un peu plus loin, c'était M. de Lespérut qui passait,

on lui crie : — Lespérut! Lespérut! — Je suis des vôtres, dit-il ; les soldats le repoussaient. Il saisit les crosses des fusils et entra de force dans la colonne.

Dans une des rues qu'on traversa, une fenêtre s'ouvrit. Tout à coup une femme y parut avec un enfant, l'enfant, reconnaissant son père parmi les prisonniers, lui tendait les bras et l'appelait ; la mère, derrière l'enfant, pleurait.

On avait d'abord eu l'idée de mener l'Assemblée en masse et directement à Mazas ; mais le ministère de l'intérieur donna contre-ordre. On craignit ce long trajet à pied, en plein jour, dans des rues populeuses et facilement émues ; on avait sous la main la caserne d'Orsay. On la choisit pour geôle provisoire.

Un des commandants montrait insolemment de l'épée aux passants les représentants arrêtés, et disait à voix haute : — Ceux-ci sont les blancs, nous avons l'ordre de les épargner. Maintenant c'est le tour de messieurs les représentants rouges. Gare à eux !

Partout où passait le cortége, des trottoirs, des portes, des fenêtres, la population criait : Vive l'Assemblée nationale ! Quand on apercevait les quelques représentants de la gauche mêlés à la colonne, on criait : Vive la République ! vive la Constitution ! vive la Loi ! Les boutiques n'étaient pas fermées, et les passants allaient et venaient. Quelques-uns disaient : — Attendons à ce soir, ceci n'est pas la fin.

Un officier d'état-major à cheval, en grande tenue, rencontra le cortége, aperçut M. de Vatimesnil et vint le saluer ; rue de Beaune, au moment où l'on passait devant la maison de la *Démocratie pacifique,* un groupe cria : A bas le traître de l'Élysée !

Sur le quai d'Orsay, les cris redoublèrent. Il y avait foule. Des deux côtés du quai, un double rang de soldats de la ligne, se touchant coude à coude, contenait les spectateurs. Dans l'espace laissé libre, au milieu, les membres de l'Assemblée s'avançaient lentement ayant à droite et à gauche deux haies de soldats, l'une immobile qui menaçait le peuple, l'autre en marche qui menaçait les représentants.

Les réflexions sérieuses abondent en présence de tous les détails du grand crime que ce livre est destiné à raconter. Tout homme honnête qui se met en face du coup d'État de Louis Bonaparte, n'entend au dedans de sa conscience qu'une rumeur de pensées indignées. Quiconque nous lira jusqu'au bout ne nous supposera assurément pas l'idée d'atténuer ce fait monstrueux. Cependant comme la profonde logique des faits doit toujours être soulignée par l'historien, il est nécessaire de rappeler ici et de répéter, fût-ce à satiété, que, à part les membres de la gauche présents en petit nombre et que nous avons nommés, les trois cents représentants qui défilaient de la sorte sous les yeux de la foule constituaient la vieille majorité royaliste et réactionnaire de l'Assemblée. S'il était possible d'oublier que, quelles que fussent leurs erreurs, quelles que fussent leurs fautes, et nous y insistons, quelles qu'eussent été leurs illusions, ces personnages ainsi traités étaient des représentants de la première nation civilisée, des législateurs souverains, des sénateurs du peuple, des mandataires inviolables et sacrés du grand droit démocratique, et que, de même que chaque homme porte en soi quelque chose de l'esprit de Dieu, chacun de ces élus du suffrage universel portait quelque chose de l'âme de la France;

s'il était possible d'oublier cela un moment, ce serait, certes, un spectacle plus risible peut-être que triste et à coup sûr plus philosophique que lamentable, de voir, dans cette matinée de décembre, après tant de lois de compression, après tant de mesures d'exception, après tant de votes de censure et d'état de siége, après tant de refus d'amnistie, après tant d'affronts à l'équité, à la justice, à la conscience humaine, à la bonne foi publique, au droit, après tant de complaisances pour la police, après tant de sourires à l'arbitraire, le parti de l'ordre tout entier appréhendé en masse et mené au poste par les sergents de ville !

Un jour, ou pour mieux dire une nuit, le moment étant venu de sauver la société, le coup d'État empoigne brusquement les démagogues, et il se trouve qu'il tient au collet, qui? les royalistes.

On arriva à la caserne, autrefois caserne des gardes du corps, et sur le fronton de laquelle on voit un écusson sculpté où se distingue encore la trace des trois fleurs de lys effacées en 1830. On fit halte. La porte s'ouvrit. — Tiens, dit M. de Broglie, c'est ici.

On pouvait lire en ce moment-là, sur le mur de la caserne, et à côté de la porte, une grande affiche portant en grosses lettres : RÉVISION DE LA CONSTITUTION.

C'était l'affiche d'une brochure publiée deux ou trois jours avant le coup d'État, sans nom d'auteur, demandant l'empire, et attribuée au président de la République.

Les représentants entrèrent et la porte se referma sur eux. Les cris cessèrent; la foule, qui a parfois ses rêveries, resta quelque temps sur ce quai, muette, immobile, regardant tour à tour la porte fermée de la caserne et à deux cents pas de là, à demi entrevu dans les brumes crépusculaires de décembre, le fronton silencieux du palais de l'Assemblée.

Les deux commissaires de police allèrent rendre compte à M. de Morny de leur « succès ». M. de Morny dit : *Voilà la lutte commencée. C'est bon. Ce sont là les derniers représentants qu'on fera prisonniers.*

XIII

LOUIS BONAPARTE DE PROFIL

Les esprits de tous ces hommes, insistons-y, étaient très-diversement émus.

La fraction légitimiste extrême, qui représente la blancheur du drapeau, n'était pas, il faut le dire, fort exaspérée du coup d'État. Sur beaucoup de visages on pouvait lire le mot de M. de Falloux : *Je suis si satisfait que j'ai bien de la peine à ne sembler que résigné.* Les purs baissaient les yeux; cela sied à la pureté; les hardis levaient le front. On avait une indignation impartiale qui permettait d'admirer un peu. Comme ces généraux ont été habilement mis dedans! la patrie assassinée, c'est horrible; mais on s'extasiait sur l'escamotage mêlé au parricide. Un des principaux disait avec un soupir d'envie et de regret : *Nous n'avons pas d'homme de ce talent-là!* Un autre murmurait : *C'est de l'ordre.* Et il ajoutait : *Hélas!* Un autre s'écriait : *C'est un crime affreux, bien fait.* Quelques-uns flottaient, attirés d'un côté par la légalité qui était dans l'Assemblée et de l'autre par l'abomination qui était en Bonaparte, honnêtes âmes en équilibre entre le devoir et l'infamie. Il y eut un M. Thomines Desmazures qui vint jusqu'à la porte de la grande salle de la mairie, s'arrêta, regarda dedans, regarda dehors, et n'entra pas. Il serait injuste de ne pas constater que d'autres, parmi les purs royalistes, et entre tous M. de Vatimesnil, avaient l'accent sincère et la probe fureur de la justice.

Quoi qu'il en soit, le parti légitimiste, considéré dans son ensemble, n'avait pas l'horreur du coup d'État. Il ne craignait rien. Au fait, les royalistes craindre Louis Bonaparte? Pourquoi?

On ne craint pas l'indifférence. Louis Bonaparte était un indifférent. Il ne connaissait qu'une chose, son but. Broyer la route pour y arriver, c'était tout simple; laisser le reste tranquille. Toute sa politique était là. Ecraser les républicains, dédaigner les royalistes.

Louis Bonaparte n'avait aucune passion. Celui qui écrit ces lignes, causant un jour de Louis Bonaparte avec l'ancien roi de Westphalie, disait : — En lui, le Hollandais calme le Corse. — Si Corse il y a, répondit Jérôme.

Louis Bonaparte n'a jamais été qu'un homme qui guette le hasard; espion tâchant de duper Dieu. Il avait la rêverie livide du joueur qui triche. La tricherie admet l'audace et exclut la colère. Dans sa prison de Ham, il ne lisait qu'un livre, *le Prince*. Il n'avait pas de famille, pouvant hésiter entre Bonaparte et Werhuell; il n'avait pas de patrie, pouvant hésiter entre la France et la Hollande.

Ce Napoléon avait pris Sainte-Hélène en bonne part. Il admirait l'Angleterre. Des ressentiments! A quoi bon? Il n'y avait pour lui sur la terre que des intérêts. Il pardonnait parce qu'il exploitait, il oubliait tout parce qu'il calculait tout. Que lui importait son oncle? Il ne le servait pas, il s'en servait. Il mettait sa chétive pensée dans Austerlitz. Il empaillait l'aigle.

La rancune est une dépense improductive. Louis Bonaparte n'avait que la quantité de mémoire utile. Hudson Lowe ne l'empêchait pas de sourire aux Anglais; le marquis de Montchenu ne l'empêchait pas de sourire aux royalistes.

C'était un homme politique sérieux, de bonne compagnie, enfermé dans sa préméditation, point emporté, ne faisant rien au delà de ce qui est indiqué, sans brusquerie, sans gros mots, discret, correct, savant, causant avec douceur d'un carnage nécessaire, massacreur parce qu'il le faut bien.

Tout cela, nous le répétons, sans passion et sans colère.

Louis Bonaparte était un de ces hommes qui ont subi le refroidissement profond de Machiavel.

C'est en étant cet homme-là qu'il a réussi à submerger le nom de Napoléon en superposant Décembre à Brumaire.

XIV

CASERNE D'ORSAY

Il était trois heures et demie.

Les représentants prisonniers entrèrent dans la cour de la caserne, parallélogramme assez vaste, enfermé et dominé par de hautes murailles. Ces murailles sont percées de trois rangées de fenêtres et ont cet aspect morne des casernes, des séminaires et des prisons.

On pénètre dans cette cour par un porche voûté qui occupe toute l'épaisseur du corps de logis de façade. Cette voûte, sous laquelle est pratiqué le corps de garde, se clôt du côté du quai par une grande porte pleine à deux battants, et du côté de la cour par une grille en fer. On ferma sur les représentants la porte et la grille. On les « mit en liberté » dans la cour verrouillée et gardée.

— Laissez-les vaguant, dit un officier.

L'air était froid, le ciel était gris. Quelques soldats, en veste et en bonnet de police, occupés aux corvées, allaient et venaient autour des prisonniers.

M. Grimault d'abord, ensuite M. Antony Thouret, firent l'appel. On se groupa en cercle autour d'eux. Lherbette dit en riant : — Ceci va bien avec la caserne. Nous avons l'air de sergents-majors qui viennent au rapport. — On appela les sept cent cinquante noms des représentants. A chaque nom on répondait *absent* ou *présent,* et le secrétaire notait au crayon les présents. Quand vint le nom de Morny, quelqu'un cria : A Clichy! au nom de Persigny, le même cria : A Poissy ! L'improvisateur de ces deux rimes, du reste pauvres, s'est rallié depuis au 2 décembre, à Morny et à Persigny ; il a mis sur sa lâcheté une broderie de sénateur.

L'appel constata la présence des deux cent vingt représentants dont voici les noms :

Le duc de Luynes, d'Andigné de la Chasse, Antony Thouret, Arène, Audren de Kerdrel (Ille-et-Vilaine), Audren de Kerdrel (Morbihan), de Balzac, Barchou de Penhoen, Barillon, O. Barrot, Barthélemy Saint-Hilaire, Quentin Bauchard, G. de Beaumont, Béchard, Behaghel, de Belvèze, Benoist-d'Azy, de Bernardy, Berryer, de Berset, Basse, Betting de Lancastel, Blavoyer, Bocher, Boissié, de Botmillan, Bouvatier, le duc de Broglie, de la Broise, de Bryas, Buffet, Caillet du Tertre, Callet, Camus de la Guibourgère, Canet, de Castillon, de Cazalis, amiral Cécile, Chambolle, Chamiot, Champannet, Chaper, Chapot, de Charencey, Chasseigne, Chauvin, Chazaut, de Chazelles, Chegaray, comte de Coislin, Colfavru, Colas de la Motte, Coquerel, de Corcelles, Cordier, Corne, Creton, Daguilhon-Pujol, Dahirel, vicomte Dambray, marquis de Dampierre, de Brotonne, de Fontaine, de Fontenay, vicomte de Sèze, Desmars, de la Devansaye, Didier, Dieuleveult, Druet-Desvaux, A. Dubois, Dufaure, Dufougerais, Dufour, Dufournel, Marc Dufraisse, P. Duprat, Duvergier de Hauranne, Étienne, vicomte de Falloux, de Faultrier, Faure (Rhône), Favreau, Ferre, des Ferrès, vicomte de Flavigny, de Foblant, Frichon, Gain, Gasselin, Germonière, de Gicquiau, de Goulard, de Gouyon, de Grandville, de Grasset, Grelier-Dufougerais, Grévy, Grillon, Grimault, Gros, Guislier de la Tousche, Harscouët de Saint-Georges, marquis d'Havrincourt, Hennequin, d'Hespel, Houel, Hovyn-Tranchère, Huot, Joret, Jouannet, de Kéranflech, de Kératry, de Kéridec, de Kermazec, de Kersauron-Penendreff, Léo de Laborde, Laboulie, Lacave, Oscar Lafayette, Lafosse, Lagarde, Lagrenée, Laimé, Lainé, comte Lanjuinais, Larabit, de Larcy, J. de Lasteyrie, Latrade, Laureau, Laurenceau, général marquis de Lauriston, de Laussat, Lefebvre de Grosriez, Legrand, Legros-Desvaux, Lemaire, Émile Leroux, Lespérut, de l'Espinoy, Lherbette, de Linsaval, de Luppé, Maréchal, Martin de Villers, Maze-Saunay, Mèze, Arnauld de Melun, Anatole de Melun, Merentié, Michaud, Mispoulet, Monet, duc de Montebello, de Montigny, Moulin, Murat Sistrière, Alfred Nettement, d'Olivier, le général Oudinot duc de Reggio, Paillet, Duparc, Passy, Émile Péan, Pécoul, Casimir Perier, Pidoux, Pigeon, de Piogé, Piscatory, Proa, Prudhomme, Querhoent, Randoing, Raudot, Raulin, de Ravinel, de Rémusat, Renaud, Rezal, comte de Rességuier, Henri de Riancey, Rigal, de la Rochette, Rodat, de Roquefeuille, des Rotours de Chaulieu, Rouget-Lafosse, Rouillé, Roux-Carbonel, Sainte-Beuve, de Saint-Germain, général comte de Saint-Priest, Salmon (Meuse), marquis Sauvaire-Barthélemy, de Serré, comte de Sesmaisons, Simonot, de Staplande, de Surville, marquis de Talhouet, Talon,

Tamisier, Thuriot de la Rosière, de Tinguy, comte de Tocqueville, de la Tourette, comte de Tréveneuc, Mortimer-Ternaux, de Vatimesnil, baron de Vandœuvre, Vernhette (Hérault), Vernhette (Aveyron), Vézin, Vitet, comte de Vogüé.

Après cette liste de noms, on lit ce qui suit dans le récit sténographique :

« L'appel terminé, le général Oudinot prie les représentants qui sont dispersés dans la cour de se réunir autour de lui et leur fait la communication suivante :

« Le capitaine adjudant-major, qui est resté ici pour commander la caserne, vient de recevoir l'ordre de faire préparer des chambres dans lesquelles nous aurons à nous retirer, nous considérant comme en captivité. (Très-bien !) Voulez-vous que je fasse venir l'adjudant-major? (Non ! non ! c'est inutile.) Je vais lui dire qu'il ait à exécuter ses ordres (Oui ! c'est cela !). »

Les représentants restèrent parqués et « vaguant » dans cette cour deux longues heures. On se promenait bras dessus bras dessous. On marchait vite pour se réchauffer. Les hommes de la droite disaient aux hommes de la gauche : — Ah ! si vous aviez voté la proposition des questeurs ! Ils disaient aussi : — Eh bien ! *la sentinelle invisible*[1] ! Et ils riaient. Et Marc Dufraisse répondait : — *Mandataires du peuple ! délibérez en paix !* Et c'était le tour de la gauche de rire. Du reste nulle amertume. La cordialité d'un malheur commun.

On questionnait sur Louis Bonaparte ses anciens

1. Michel de Bourges avait ainsi qualifié Louis Bonaparte, comme gardien de la République contre les partis monarchiques.

ministres. On demandait à l'amiral Cécille : — Mais enfin qu'est-ce que c'est ? — L'amiral répondait par cette définition : — C'est peu de chose. M. Vézin ajoutait : — Il veut que l'histoire l'appelle « Sire ». — Pauvre sire alors ! disait M. Camus de la Guibourgère. M. Odilon Barrot s'écriait : — Quelle fatalité qu'on ait été condamné à se servir de cet homme !

Cela dit, ces hauteurs atteintes, la philosophie politique était épuisée, et l'on se taisait.

A droite, à côté de la porte, il y avait une cantine exhaussée de quelques marches au-dessus du pavé de la cour. — Élevons cette cantine à la dignité de buvette, dit l'ancien ambassadeur en Chine, M. de Lagrénée. On entrait là, les uns s'approchaient du poêle, les autres demandaient un bouillon. MM. Favreau, Piscatory, Larabit et Vatimesnil, s'y étaient réfugiés dans un coin. Dans le coin opposé, des soldats ivres dialoguaient avec des servantes de caserne. M. de Kératry, plié sous ses quatrevingts ans, était assis près du poêle sur une vieille chaise vermoulue ; la chaise chancelait, le vieillard grelottait.

Vers quatre heures un bataillon de chasseurs de Vincennes arriva dans la cour avec ses gamelles et se mit à manger en chantant et avec de grands éclats de gaîté. M. de Broglie les regardait et disait à M. Piscatory : — Chose étrange de voir les marmites des janissaires, disparues de Constantinople, reparaître à Paris !

Presque au même moment un officier d'état-major vint prévenir les représentants, de la part du général Forey, que *les appartements qu'on leur destinait étaient prêts*, et les invita à le suivre. On les introduisit dans le bâtiment de l'Est, qui est l'aile de la caserne la plus éloignée du palais du conseil d'État ; on les fit monter au troisième étage. Ils s'attendaient à des chambres et à des lits. Ils trouvèrent de longues salles, de vastes galetas à murs sordides et à plafonds bas, meublés de tables et de bancs de bois. C'étaient là « les appartements ». Ces galetas qui se suivaient donnaient tous sur le même corridor, boyau étroit qui occupait toute la longueur du corps de logis. Dans une de ces salles on voyait, jetés dans un coin, des tambours, une grosse caisse et des instruments de musique militaire. Les représentants se distribuèrent dans ces salles pêle-mêle. M. de Tocqueville, malade, jeta son manteau sur le carreau dans l'embrasure d'une fenêtre et s'y coucha. Il resta ainsi étendu à terre plusieurs heures.

Ces salles étaient chauffées, fort mal, par des poêles de fonte en forme de ruche. Un représentant, voulant y tisonner, en renversa un et faillit mettre le feu au plancher.

La dernière de ces salles avait vue sur le quai. Antony Thouret en ouvrit une fenêtre et s'y accouda. Quelques représentants y vinrent. Les soldats qui bivouaquaient en bas sur le trottoir les aperçurent et se mirent à crier : — Ah ! les voilà, ces gueux de vingt-cinq francs qui ont voulu rogner notre solde ! — La police avait en effet la veille semé cette calomnie dans les casernes qu'une proposition avait été déposée sur la tribune pour diminuer la solde des troupes; on avait été jusqu'à nommer l'auteur de la proposition. Antony Thouret essaya de détromper les soldats. Un officier lui cria : — C'est un des vôtres qui a fait la proposition, c'est Lamennais !

Vers une heure et demie on introduisit dans les

salles MM. Valette, Bixio et Victor Lefranc qui venaient rejoindre leurs collègues et se constituer prisonniers.

La nuit arrivait. On avait faim. Beaucoup n'avaient pas mangé depuis le matin. M. Howyn de Tranchère, homme de bonne grâce et de dévouement, qui s'était fait portier à la mairie, se fit fourrier à la caserne. Il recueillit cinq francs par représentant et l'on envoya commander un dîner pour deux cent vingt au café d'Orsay qui fait le coin du quai et de la rue du Bac. On dîna mal et gaîment. Du mouton de gargotte, du mauvais vin et du fromage. Le pain manquait. On mangea comme on put, l'un debout, l'autre sur une chaise, l'un à une table, l'autre à cheval sur un banc, son assiette devant soi, *comme à un souper de bal,* disait en riant un élégant de la droite, Thuriot de la Rosière, fils du régicide Thuriot. M. de Rémusat se prenait la tête dans les mains. Émile Péan lui disait : — Nous en reviendrons. — Et Gustave de Beaumont s'écriait, s'adressant aux républicains : — Et vos amis de la gauche! sauveront-ils l'honneur? Y aura-t-il une insurrection au moins? — On se passait les couverts et les assiettes, avec force attentions de la droite pour la gauche. — C'est le cas de faire une fusion, disait un jeune légitimiste. Troupiers et cantiniers servaient. Deux ou trois chandelles de suif brûlaient et fumaient sur chaque table. Il y avait peu de verres. Droite et gauche buvaient au même. — Égalité, Fraternité, disait le marquis Sauvaire-Barthélemy, de la droite. Et Victor Hennequin lui répondait : — Mais pas Liberté.

Le colonel Feray, gendre du maréchal Bugeaud, commandait la caserne; il fit offrir son salon à M. de Broglie et à M. Odilon Barrot qui l'acceptèrent. On ouvrit les portes de la caserne à M. de Kératry, à cause de son grand âge, à M. Dufaure, à cause de sa femme qui était en couches, et à M. Étienne, à cause de la blessure qu'il avait reçue le matin rue de Bourgogne. En même temps on réunit aux deux cent vingt MM. Eugène Süe, Benoist (du Rhône), Fayolle, Chanay, Toupet des Vignes, Radoubt-Lafosse, Arbey et Teillard-Latérisse qui avaient été retenus jusque-là dans le palais neuf des affaires étrangères.

Vers huit heures du soir, le repas terminé, on relâcha un peu la consigne, et l'entre-deux de la porte et de la grille de la caserne commença à s'encombrer de sacs de nuit et d'objets de toilette envoyés par les familles.

On appelait les représentants par leurs noms. Chacun descendait à son tour, et remontait avec son caban, son burnous ou sa chancelière, le tout allègrement. Quelques femmes parvinrent jusqu'à leurs maris. M. Chambolle put serrer à travers la grille la main de son fils.

Tout à coup une voix s'éleva : — Ah! nous passerons la nuit ici! — On apportait des matelas, on les jeta sur les tables, à terre, où l'on put.

Cinquante ou soixante représentants y trouvèrent place, la plupart restèrent sur leurs bancs. Marc Dufraisse s'arrangea pour passer la nuit sur un tabouret, accoudé sur une table. Heureux qui avait une chaise!

Du reste la cordialité et la gaîté ne se démentirent pas. — Place aux burgraves! dit en souriant un vénérable vieillard de la droite. Un jeune représentant républicain se leva et lui offrit son matelas. On s'accablait réciproquement de paletots, de pardessus et de couvertures.

— *Réconciliation*, disait Chamiot en offrant la moitié de son matelas au duc de Luynes. Le duc de Luynes, qui avait deux millions de rente, souriait et répondait à Chamiot : — *Vous êtes saint Martin et je suis le pauvre.*

M. Paillet, le célèbre avocat, qui était du tiers état, disait : — J'ai passé la nuit sur une paillasse bonapartiste, enveloppé dans un burnous montagnard, les pieds dans une peau de mouton démocratique et sociale, et la tête dans un bonnet de coton légitimiste.

Les représentants, prisonniers dans la caserne, pouvaient s'y mouvoir assez librement. On les laissait descendre dans la cour. M. Cordier (du Calvados) remonta en disant : — Je viens de parler aux soldats. Ils ne savaient pas encore que les généraux ont été arrêtés. Ils ont paru étonnés et mécontents. — On s'attachait à cela comme à des espérances.

Le représentant Michel Renaud, des Basses-Pyrénées, retrouva parmi les chasseurs de Vincennes qui occupaient la cour plusieurs de ses compatriotes du pays basque. Quelques-uns avaient voté pour lui, et le lui rappelèrent. Ils ajoutaient : — Ah! nous voterions encore la liste rouge. — Un d'eux, tout jeune homme, le prit à part et lui dit : — Monsieur, avez-vous besoin d'argent? J'ai là une pièce de quarante sous.

Vers dix heures du soir, vacarme dans la cour. Les portes et les grilles tournaient à grand bruit sur leurs gonds. Quelque chose entrait qui roulait comme un tonnerre. On se pencha aux fenêtres et l'on aperçut arrêté au bas de l'escalier une espèce de gros coffre oblong, peint en noir, en jaune, en rouge et en vert, porté sur quatre roues, attelé de chevaux de poste, et entouré d'hommes à longues redingotes et à figures farouches, tenant des torches. Dans l'ombre, et l'imagination aidant, ce chariot paraissait tout noir. On y voyait une porte, mais pas d'autre ouverture. Cela ressemblait à un grand cercueil roulant. — Qu'est-ce que c'est que ça? C'est un corbillard? — Non, c'est une voiture cellulaire. — Et ces gens-là, ce sont des croquemorts? — Non, ce sont des guichetiers. — Et pour qui ça vient-il?

— Pour vous, messieurs! cria une voix.

C'était la voix d'un officier; et ce qui venait d'entrer, c'était en effet une voiture cellulaire.

En même temps on entendit crier : — Le premier escadron à cheval. — Et cinq minutes après, les lanciers qui devaient accompagner les voitures se rangèrent en ordre de bataille dans la cour.

Alors il y eut dans la caserne une rumeur de ruche en colère. Les représentants montaient et descendaient les escaliers, et allaient voir de près la voiture cellulaire. Quelques-uns la touchaient, et n'en croyaient pas leurs yeux. M. Piscatory se croisait avec M. Chambolle et lui criait : — Je pars là dedans! M. Berryer rencontrait Eugène Süe, et ils échangeaient ce dialogue : — Où allez-vous? — Au Mont-Valérien. Et vous? — Je ne sais pas.

A dix heures et demie l'appel commença pour le départ. Des estafiers s'installèrent à une table entre deux chandelles dans une salle basse, au pied de l'escalier, et l'on appela les représentants deux par deux. Les représentants convinrent de ne pas se nommer et de répondre à chaque nom qu'on appellerait : — Il n'y est pas. Mais ceux des « burgraves » qui avaient accepté le coin du feu du colonel Feray, jugèrent cette petite résistance indigne d'eux et répondirent à l'appel de leurs

noms. Ceci entraîna le reste. Tout le monde répondit.
Il y eut parmi les légitimistes quelques scènes tragicomiques. Eux, les seuls qui ne fussent pas menacés, ils tenaient absolument à se croire en danger. Ils ne voulaient pas laisser partir un de leurs orateurs; ils l'embrassaient et le retenaient presque avec larmes en criant:
— Ne partez pas! Savez-vous où l'on vous mène! Songez aux fossés de Vincennes!

Les représentants, appelés deux par deux, comme nous venons de le dire, défilaient dans la salle basse devant les estafiers, puis on les faisait monter dans la boîte à voleurs. Les chargements se faisaient en apparence au hasard et pêle-mêle; plus tard, pourtant, à la différence des traitements infligés aux représentants dans les diverses prisons, on a pu voir que ce pêle-mêle avait été peut-être un peu arrangé. Quand la première voiture fut pleine, on en fit entrer une seconde avec le même appareil. Les estafiers, un crayon et un carnet à la main, prenaient note de ce que contenait chaque voiture. Ces hommes connaissaient les représentants. Quand Marc Dufraisse, appelé à son tour, entra dans la salle basse, il était accompagné de Benoist (du Rhône). — Ah! voici M. Marc Dufraisse, dit l'estafier qui tenait le crayon. — A la demande de son nom, Benoist répondit Benoist. — *Du Rhône,* ajouta l'agent, et il reprit : car il y a encore Benoist-d'Azy et Benoît-Champy.

Le chargement de chaque voiture durait environ une demi-heure. Les survenues successives avaient porté le nombre des représentants prisonniers à deux cent trente-deux. Leur embarquement, ou, pour employer l'expression de M. de Vatimesnil, leur encaquement, commencé peu après dix heures du soir, ne fut terminé que vers sept heures du matin. Quand les voitures cellulaires manquèrent, on amena des omnibus. Ces voitures furent partagées en trois convois, tous trois escortés par les lanciers. Le premier convoi partit vers une heure du matin et fut conduit au Mont-Valérien; le second, vers cinq heures, à Mazas; le troisième, vers six heures et demie, à Vincennes.

La chose traînant en longueur, ceux qui n'étaient pas appelés profitaient des matelas et tâchaient de dormir. De là, de temps en temps, des silences dans les salles hautes. Au milieu d'un de ces silences, M. Bixio se dressa sur son séant et haussant la voix : — *Messieurs, que pensez-vous de l'obéissance passive?* — Un éclat de rire général lui répondit. Ce fut encore au milieu d'un de ces silences, qu'une voix s'écria :

— *Romieu sera sénateur.*

Émile Péan demanda :

— *Que deviendra le spectre rouge?*

— *Il se fera prêtre,* répondit Antony Thouret, *et deviendra le spectre noir.*

D'autres paroles que les historiographes du 2 décembre ont répandues n'ont pas été prononcées. Ainsi Marc Dufraisse n'a jamais tenu ce propos, dont les hommes de Louis Bonaparte ont voulu couvrir leurs crimes : — *Si le Président ne fait pas fusiller tous ceux d'entre nous qui résisteront, il ne connaît pas son affaire.*

Pour le coup d'État, c'est commode ; mais pour l'histoire, c'est faux.

L'intérieur des voitures cellulaires était éclairé pendant qu'on y montait. On ne « boucla » pas les soupiraux de chaque cage. De cette façon Marc Dufraisse put apercevoir par le vasistas M. de Rémusat dans la cellule qui faisait face à la sienne. M. de Rémusat était monté accouplé à M. Duvergier de Hauranne.

— Ma foi, monsieur Marc Dufraisse, cria Duvergier de Hauranne quand ils se coudoyèrent dans le couloir de la voiture, ma foi, si quelqu'un m'avait prophétisé : Vous irez à Mazas en voiture cellulaire, j'aurais dit : C'est invraisemblable; mais si l'on avait ajouté : Vous irez avec Marc Dufraisse, j'aurais dit : C'est impossible !

Lorsqu'une voiture était remplie, cinq ou six agents y montaient et se tenaient debout dans le couloir. On refermait la porte, on relevait le marchepied et l'on partait.

Quand les voitures cellulaires furent pleines, il restait encore des représentants. On fit, nous l'avons dit, avancer des omnibus. On y poussa les représentants pêle-mêle, rudement, sans déférence pour l'âge ni pour le nom. Le colonel Feray, à cheval, présidait et dirigeait. Au moment d'escalader le marchepied de l'avant-dernière voiture, le duc de Montebello lui cria : — *C'est aujourd'hui l'anniversaire de la bataille d'Austerlitz, et le gendre du maréchal Bugeaud fait monter dans la voiture des forçats le fils du maréchal Lannes.*

Lorsqu'on fut au dernier omnibus il n'y avait que dix-sept places et il restait dix-huit représentants. Les plus lestes montèrent les premiers. Antony Thouret, qui faisait à lui seul équilibre à toute la droite, car il avait autant d'esprit que Thiers et autant de ventre que Murat, Antony Thouret, gros et lent, arriva le dernier. Quand il parut au seuil de l'omnibus dans toute son énormité, il y eut un cri d'effroi : — Où allait-il se placer ?

Antony Thouret avise vers le fond de l'omnibus Berryer, va droit à lui, s'assied sur ses genoux et lui dit avec calme : — Vous avez voulu de la compression, monsieur Berryer. En voilà.

XV

MAZAS

Les voitures cellulaires, convoyées jusqu'à Mazas par les lanciers, trouvaient à Mazas un autre escadron de lanciers pour les recevoir. Les représentants descendaient de voiture un à un. L'officier commandant les lanciers se tenait à côté de la portière et les regardait passer avec une curiosité hébétée.

Mazas, qui a remplacé la Force, aujourd'hui démolie, est une immense bâtisse rougeâtre, élevée, tout à côté de l'embarcadère du chemin de fer de Lyon, sur les terrains vagues du faubourg Saint-Antoine. De loin on la croit en briques, de près on reconnaît qu'elle est construite en cailloux noyés dans le ciment. Six grands corps de logis à trois étages, se touchant tous au point de départ et rayonnant autour d'une rotonde qui est le centre commun, séparés par des cours qui vont s'élargissant à mesure que les corps de logis s'écartent, percés de mille petites lucarnes qui sont les jours des cellules, entourés d'une haute muraille, et présentant à vol d'oiseau la figure d'un éventail, voilà Mazas. De la rotonde qui fait le centre s'élance une sorte de minaret qui est la cheminée d'appel. Le rez-de-chaussée est une salle ronde qui sert de greffe. Au premier étage est l'autel, où un seul prêtre dit la messe pour tous, et l'observatoire, où un seul surveillant veille sur toutes les portes de toutes les galeries à la fois. Chaque corps de logis s'appelle division. Les cours sont coupées par de hauts murs en une multitude de petits promenoirs oblongs.

Chaque représentant, à mesure qu'il descendait de voiture, était conduit dans le rond-point où est le greffe. Là on prenait son nom, et on lui donnait en échange de son nom un numéro. Qu'on soit un voleur ou un législateur, cela se pratique ainsi dans cette prison; le coup d'État passait le niveau. Une fois le représentant écroué et numéroté, on le faisait « filer ». On lui disait : Montez, ou : Allez, et on l'annonçait au bout du corridor auquel on le destinait en criant : — Tel numéro ! *Recevez*. — Le gardien du corridor désigné répondait : — *Envoyez!* Le prisonnier montait seul, allait devant lui, et en arrivant il trouvait le gardien debout près d'une porte ouverte. Le gardien disait : — C'est là, monsieur. Le prisonnier entrait, le gardien refermait la porte, et l'on passait à un autre.

Le coup d'État eut pour les représentants prisonniers des procédés très-divers; ceux qu'on ménageait, les hommes de la droite, on les mit à Vincennes; ceux qu'on haïssait, les hommes de la gauche, on les mit à Mazas. Ceux de Vincennes eurent les appartements de M. de Montpensier, rouverts exprès pour eux, un dîner excellent et en commun, des bougies, du feu, et les sourires et les génuflexions du gouverneur, qui était le général Courtigis. Ceux de Mazas, voici comme on les traita.

Une voiture cellulaire les déposa à la prison. Ils passèrent d'une boîte dans l'autre. A Mazas, un greffier les enregistra, les mesura, les toisa et les écroua comme des forçats. Le greffe franchi, on conduisit chacun d'eux par une galerie-balcon suspendue dans l'obscurité sous une longue voûte humide jusqu'à une porte étroite qui s'ouvrit brusquement. Arrivé là, un guichetier poussait le représentant par les épaules, et la porte se refermait.

Le représentant ainsi cloîtré se trouvait dans une petite chambre, longue, étroite, obscure. C'est là ce que la langue pleine de précautions que parlent aujourd'hui les lois, appelle une « cellule ». Le plein midi de décembre n'y produisait qu'un demi-jour crépusculaire. A une extrémité une porte à guichet, à l'autre, tout près du plafond, à une hauteur de dix ou douze pieds, une lucarne à vitre cannelée. Cette vitre brouillait l'œil, empêchait de voir le bleu ou le gris du ciel et de distinguer le nuage ou le rayon, et donnait je ne sais quoi d'indécis au jour blafard de l'hiver. C'était moins qu'un jour faible, c'était un jour trouble. Les inventeurs de cette vitre cannelée ont réussi à faire loucher le ciel.

Au bout de quelques instants, le prisonnier commençait à apercevoir confusément les objets, et voici ce qu'il trouvait : des murs blanchis à la chaux et verdis çà et là par des émanations diverses, dans un coin un trou rond garni de barreaux de fer et exhalant une odeur infecte, dans un autre coin une tablette tournant sur une charnière comme le strapontin des citadines, et pouvant servir de table, pas de lit, une chaise de paille. Sous les pieds un carreau en briques. La première impression, c'était l'ombre; la seconde, c'était le froid.

Le prisonnier se voyait donc là, seul, transi, dans cette quasi-obscurité, ayant la faculté d'aller et de venir dans huit pieds carrés comme un loup en cage ou de rester assis sur une chaise comme un idiot à Bicêtre.

Dans cette situation, un ancien républicain de la veille, devenu membre de la majorité et même dans l'occasion quelque peu bonapartiste, M. Émile Leroux, jeté d'ailleurs à Mazas par mégarde et pris sans doute pour quelque autre Leroux, se mit à pleurer de rage. Trois, quatre, cinq heures se passèrent ainsi. Cependant on n'avait pas mangé depuis le matin; quelques-uns même, dans l'émotion du coup d'État, n'avaient pas déjeuné. La faim venait. Allait-on être oublié là? Non. Une cloche de la prison sonnait, le guichet de la porte s'ouvrait, un bras tendait au prisonnier une écuelle d'étain et un morceau de pain.

Le prisonnier saisissait avidement le pain et l'écuelle.

Le pain était noir et gluant, l'écuelle contenait une espèce d'eau épaisse, chaude et rousse. Rien de comparable à l'odeur de cette « soupe ». Quant au pain, il ne sentait que le moisi.

Quelle que fût la faim, dans le premier moment, la plupart des prisonniers jetèrent le pain sur le pavé et vidèrent l'écuelle dans le trou à barreaux de fer.

Cependant l'estomac criait, les heures passaient, on ramassait le pain et l'on finissait par manger. Un prisonnier même alla jusqu'à ramasser l'écuelle et jusqu'à essayer d'en essuyer le fond avec son pain qu'il mangea ensuite. Plus tard ce prisonnier, un représentant mis en liberté dans l'exil, me racontait cette nourriture et me disait : *Ventre affamé n'a pas de nez.*

Du reste solitude absolue, silence profond. Pourtant au bout de quelques heures, M. Émile Leroux, — c'est lui qui a dit le fait à M. Versigny, — entendit de l'autre côté de son mur à sa droite une sorte de frappement singulier, espacé, intermittent, avec des intervalles inégaux. Il prêta l'oreille; presque au même instant, de l'autre côté du mur à gauche, un frappement du même genre répondit. M. Émile Leroux ravi — quelle joie d'entendre un bruit quelconque ! — songea à ses collègues prisonniers comme lui, et se mit à crier d'une voix éclatante : — Ah ! ah ! vous êtes donc là aussi, vous autres ! Il n'avait pas achevé sa phrase que la porte de sa cellule s'ouvrit avec un grincement de gonds et de verrous ; un homme, — c'était le geôlier, — apparut furieux et lui dit :

— Taisez-vous !

Le représentant du peuple, un peu stupéfait, voulut quelque explication.

— Taisez-vous, reprit le guichetier, ou je vous f... au cachot !

Ce guichetier parlait au prisonnier, comme le coup d'État parlait à la nation.

M. Émile Leroux, avec ses habitudes entêtées de « parlementarisme », essaya pourtant d'insister.

— Comment ! dit-il, je ne puis répondre aux signaux que me font deux de mes collègues !

— Deux de vos collègues ! reprit le geôlier, ce sont deux voleurs. Et il referma la porte en éclatant de rire.

C'était en effet deux voleurs entre lesquels était, non crucifié, mais verrouillé, M. Émile Leroux.

La prison Mazas est si ingénieusement bâtie que la moindre parole s'y entend d'une cellule à l'autre. Point d'isolement, par conséquent, en dépit de la cellule. De là ce rigoureux silence imposé par la logique parfaite et atroce du règlement. Que font les voleurs? Ils ont imaginé un système de frappement télégraphique, et le règlement perd ses peines. M. Émile Leroux avait tout simplement troublé un dialogue commencé.

— Laissez-nous donc jaspiner bigorne[1], lui cria le voleur son voisin, qui, pour cette exclamation, fut mis au cachot.

C'était là la vie des représentants à Mazas. Du reste, étant au secret, pas un livre, pas une feuille de papier, pas une plume, pas même la promenade d'une heure dans le préau.

Les voleurs aussi, on vient de le voir, vont à Mazas.

Mais à ceux qui savent un métier, on permet de travailler; à ceux qui savent lire, on passe des livres; à ceux qui savent écrire, on accorde une écritoire et du papier; à tous on laisse l'heure de promenade exigée par l'hygiène et autorisée par le règlement.

Aux représentants, rien. L'isolement, la claustration, le mutisme, l'obscurité, le froid, « la quantité d'ennui qui rend fou », comme a dit Linguet parlant de la Bastille.

Être assis, jambes et bras croisés, sur une chaise toute la journée! telle était la situation. Mais le lit? On pouvait se coucher?

---

1. Parler argot.

Non.

Il n'y avait pas de lit.

A huit heures du soir, le guichetier entrait dans la cellule, atteignait et déplaçait quelque chose qui était roulé sur une planche près du plafond. Ce quelque chose était un hamac.

Le hamac fixé, accroché et tendu, le guichetier souhaitait au prisonnier le bonsoir.

Il y avait sur le hamac une couverture de laine, quelquefois un matelas de deux pouces d'épaisseur. Le prisonnier, enveloppé dans cette couverture, essayait de dormir et ne parvenait qu'à grelotter.

Mais, le lendemain, il pouvait du moins rester couché toute la journée sur son hamac?

Point.

A sept heures du matin, le guichetier rentrait, souhaitait le bonjour au représentant, le faisait lever, et roulait le hamac dans sa niche près du plafond.

Mais, en ce cas, il fallait ressaisir le hamac d'autorité, le dérouler, le raccrocher et s'y recoucher?

Fort bien. Le cachot.

Cela était ainsi. Le hamac pour la nuit, la chaise pour le jour.

Soyons juste pourtant. Quelques-uns obtinrent des lits, entre autres MM. Thiers et Roger (du Nord). M. Grévy n'en eut pas.

Mazas est une prison-progrès; il est certain que Mazas est préférable aux plombs de Venise et au cachot sous-fluvial du Châtelet. C'est la philanthropie doctrinaire qui a construit Mazas. Pourtant, on le voit, Mazas laisse à désirer. Disons-le, à un certain point de vue, l'encellulement momentané des faiseurs de lois à Mazas ne nous déplaît pas. Il y a eu peut-être un peu de Providence dans le coup d'État. La Providence, en mettant les législateurs à Mazas, a fait un acte de bonne éducation. Mangez votre cuisine, il n'est pas mauvais que ceux qui font les prisons en tâtent.

XVI

L'INCIDENT DU BOULEVARD

SAINT-MARTIN

Quand nous arrivâmes, Charamaule et moi, au n° 70 de la rue Blanche, qui est montueuse et déserte, un homme vêtu d'une espèce d'uniforme de sous-officier de marine, se promenait de long en large devant la porte. La portière, qui nous reconnut, nous le fit remarquer. — Bah ! dit Charamaule, se promener de la sorte et s'habiller de cette façon ! ce n'est certes pas un mouchard.

— Mon cher collègue, lui dis-je, Bedeau a constaté que la police est bête.

Nous montâmes. Le salon et une petite antichambre qui le précédait étaient pleins de représentants auxquels étaient mêlées beaucoup de personnes étrangères à l'Assemblée. Quelques anciens membres de la Constituante étaient là, entre autres Bastide, et plusieurs journalistes démocrates. *Le National* était représenté par

Alexandre Rey et Léopold Duras, *la Révolution*, par Xavier Durrieu, Vasbenter et Watripon, *l'Avénement du Peuple*, par H. Coste, presque tous les autres rédacteurs de *l'Avénement* étant en prison. Soixante membres de la gauche environ étaient là, et entre autres Edgar Quinet, Schœlcher, Madier de Montjau, Carnot, Noël Parfait, Pierre Lefranc, Bancel, de Flotte, Bruckner, Chaix, Cassal, Esquiros, Durand-Savoyat, Yvan, Carlos Forel, Etchegoyen, Labrousse, Barthélemy (Eure-et-Loir), Huguenin, Aubry (du Nord), Malardier, Victor Chauffour, Belin, Renaud, Bac, Versigny, Sain, Joigneaux, Brives, Guilgot, Pelletier, Doutre, Gindrier, Arnaud (de l'Ariége), Raymond (de l'Isère), Brillier, Maigne, Sartin, Raynaud, Léon Vidal, Lafon, Lamargue, Bourzat, le général Rey.

Tous étaient debout. On causait confusément. Léopold Duras venait de raconter l'investissement du café Bonvalet. Jules Favre et Baudin, assis à une petite table entre les deux croisées, écrivaient. Baudin avait un exemplaire de la Constitution ouvert devant lui, et copiait l'article 68.

Quand nous entrâmes, il se fit un silence, et l'on nous demanda : — Eh bien, qu'y a-t-il de nouveau?

Charamaule raconta ce qui venait de se passer au boulevard du Temple, et le conseil qu'il avait cru devoir me donner. On l'approuva.

On s'interrogeait de tous les côtés : — Qu'y a-t-il à faire ? Je pris la parole.

— Allons au fait et au but, dis-je. Louis Bonaparte gagne du terrain et nous en perdons, ou pour mieux dire, il a encore tout, et nous n'avons encore rien. Nous avons dû nous séparer, Charamaule et moi, du colonel Forestier. Je doute qu'il réussisse. Louis Bonaparte fait tout ce qu'il peut pour nous annuler. Il faut sortir de l'ombre. Il faut qu'on nous sente là. Il faut souffler sur ce commencement d'incendie dont nous avons vu l'étincelle au boulevard du Temple. Il faut faire une proclamation et que cela soit imprimé n'importe par qui, et que cela soit placardé n'importe comment, mais il le faut! et tout de suite. Quelque chose de bref, de rapide et d'énergique. Pas de phrases. Dix lignes, un appel aux armes! Nous sommes la loi, et il y a des jours où la loi doit jeter un cri de guerre. La loi mettant hors d'elle le traître, c'est une chose grande et terrible. Faisons-la.

On m'interrompit : — Oui, c'est cela, une proclamation !

— Dictez ! Dictez !

— Dictez, me dit Baudin, j'écris.

Je dictai :

« Au Peuple.

« Louis-Napoléon Bonaparte est un traître.

« Il a violé la Constitution.

« Il s'est parjuré.

« Il est hors la loi...

On me cria de toutes parts :

— C'est cela ! La mise hors la loi ! Continuez.

Je me remis à dicter; Baudin écrivait :

« Les représentants républicains rappellent au peuple
« et à l'armée l'article 68...

On m'interrompit : — Citez-le en entier.

— Non, dis-je, ce serait trop long. Il faut quelque chose qu'on puisse placarder sur une carte, coller avec un pain

à cacheter et lire en une minute. Je citerai l'article 110 ;
il est court et contient l'appel aux armes. Je repris :

« Les représentants républicains rappellent au peuple
et à l'armée l'article 68, et l'article 110 ainsi conçu : —
« L'Assemblée constituante confie la présente Constitu-
« tion et les droits qu'elle consacre à la garde et au
« patriotisme de tous les Français. »

« Le peuple, désormais et à jamais en possession du
suffrage universel, et qui n'a besoin d'aucun prince pour
le lui rendre, saura châtier le rebelle.

« Que le peuple fasse son devoir. Les représentants
républicains marchent à sa tête.

« Vive la République ! Aux armes ! »

On applaudit.

— Signons tous, dit Pelletier.

— Occupons-nous de trouver sur-le-champ une
imprimerie, dit Schœlcher, et que la proclamation soit
affichée tout de suite.

— Avant la nuit, les jours sont courts, ajouta
Joigneaux.

— Tout de suite, tout de suite, plusieurs copies !
cria-t-on.

Baudin, silencieux et rapide, avait déjà fait une
deuxième copie de la proclamation.

Un jeune homme, rédacteur d'un journal républicain
des départements, sortit de la foule, et déclara que si on
lui remettait immédiatement une copie, la proclamation
serait avant deux heures placardée à tous les coins de
mur de Paris.

Je lui demandai :

— Comment vous nommez-vous ?

Il me répondit :

— Millière.

Millière ; c'est de cette façon que ce nom fit son apparition dans les jours sombres de notre histoire. Je vois encore ce jeune homme pâle, cet œil à la fois perçant et voilé, ce profil doux et sinistre. L'assassinat et le Panthéon l'attendaient ; trop obscur pour entrer dans le temple, assez méritant pour mourir sur le seuil.

Baudin lui montra la copie qu'il venait de faire.

Millière s'approcha :

— Vous ne me connaissez pas, dit-il, je m'appelle Millière, mais moi je vous connais, vous êtes Baudin.

Baudin lui tendit la main.

J'ai assisté au serrement de mains de ces deux spectres.

Xavier Durrieu, qui était rédacteur de *la Révolution*, fit la même offre que Millière.

Une douzaine de représentants prirent des plumes et s'assirent, les uns autour de la table, les autres avec une feuille de papier sur leurs genoux, et l'on me dit :
— Dictez-nous la proclamation.

J'avais dicté à Baudin : « Louis-Napoléon Bonaparte est un traître. » Jules Favre demanda qu'on effaçât le mot *Napoléon*, nom de gloire fatalement puissant sur le peuple et sur l'armée, et qu'on mît : « Louis Bonaparte est un traître. » Vous avez raison, lui dis-je.

Une discussion suivit. Quelques-uns voulaient qu'on rayât le mot *prince*. Mais l'Assemblée était impatiente. — Vite ! vite ! cria-t-on. — Nous sommes en décembre, les jours sont courts, répétait Joigneaux.

Douze copies se firent à la fois en quelques minutes.

Schœlcher, Rey, Xavier Durrieu, Millière en prirent chacun une et partirent à la recherche d'une imprimerie.

Comme ils venaient de sortir, un homme que je ne connaissais pas, mais auquel plusieurs représentants firent accueil, entra et dit : — Citoyens, cette maison est signalée. Des troupes sont en marche pour vous cerner. Vous n'avez pas un instant à perdre.

Plusieurs voix s'élevèrent.

— Eh bien ! qu'on nous arrête !

— Qu'est-ce que cela nous fait ?

— Qu'ils consomment leur crime.

— Mes collègues, m'écriai-je, ne nous laissons pas arrêter. Après la lutte, comme il plaira à Dieu ; mais avant le combat, non ! C'est de nous que le peuple attend l'impulsion. Nous pris, tout est fini. Notre devoir est d'engager la bataille, notre droit est de croiser le fer avec le coup d'État. Il faut qu'il ne puisse pas nous saisir, qu'il nous cherche et qu'il ne nous trouve pas. Il faut tromper le bras qu'il étend vers nous, nous dérober à Bonaparte, le harceler, le lasser, l'étonner, l'épuiser, disparaître et reparaître sans cesse, changer d'asile et toujours combattre, être toujours devant lui et jamais sous sa main. Ne quittons pas le terrain. Nous n'avons pas le nombre, ayons l'audace.

On approuva. — C'est juste, dirent-ils, mais où irons-nous ?

Labrousse dit :

— Notre ancien collègue à la Constituante, Beslay, offre sa maison.

— Où demeure-t-il ?

— Rue de la Cerisaie, 33, au Marais.

— Eh bien, repris-je, séparons-nous, nous nous retrouverons dans deux heures chez Beslay, rue de la Cerisaie, n° 33.

Tous partirent; mais les uns après les autres et dans des directions différentes. Je priai Charamaule d'aller m'attendre chez moi, et je sortis à pied avec Noël Parfait et Lafon.

Nous gagnâmes le quartier encore inhabité que côtoie le mur de ronde. Comme nous arrivions à l'angle de la rue Pigalle, nous vîmes à cent pas de nous, dans les ruelles désertes qui la coupent, les soldats qui se glissaient le long des maisons et se dirigeaient vers la rue Blanche.

A trois heures, les membres de la gauche se retrouvèrent rue de la Cerisaie. Mais l'éveil avait été donné, les habitants de ces rues solitaires se mettaient aux fenêtres pour voir passer les représentants; le lieu de la réunion, situé et resserré au fond d'une arrière-cour, était mal choisi en cas d'investissement; tous ces inconvénients furent immédiatement reconnus, et la réunion ne dura que peu d'instants. Elle fut présidée par Joly. Xavier Durrieu et Jules Gouache, rédacteurs de *la Révolution*, y assistaient, ainsi que plusieurs proscrits italiens, entre autres le colonel Carini et Montanelli, ancien ministre du grand-duc de Toscane; j'aimais Montanelli, âme douce et intrépide.

Madier de Montjau apporta des nouvelles de la banlieue. Le colonel Forestier, sans perdre et sans ôter l'espoir, raconta les obstacles qu'il avait rencontrés dans ses efforts pour réunir la 6e légion. Il me pressa de lui signer, ainsi que Michel de Bourges, sa nomination de colonel; mais Michel de Bourges était absent, et d'ailleurs ni Michel de Bourges ni moi n'avions encore en ce moment-là de mandat de la gauche. Pourtant, mais sous ces réserves, je lui signai sa nomination. Les embarras se multipliaient. La proclamation n'était pas encore imprimée et la nuit arrivait. Schœlcher exposa les difficultés ; toutes les imprimeries fermées et gardées, l'avis affiché que quiconque imprimerait un appel aux armes serait immédiatement fusillé, les ouvriers terrifiés, pas d'argent. On présenta un chapeau, et chacun y jeta ce qu'il avait d'argent sur lui. On réunit ainsi quelques centaines de francs.

Xavier Durrieu, dont l'ardent courage ne s'est pas démenti un seul instant, affirma de nouveau qu'il se chargeait de l'impression et promit qu'à huit heures du soir on aurait quarante mille exemplaires de la proclamation. Les instants pressaient. On se sépara en s'assignant pour lieu de rendez-vous le local de l'Association des ébénistes, rue de Charonne, et pour heure huit heures du soir, afin de laisser à la situation le temps de se dessiner. Comme nous sortions et que nous traversions la rue Beautreillis, je vis Pierre Leroux venir à moi. Il n'avait pas pris part à nos réunions. Il me dit :
— Je crois cette lutte inutile. Quoique mon point de vue soit différent du vôtre, je suis votre ami. Prenez garde. Il est temps encore de s'arrêter. Vous entrez dans les catacombes. Les catacombes, c'est la mort.

— C'est la vie aussi, lui dis-je.

C'est égal, je pensais avec joie que mes deux fils étaient en prison, et que ce sombre devoir du combat dans la rue ne s'imposait qu'à moi seul.

Cinq heures nous restaient jusqu'à l'instant du rendez-vous. Je voulus revenir chez moi et embrasser encore une fois ma femme et ma fille, avant de me précipiter dans cet inconnu qui était là, béant et ténébreux, et où plusieurs d'entre nous allaient entrer pour n'en pas sortir.

Arnaud (de l'Ariége) me donnait le bras; les deux proscrits italiens, Carini et Montanelli, m'accompagnaient.

Montanelli me prenait les mains et me disait : — Le droit vaincra. Vous vaincrez. Oh! que cette fois la France ne soit pas égoïste, comme en 1848, et qu'elle délivre l'Italie. Je lui répondais : — Elle délivrera l'Europe!

C'étaient nos illusions dans ce moment-là, ce qui n'empêche pas que ce ne soient encore aujourd'hui nos espérances. La foi est ainsi faite; les ténèbres lui prouvent la lumière.

Il y a une place de fiacres devant le portail de Saint-Paul. Nous y allâmes. La rue Saint-Antoine fourmillait dans cette rumeur inexprimable qui précède ces étranges batailles de l'idée contre le fait qu'on appelle révolutions. Je croyais entrevoir dans ce grand quartier populaire une lueur qui s'éteignit, hélas, bientôt! La place de fiacres devant Saint-Paul était déserte. Les cochers avaient pressenti les barricades possibles et s'étaient enfuis.

Une lieue nous séparait, Arnaud et moi, de nos maisons. Impossible de la faire à pied au milieu de Paris, et reconnus à chaque pas. Deux passants qui survinrent nous tirèrent d'embarras. L'un d'eux disait à l'autre : — Les omnibus des boulevards roulent encore.

Nous profitâmes de l'avis, et nous allâmes chercher l'omnibus de la Bastille. Nous y montâmes tous les quatre.

J'avais dans le cœur, à tort ou à raison, je le répète, le regret amer de l'occasion échappée le matin. Je me disais que dans les journées décisives ces minutes-là viennent et ne reviennent pas. Il y a deux théories en révolution : enlever le peuple ou le laisser arriver. La première était la mienne ; j'avais obéi, par discipline, à la seconde. Je me le reprochais. Je me disais : Le peuple s'est offert et nous ne l'avons pas pris. C'est à nous maintenant, non de nous offrir, mais de faire plus, de nous donner.

Cependant l'omnibus s'était mis en marche. Il était plein. J'avais pris place au fond à gauche ; Arnaud (de l'Ariége) s'était assis à côté de moi, Carini en face, Montanelli près d'Arnaud. Nous ne nous parlions pas ; Arnaud et moi, nous échangions en silence des serrements de main, ce qui est une manière d'échanger des pensées.

A mesure que l'omnibus avançait vers le centre de Paris, la foule était plus pressée sur le boulevard. Quand l'omnibus s'engagea dans le ravin de la Porte-Saint-Martin, un régiment de grosse cavalerie arrivait en sens inverse. Au bout de quelques secondes, ce régiment passa à côté de nous. C'étaient des cuirassiers. Ils défilaient au grand trot et le sabre nu. Le peuple, du haut des trottoirs, se penchait pour les voir passer. Pas un cri. Ce peuple morne d'un côté, de l'autre les soldats triomphants, tout cela me remuait.

Subitement le régiment fit halte. Je ne sais quel embarras, dans cet étroit ravin du boulevard où nous étions resserrés, obstruait momentanément sa marche. En s'arrêtant il arrêta l'omnibus. Les soldats étaient là. Nous avions sous les yeux, devant nous, à deux pas, leurs chevaux pressant les chevaux de notre voiture, ces Français devenus des mameloucks, ces citoyens combattants de la grande République transformés en souteneurs du bas-empire. De la place où j'étais je les touchais presque. Je n'y pus tenir.

Je baissai la vitre de l'omnibus, je passai la tête dehors et regardant fixement cette ligne épaisse de soldats qui me faisait front, je criai : — A bas Louis Bonaparte ! Ceux qui servent les traîtres sont des traîtres !

Les plus proches tournèrent la face de mon côté et me regardèrent d'un air ivre ; les autres ne bougèrent pas et restèrent au port d'armes, la visière du casque sur les yeux, les yeux fixés sur les oreilles de leurs chevaux.

Il y a dans les grandes choses l'immobilité des statues et dans les choses basses l'immobilité des mannequins.

L'obéissance passive dans le crime fait du soldat un mannequin.

Au cri que j'avais poussé, Arnaud s'était retourné brusquement ; il avait, lui aussi, abaissé sa vitre, et il était sorti à mi-corps de l'omnibus, le bras tendu vers les soldats, et il criait : — A bas les traîtres !

A le voir ainsi, avec son geste intrépide, sa belle tête pâle et calme, son regard ardent, sa barbe et ses longs cheveux châtains, on croyait voir la rayonnante et foudroyante figure d'un christ irrité.

L'exemple fut contagieux et électrique.

— A bas les traîtres ! crièrent Carini et Montanelli.

— A bas le dictateur ! A bas les traîtres ! répéta un généreux jeune homme que nous ne connaissions pas et qui était assis à côté de Carini.

A l'exception de ce jeune homme, l'omnibus tout entier semblait pris de terreur.

— Taisez-vous! criaient ces pauvres gens épouvantés; vous allez nous faire tous massacrer! — Un plus effrayé encore baissa la vitre et se mit à vociférer aux soldats : — Vive le prince Napoléon! Vive l'Empereur!

Nous étions cinq et nous couvrions ce cri de notre protestation obstinée : — A bas Louis Bonaparte! A bas les traîtres!

Les soldats écoutaient dans un silence sombre. Un brigadier, l'air menaçant, se tourna vers nous et agita son sabre. La foule regardait avec stupeur.

Que se passait-il en moi dans ce moment-là? Je ne saurais le dire. J'étais dans un tourbillon. J'avais cédé à la fois à un calcul, trouvant l'occasion bonne, et à une fureur, trouvant la rencontre insolente. Une femme nous criait du trottoir : — Vous allez vous faire écharper. Je me figurais vaguement qu'un choc quelconque allait se faire, et que, soit de la foule, soit de l'armée, l'étincelle jaillirait. J'espérais un coup de sabre des soldats, ou un cri de colère du peuple. En somme j'avais plutôt obéi à un instinct qu'à une idée.

Mais rien ne vint, ni le coup de sabre, ni le cri de colère. La troupe ne remua pas, et le peuple garda le silence. Était-ce trop tard? Était-ce trop tôt?

L'homme ténébreux de l'Élysée n'avait pas prévu le cas de l'insulte à son nom, jetée aux soldats en face, à bout portant. Les soldats n'avaient pas d'ordres. Ils en eurent le soir même. On s'en aperçut le lendemain.

Un moment après le régiment s'ébranla au galop, et l'omnibus repartit. Tant que les cuirassiers défilèrent près de nous, Arnaud (de l'Ariége), toujours hors de la voiture, continuait à leur crier dans l'oreille, car, comme je viens de le dire, leurs chevaux nous touchaient : — A bas le dictateur! à bas les traîtres!

Rue Laffitte nous descendîmes. Carini, Montanelli et Arnaud me quittèrent et je montai seul vers la rue de la Tour-d'Auvergne. La nuit venait. Comme je tournais l'angle de la rue, un homme passa près de moi. A la lueur d'un réverbère, je reconnus un ouvrier d'une tannerie voisine, et il me dit bas et vite : — Ne rentrez pas chez vous. La police cerne votre maison.

Je redescendis vers le boulevard par les rues projetées et non encore bâties qui dessinent un Y sous mes fenêtres, derrière ma maison. Ne pouvant embrasser ma femme et ma fille, je songeai à ce que je pourrais faire des instants qui me restaient. Un souvenir me vint à l'esprit.

XVII

CONTRECOUP

DU 24 JUIN SUR LE 2 DÉCEMBRE

Le dimanche 26 juin 1848, le combat des quatre jours, ce colossal combat, si formidable et si héroïque des deux côtés, durait encore, mais l'insurrection était vaincue presque partout et circonscrite dans le faubourg Saint-Antoine ; quatre hommes, qui avaient défendu parmi les plus intrépides les barricades de la rue du Pont-aux-Choux, de la rue Saint-Claude et de la rue Saint-Louis au Marais, s'échappèrent après les barricades prises et trouvèrent asile dans une maison de la rue Saint-Anastase, au n° 12. On les cacha dans un grenier. Les gardes nationaux et les gardes mobiles les cherchaient pour les fusiller. J'en fus informé. J'étais un des soixante représentants envoyés par l'Assemblée constituante au milieu de la bataille avec la mission de précéder partout les colonnes d'attaque, de porter, fût-ce au péril de leur vie, des paroles de paix aux barricades, d'empêcher l'effusion du sang et d'arrêter la guerre civile. J'allai rue Saint-Anastase, et je sauvai les quatre hommes.

Parmi ces hommes, il y avait un pauvre ouvrier de la rue de Charonne dont la femme était en couches en ce moment-là même, et qui pleurait. On comprenait en entendant ses sanglots et en voyant ses haillons comment il avait dû franchir d'un seul bond ces trois pas : misère, désespoir, révolte. Leur chef était un homme jeune, pâle, blond, aux pommettes saillantes, au front intelligent, au regard sérieux et résolu. Lorsque je le mis en liberté et que je lui dis mon nom, lui aussi pleura. Il me dit : — Quand je pense qu'il y a une heure je savais que vous étiez en face de nous et que j'eusse voulu que le canon de mon fusil eût des yeux pour vous voir et vous tuer ! — Il ajouta : — Dans les temps où nous vivons, on ne sait pas, si jamais vous aviez besoin de moi pour quoi que ce soit, venez. — Il se nommait Auguste, et était marchand de vin, rue de la Roquette.

Depuis cette époque, je ne l'avais plus revu qu'une seule fois, le 26 août 1849, le jour où je portais le coin du drap mortuaire de Balzac. Le convoi alla au Père-Lachaise. La boutique d'Auguste était sur le chemin. Il y avait foule dans toutes les rues que le convoi traversait. Auguste était sur le seuil de sa porte avec sa jeune femme et deux ou trois ouvriers. Quand je passai il me salua.

Ce fut son souvenir qui me revint comme je redescendais par des rues désertes derrière ma maison; en présence du 2 décembre, je songeai à lui. Je pensai qu'il pourrait me renseigner sur le faubourg Saint-Antoine et nous aider dans le soulèvement. Ce jeune homme m'avait fait tout à la fois l'effet d'un soldat et d'un chef, je me rappelai les paroles qu'il m'avait dites et je jugeai utile de le voir. Je commençai par aller trouver, rue Saint-Anastase, la personne courageuse, une femme, qui avait caché Auguste et ses trois compagnons, auxquels depuis elle avait plusieurs fois porté des secours. Je la priai de m'accompagner. Elle y consentit.

Chemin faisant, j'avais dîné avec une tablette de chocolat que Charamaule m'avait donnée.

L'aspect des boulevards en descendant des Italiens vers le Marais m'avait frappé. Les boutiques étaient ouvertes partout comme à l'ordinaire. Il y avait peu de déploiement militaire. Dans les quartiers riches, une agitation profonde et des attroupements ; mais à mesure qu'on avançait vers les quartiers populaires, la solitude se faisait. Devant le café Turc, un régiment était en bataille. Une troupe de jeunes gens en blouse passa devant le régiment en chantant la *Marseillaise*. Je lui répondis en criant : Aux armes ! Le régiment ne bougea pas, la lumière éclairait sur un mur voisin les affiches de spectacles ; les théâtres étaient ouverts ; je regardai les affiches en passant. On jouait *Hernani* au théâtre Italien, avec un nouveau ténor nommé Guasco.

La place de la Bastille était traversée comme d'habitude par des allants et venants les plus paisibles du monde. A peine voyait-on quelques ouvriers groupés auprès de la colonne de Juillet et s'entretenant tout bas. On regardait aux vitres d'un cabaret deux hommes qui se querellaient pour et contre le coup d'État ; celui qui était pour avait une blouse, celui qui était contre avait un habit. A quelques pas de là un escamoteur avait posé entre quatre chandelles sa table en X et faisait des tours de gobelets au milieu d'une foule qui ne pensait évidemment qu'à cet escamoteur-là. En tournant les yeux vers les solitudes obscures du quai Mazas, on entrevoyait dans l'ombre plusieurs batteries attelées. Quelques torches allumées çà et là faisaient saillir la silhouette noire des canons.

J'eus quelque peine à retrouver, rue de la Roquette, la porte d'Auguste. Presque toutes les boutiques étaient fermées, ce qui faisait la rue très-sombre. Enfin, à travers une devanture en vitres, j'aperçus une lumière qui éclairait un comptoir d'étain. Au delà du comptoir, à travers une cloison également vitrée et garnie de rideaux blancs, on distinguait vaguement une autre lumière et deux ou trois ombres d'hommes attablés. C'était là.

J'entrai. La porte en s'ouvrant ébranla une sonnette. Au bruit, la porte de la cloison vitrée qui séparait la boutique de l'arrière-boutique s'ouvrit, et Auguste parut.

Il me reconnut sur-le-champ et vint à moi.

— Ah! monsieur! me dit-il, c'est vous!

— Vous savez ce qui se passe? lui demandai-je.

— Oui, monsieur.

Ce « oui, monsieur », prononcé avec calme et même avec un certain embarras, me dit tout. Où j'attendais un cri indigné, j'avais cette réponse paisible. Il me semblait que c'était au faubourg Saint-Antoine lui-même que je parlais. Je compris que c'en était fait de ce côté et que nous n'avions rien à en attendre. Le peuple, cet admirable peuple, s'abandonnait. Je fis pourtant un effort.

— Louis Bonaparte trahit la République, dis-je, sans m'apercevoir que j'élevais la voix.

Il me toucha le bras, et, me montrant du doigt les ombres qui se dessinaient sur la cloison vitrée de l'arrière-boutique : — Prenez garde, monsieur, parlez moins haut.

— Comment ! m'écriai-je, vous en êtes là, vous n'osez pas parler, vous n'osez pas prononcer tout haut le nom de « Bonaparte », vous marmottez à peine quelques mots à voix basse, ici, dans cette rue, dans ce faubourg Saint-Antoine où de toutes les portes, de toutes les fenêtres, de tous les pavés, de toutes les pierres on devrait entendre sortir le cri : Aux armes !

Auguste m'exposa ce que j'entrevoyais déjà trop clairement et ce que Girard m'avait fait pressentir le matin, la situation morale du faubourg ; — que le peuple était « ahuri », qu'il leur semblait à tous que le suffrage universel était restitué ; — que la loi du 31 mai à bas, c'était une bonne chose.

Ici je l'interrompis :

— Mais cette loi du 31 mai, c'est Louis Bonaparte qui l'a voulue, c'est Rouher qui l'a faite, c'est Baroche qui l'a proposée, ce sont les bonapartistes qui l'ont votée. Vous êtes éblouis du voleur qui vous a pris votre bourse et qui vous la rend !

— Pas moi, dit Auguste, mais les autres.

Et il continua : — Que pour tout dire, la Constitution, on n'y tenait pas beaucoup, — qu'on aimait la République, mais que la République était « conservée », — que dans tout cela on ne voyait qu'une chose bien clairement, les canons prêts à mitrailler, — qu'on se souvenait de juin 1848, — qu'il y avait des pauvres gens qui avaient bien souffert, — que Cavaignac avait fait bien du mal, — que les femmes se cramponnaient aux blouses des hommes pour les empêcher d'aller aux barricades, — qu'après ça pourtant, en voyant des hommes comme nous à la tête, on se battrait peut-être, mais que ce qui gênait, c'est qu'on ne savait pas bien pourquoi. Il termina en disant : — Le haut du faubourg ne va pas, le bas vaut mieux. Par ici on se battra. La rue de la Roquette est bonne, la rue de Charonne est bonne, mais du côté du Père-Lachaise, ils disent : Qu'est-ce que ça me rapportera ? Ils ne connaissent que les quarante sous de leur journée. Ils ne marcheront pas ; ne comptez pas sur les marbriers. — Il ajouta avec un sourire : — Ici nous ne disons pas froid comme marbre, nous disons froid comme marbrier ; — et il reprit : — Quant à moi, si je suis en vie, c'est à vous que je le dois. Disposez de moi, je me ferai tuer, je ferai ce que vous voudrez.

Pendant qu'il parlait, je voyais derrière lui s'entr'ouvrir le rideau blanc de la cloison vitrée. Sa jeune femme, inquiète, regardait.

— Eh ! mon Dieu, lui dis-je, ce qu'il nous faut, ce n'est pas la vie d'un seul, c'est l'effort de tous.

Il se taisait, je poursuivis :

— Ainsi, écoutez-moi, vous Auguste, vous qui êtes brave et intelligent, ainsi les faubourgs de Paris, héroïques même quand ils se trompent, les faubourgs de Paris, pour un malentendu, pour une question de salaire mal comprise, pour une définition mal faite du socialisme, se sont levés en juin 1848 contre l'Assemblée issue d'eux-mêmes, contre le suffrage universel, contre leur propre vote, et ils ne se lèveront pas en décembre 1851 pour le droit, pour la loi, pour le peuple, pour la liberté, pour la République ! Vous dites que c'est trouble et que vous ne comprenez pas ; mais, bien au contraire, c'est en juin que tout était obscur, et c'est aujourd'hui que tout est clair !

Pendant que je disais ces derniers mots, la porte de l'arrière-boutique s'était ouverte doucement et quelqu'un était entré. C'était un jeune homme blond comme Auguste, vêtu d'un paletot et coiffé d'une casquette. Je fis un mouvement. Auguste se retourna et me dit : — Vous pouvez vous fier.

Ce jeune homme ôta sa casquette, s'approcha très-près de moi en ayant soin de tourner le dos à la cloison vitrée et me dit à demi-voix : — Je vous connais bien. J'étais sur le boulevard du Temple aujourd'hui. Nous vous avons demandé ce qu'il fallait faire ; vous avez dit qu'il fallait prendre les armes. Eh bien, voilà !

Il enfonça ses deux mains dans les poches de son paletot et en tira deux pistolets.

Presque au même moment la sonnette de la porte de la rue tinta. Il remit vivement ses pistolets dans son paletot. Un homme en blouse entra, un ouvrier d'une cinquantaine d'années. Cet homme, sans regarder personne, sans rien dire, jeta sur le comptoir une pièce de monnaie ; Auguste prit un petit verre et le remplit d'eau-de-vie ; l'homme but d'un trait, posa son verre sur le comptoir et s'en alla.

Quand la porte fut refermée : — Vous voyez, me dit Auguste, ça boit, ça mange, ça dort, et ça ne pense à rien. Les voilà tous !

L'autre l'interrompit impétueusement : — Un homme n'est pas le peuple !

Et se tournant vers moi :

— Citoyen Victor Hugo, on marchera. Si tous ne marchent pas, il y en a qui marcheront. A vrai dire, ce n'est peut-être pas ici qu'il faut commencer, c'est de l'autre côté de l'eau

Et s'arrêtant brusquement :

— Après ça, vous n'êtes pas obligé de savoir mon nom.

Il tira de sa poche un petit portefeuille, en arracha un morceau de papier, y écrivit son nom au crayon et me le remit. Je regrette d'avoir oublié ce nom. C'était un ouvrier mécanicien. Afin de ne pas le compromettre, j'ai brûlé ce papier, avec beaucoup d'autres, le samedi matin quand je fus au moment d'être pris.

— Monsieur, dit Auguste, c'est vrai ; il ne faudrait pas mal juger le faubourg, comme dit mon ami, il ne partira peut-être pas le premier, mais si on se lève, il se lèvera.

Je m'écriai : — Et qui voulez-vous qui soit debout, si le faubourg Saint-Antoine est à terre ! qui sera vivant, si le peuple est mort !

L'ouvrier mécanicien alla à la porte de la rue, s'assura qu'elle était bien fermée, puis revint, et dit :

— Il y a beaucoup d'hommes de bonne volonté. Ce sont les chefs qui manquent. Écoutez, citoyen Victor Hugo, je puis vous dire cela à vous, — et il ajouta en baissant la voix : — J'espère un mouvement pour cette nuit.

— Où ?

— Au faubourg Saint-Marceau.

— A quelle heure ?

— A une heure.

— Comment le savez-vous ?

— Parce que j'en serai.

Il reprit : — Maintenant, citoyen Victor Hugo, s'il y a un mouvement cette nuit dans le faubourg Saint-Marceau, voulez-vous le diriger ? Y consentez-vous ?

— Oui.

— Avez-vous votre écharpe?

Je la tirai à demi de ma poche. Son œil rayonna de joie.

— C'est bien, dit-il, le citoyen a ses pistolets, le représentant a son écharpe. Tout le monde est armé.

Je le questionnai : — Êtes-vous sûr de votre mouvement pour cette nuit?

Il me répondit : — Nous l'avons préparé, et nous y comptons.

— En ce cas-là, dis-je, sitôt la première barricade faite, je veux être derrière, venez me chercher.

— Où?

— Partout où je serai.

Il me déclara que si le mouvement devait avoir lieu dans la nuit, il le saurait à dix heures et demie du soir au plus tard et que j'en serais averti avant onze heures. Nous convînmes que dans quelque lieu que je me trouvasse jusqu'à cette heure, j'en enverrais l'indication chez Auguste, qui se chargerait de la lui faire parvenir.

La jeune femme continuait de regarder. Le colloque se prolongeait et pouvait sembler étrange aux gens de l'arrière-boutique. — Je m'en vais, dis-je à Auguste.

J'avais entr'ouvert la porte, il me prit la main, la pressa comme eût fait une femme et me dit avec un accent profond : — Vous vous en allez, reviendrez-vous ?

— Je ne sais pas.

— C'est juste, reprit-il, personne ne sait ce qui va arriver. Eh bien! vous allez peut-être être poursuivi et cherché comme je l'ai été. Ce sera peut-être votre tour d'être fusillé, et ce sera mon tour de vous sauver. Vous savez, on peut avoir besoin des petits. Monsieur Victor Hugo, s'il vous fallait un asile, cette maison est à vous. Venez-y. Vous y trouverez un lit où vous pourrez dormir et un homme qui se fera tuer pour vous.

Je le remerciai par un serrement de main, et je partis. Huit heures sonnaient. Je me hâtai vers la rue de Charonne.

XVIII

LES REPRÉSENTANTS TRAQUÉS

A l'angle de la rue du Faubourg-Saint-Antoine, devant la boutique de l'épicier Pépin, à l'endroit même où se dressait à la hauteur de deux étages la gigantesque barricade de juin 1848, les décrets du matin étaient affichés, quelques hommes les examinaient quoiqu'il fît nuit noire et qu'on ne pût les lire, et une vieille femme disait : — Les vingt-cinq francs sont à bas. Tant mieux !

Quelques pas plus loin, j'entendis prononcer mon nom. Je me retournai. C'était Jules Favre, Bourzat, Lafon, Madier de Montjau et Michel de Bourges qui passaient. Je pris congé de la personne vaillante et dévouée qui avait bien voulu m'accompagner. Un fiacre passait, je l'y fis monter, et je rejoignis les cinq représentants. Ils venaient de la rue de Charonne. Ils avaient trouvé le local de l'association des ébénistes fermé. — Il n'y avait personne, me dit Madier de Montjau. Ces braves gens commencent à avoir un petit capital, ils ne veulent pas le compromettre, ils ont peur de nous, ils disent :

Les coups d'État ne nous regardent pas, laissons faire !
— Cela ne m'étonne pas, répondis-je, dans le moment où nous sommes, une association est un bourgeois.

— Où allons nous? demanda Jules Favre.

Lafon demeurait à deux pas de là, quai Jemmapes, n° 2. Il nous offrit son appartement, nous l'acceptâmes, et nous prîmes les mesures nécessaires pour faire prévenir les membres de la gauche que nous étions là.

Quelques instants après, nous étions installés chez Lafon, au quatrième étage d'une ancienne et haute maison. Cette maison a vu la prise de la Bastille.

On entrait dans cette maison par une porte bâtarde s'ouvrant sur le quai Jemmapes et donnant sur une cour étroite plus basse que le quai de quelques marches. Bourzat resta à cette porte pour nous avertir en cas d'événement et pour indiquer la maison aux représentants qui surviendraient.

En peu d'instants nous fûmes nombreux, et nous nous retrouvâmes à peu près tous ceux du matin, avec quelques-uns de plus. Lafon nous livra son salon dont les fenêtres donnaient sur des arrière-cours. Nous nous constituâmes une espèce de bureau et nous prîmes place, Jules Favre, Carnot, Michel et moi, à une grande table éclairée de deux bougies et placée devant la cheminée. Les représentants et les assistants siégeaient à l'entour sur des chaises et des fauteuils. Un groupe debout obstruait la porte.

Michel de Bourges, en entrant, s'écria : — Nous sommes venus chercher le peuple au faubourg Saint-Antoine. Nous y voici. Il faut y rester!

On applaudit ces paroles.

On exposa la situation, la torpeur des faubourgs, personne à l'association des ébénistes, les portes fermées presque partout. Je racontai ce que j'avais vu et entendu rue de la Roquette, les appréciations du marchand de vin Auguste sur l'indifférence du peuple, les espérances de l'ouvrier mécanicien, la possibilité d'un mouvement dans la nuit au faubourg Saint-Marceau. On convint qu'au premier avis qui me serait donné, j'irais.

Du reste, on ne savait rien encore de ce qui s'était passé dans la journée. On annonça que M. Havin, lieutenant-colonel de la 5ᵉ légion de la garde nationale, avait envoyé des ordres de convocation aux officiers de sa légion.

Survinrent quelques écrivains démocrates, parmi lesquels Alexandre Rey et Xavier Durrieu, avec Kesler, Villiers et Amable Lemaître, de *la Révolution;* un de ces écrivains était Millière.

Millière avait une large déchirure saignante au-dessus du sourcil; le matin même, en nous quittant, comme il emportait une des copies de la proclamation que j'avais dictée, un homme s'était jeté sur lui pour la lui arracher, la police était évidemment déjà avertie de la proclamation et la guettait; Millière avait lutté corps à corps avec l'agent de police et l'avait terrassé, non sans emporter cette balafre. Du reste, la proclamation n'était pas encore imprimée. Il était près de neuf heures du soir et rien ne venait: Xavier Durrieu affirma qu'une heure ne se passerait pas sans qu'on eût les quarante mille exemplaires promis. On espérait en couvrir dans la nuit les murs de Paris. Chacun des assistants devait se faire afficheur.

Il y avait parmi nous, ce qui était inévitable dans la confusion orageuse de ces premiers moments, beaucoup d'hommes que nous ne connaissions pas. Un de ces hommes avait apporté dix ou douze copies de l'appel aux armes. Il me pria de les signer de ma main afin de pouvoir, disait-il, montrer ma signature au peuple... — Ou à la police, me dit tout bas Baudin en souriant. Nous n'en étions pas à prendre de ces précautions-là. Je donnai à cet homme toutes les signatures qu'il voulut.

Jules Favre prit la parole. Il importait de constituer l'action de la gauche, d'imprimer au mouvement qui se préparait l'unité d'impulsion, de lui créer un centre, de donner à l'insurrection un pivot, à la gauche une direction, au peuple un point d'appui. Il proposa la formation immédiate d'un comité représentant la gauche entière dans toutes ses nuances, et chargé d'organiser et de diriger l'insurrection.

Tous les représentants acclamèrent cet éloquent et courageux homme. On proposa sept membres. On nomma sur-le-champ Carnot, de Flotte, Jules Favre, Madier de Montjau, Michel de Bourges et moi; et ainsi fut, par acclamation, composé ce comité d'insurrection que, sur ma demande, on appela Comité de résistance; car l'insurgé, c'était Louis Bonaparte. Nous, nous étions la République. On désirait faire entrer dans le comité un représentant ouvrier. On désigna Faure (du Rhône). Mais Faure, nous ne l'apprîmes que plus tard, avait été arrêté le matin. Le comité se trouva donc en fait composé de six membres.

Le comité s'organisa séance tenante. Un comité de permanence fut formé dans son sein avec fonction de décréter d'urgence, au nom de toute la gauche, de centraliser les nouvelles, les renseignements, les directions, les instructions, les ressources, les ordres. Ce comité de permanence fut composé de quatre membres, qui étaient Carnot, Michel de Bourges, Jules Favre et moi. De Flotte et Madier de Montjau furent spécialement délégués, de Flotte pour la rive gauche et le quartier des écoles, Madier pour les boulevards et la banlieue.

Ces opérations préliminaires terminées, Lafon nous prit à part Michel de Bourges et moi et nous dit que l'ancien constituant Proudhon était venu demander l'un de nous deux, qu'il était resté en bas environ un quart d'heure et s'en était allé, en annonçant qu'il nous attendrait place de la Bastille.

Proudhon, qui faisait à cette époque à Sainte-Pélagie trois ans de prison pour offense à Louis Bonaparte, avait de temps à autre des permissions de sortir. Le hasard avait fait qu'une de ces permissions était tombée le 2 décembre.

Chose qu'on ne peut s'empêcher de souligner, le 2 décembre, Proudhon était régulièrement détenu en vertu d'une condamnation, et, au moment même où l'on faisait entrer illégalement en prison les représentants inviolables, on en laissait sortir Proudhon qu'on pouvait y garder légalement. Proudhon avait profité de cette mise en liberté pour venir nous trouver.

Je connaissais Proudhon pour l'avoir vu à la Conciergerie où étaient enfermés mes deux fils, et Auguste Vacquerie, et Paul Meurice, mes deux illustres amis, et ces vaillants écrivains, Louis Jourdan, Erdan, Suchet; je ne pouvais m'empêcher de songer que, certes, ce jour-là on n'eût laissé sortir aucun de ces hommes-là.

Cependant Xavier Durrieu me parla à l'oreille. — Je quitte Proudhon, me dit-il, il voudrait vous voir. Il vous attend en bas, tout près, à l'entrée de la place, vous le trouverez accoudé au parapet sur le canal.

— J'y vais, lui dis-je.

Je descendis.

Je trouvai en effet, à l'endroit indiqué, Proudhon pensif, les deux coudes appuyés sur le parapet. Il avait ce chapeau à larges bords avec lequel je l'avais souvent vu se promener à grands pas, seul, dans la cour de la Conciergerie.

J'allai à lui.

— Vous voulez me parler ? lui dis-je.

— Oui.

Et il me serra la main.

Le coin où nous étions était solitaire. Nous avions à gauche la place de la Bastille profonde et obscure; on n'y voyait rien et l'on y sentait une foule; des régiments y étaient en bataille ; ils ne bivouaquaient pas, ils étaient prêts à marcher ; on entendait la rumeur sourde des haleines; la place était pleine de ce fourmillement d'étincelles pâles que font les bayonnettes dans la nuit. Au-dessus de ce gouffre de ténèbres se dressait droite et noire la colonne de Juillet.

Proudhon reprit :

— Voici. Je viens vous avertir en ami. Vous vous faites des illusions. Le peuple est mis dedans. Il ne bougera pas. Bonaparte l'emportera. Cette bêtise, la restitution du suffrage universel, attrape les niais. Bonaparte passe pour socialiste. Il a dit : *Je serai l'empereur de la canaille.* C'est une insolence, mais les insolences ont chance de réussir quand elles ont à leur service ceci.

Et Proudhon me montrait du doigt la sinistre lueur des bayonnettes. Il continua :

— Bonaparte a un but. La République a fait le peuple, il veut refaire la populace. Il réussira et vous échouerez. Il a pour lui la force, les canons, l'erreur du peuple et les sottises de l'Assemblée. Les quelques hommes de la gauche dont vous êtes ne viendront pas à bout du coup d'État. Vous êtes honnêtes, et il a sur vous cet avantage, qu'il est un coquin. Vous avez des scrupules, et il a sur vous cet avantage, qu'il n'en a pas. Cessez de résister, croyez-moi. La situation est sans ressource. Il faut attendre ; mais, en ce moment, la lutte serait folle. Qu'espérez-vous ?

— Rien, lui dis-je.

— Et que ferez-vous ?

— Tout.

Au son de ma voix, il comprit que l'insistance était inutile.

— Adieu, me dit-il.

Nous nous quittâmes. Il s'enfonça dans l'ombre, je ne l'ai plus revu.

Je remontai chez Lafon.

Cependant les exemplaires de l'appel aux armes n'arrivaient pas. Les représentants inquiets descendaient et remontaient. Quelques-uns allaient attendre et s'informer sur le quai Jemmapes. Il y avait dans la salle un bruit de conversations confuses. Les membres du comité, Madier de Montjau, Jules Favre et Carnot, se retirèrent et me firent dire par Charamaule qu'ils allaient rue des Moulins, n° 10, chez l'ancien constituant Landrin, dans la circonscription de la 5ᵉ légion, pour y délibérer plus à l'aise, en me priant d'aller les rejoindre. Mais je crus devoir rester. Je m'étais mis à la disposition d'un mouvement éventuel du faubourg Saint-Marceau. J'en attendais l'avis par Auguste, il m'importait de ne pas trop m'éloigner ; en outre il était possible que, si je partais, les représentants de la gauche, ne voyant plus aucun membre du comité au milieu d'eux, se dispersassent sans prendre de résolution, et j'y voyais plus d'un inconvénient.

Le temps s'écoulait, pas de proclamations. Nous sûmes le lendemain que les ballots avaient été saisis par la police. Cournet, un ancien officier de marine républicain qui était présent, prit la parole. Ce qu'était Cournet, quelle nature énergique et déterminée, on le verra plus tard. Il nous représenta que depuis près de deux heures nous étions là, que la police finirait certainement par en être avertie, que les membres de la gauche avaient pour devoir impérieux de se conserver à tout prix à la tête du peuple, que la nécessité même de leur situation leur imposait la précaution de changer fréquemment d'asile, et il termina en nous offrant de venir délibérer chez lui, dans ses ateliers, rue Popincourt, n° 82, au fond d'un cul-de-sac, et toujours à proximité du faubourg Saint-Antoine.

On accepta, j'envoyai prévenir Auguste du déplacement et je lui fis porter l'adresse de Cournet. Lafon resta quai Jemmapes avec mission de nous envoyer les proclamations dès qu'elles lui arriveraient, et nous partîmes sur-le-champ.

Charamaule se chargea d'envoyer rue des Moulins afin de prévenir les autres membres du comité que nous les attendions rue Popincourt, n° 82.

Nous marchions, comme le matin, par petits groupes séparés. Le quai Jemmapes borde la rive gauche du canal Saint-Martin ; nous le remontâmes. Nous n'y rencontrions que quelques ouvriers isolés qui tournaient la tête quand nous étions passés et s'arrêtaient derrière nous d'un air étonné. La nuit était noire. Il tombait quelques gouttes de pluie.

Un peu après la rue du Chemin-Vert, nous prîmes à droite et nous gagnâmes la rue Popincourt. Tout y était désert, éteint, fermé et silencieux comme dans le faubourg Saint-Antoine. Cette rue est longue, nous marchâmes longtemps, nous dépassâmes la caserne. Cournet n'était plus avec nous, il était resté en arrière pour avertir quelques-uns de ses amis et, nous dit-on, pour prendre des mesures de défense en cas d'attaque de sa maison. Nous cherchions le numéro 82. L'obscurité était telle que nous ne pouvions distinguer les chiffres des maisons. Enfin, au bout de la rue, à droite, nous vîmes une lueur; c'était une boutique d'épicier, la seule qui fût ouverte dans toute la rue. L'un de nous entra et pria l'épicier, qui était assis dans son comptoir, de nous indiquer la maison de M. Cournet. — En face, dit l'épicier en montrant du doigt une vieille porte cochère basse qu'on distinguait de l'autre côté de la rue, presque vis-à-vis sa boutique.

Nous frappâmes à cette porte. Elle s'ouvrit. Baudin entra le premier, cogna à la vitre de la loge du portier et demanda : — M. Cournet? — Une voix de vieille femme répondit : — C'est ici.

La portière était couchée. Tout dormait dans la maison. Nous entrâmes.

Une fois entrés, et la porte cochère refermée derrière nous, nous nous trouvâmes dans une petite cour carrée, formant le centre d'une espèce de masure à deux étages; un silence de cloître, pas une lumière aux fenêtres ; on distinguait près d'un hangar l'entrée basse d'un escalier étroit, obscur et tortueux. — Nous nous sommes trompés, dit Charamaule, il est impossible que ce soit ici.

Cependant la portière, entendant tous ces pas d'hommes sous la porte cochère, s'était éveillée tout à fait, avait allumé la veilleuse, et nous l'apercevions dans sa loge, le visage collé à la vitre, regardant avec effarement ces soixante fantômes noirs, immobiles et debout dans sa cour.

Esquiros lui adressa la parole : — Est-ce bien ici M. Cournet? dit-il.

— M. Cornet, répondit la bonne femme, sans doute.

Tout s'expliqua. Nous avions demandé Cournet, l'épicier avait entendu Cornet, la portière avait entendu Cornet. Le hasard faisait qu'un M. Cornet demeurait précisément là.

On verra plus tard quel extraordinaire service le hasard nous avait rendu.

Nous sortîmes au grand soulagement de la pauvre portière, et nous nous remîmes en quête. Xavier Durrieu parvint à s'orienter et nous tira d'embarras.

Quelques instants après nous tournions à gauche et nous pénétrions dans un cul-de-sac assez long, faiblement éclairé par un vieux réverbère à l'huile de l'ancien éclairage de Paris, puis à gauche encore, et nous entrions par un passage étroit dans une grande cour encombrée d'appentis et de matériaux. Cette fois, nous étions chez Cournet.

XIX

UN PIED DANS LE SÉPULCRE

Cournet nous attendait. Il nous reçut au rez-de-chaussée dans une salle basse, où il y avait du feu, une table et quelques chaises ; mais la salle était si petite que le quart de nous la remplissait à n'y pouvoir bouger et que les autres restaient dans la cour. — Il est impossible de délibérer ici, dit Bancel. — J'ai une plus grande salle au premier, répondit Cournet, mais c'est un bâtiment en construction qui n'est pas encore meublé et où il n'y a pas de feu. — Qu'importe! lui dit-on. Montons au premier.

Nous montâmes au premier par un escalier de bois roide et étroit, et nous prîmes possession de deux salles très-basses de plafond, mais dont l'une était assez vaste. Les murs étaient blanchis à la chaux, et il n'y avait pour tous meubles que quelques tabourets de paille.

On me cria : Présidez !

Je m'assis sur un des tabourets, dans l'angle de la première salle, ayant la cheminée à ma droite, et à ma gauche la porte qui s'ouvrait sur l'escalier. Baudin me dit : — J'ai un crayon et du papier. Je vais vous servir de secrétaire. — Il prit un tabouret à côté de moi.

Les représentants et les assistants, parmi lesquels il y avait plusieurs blouses, se tenaient debout formant devant Baudin et moi une espèce d'équerre adossée aux deux murs de la salle qui nous faisaient face. Cette foule se prolongeait jusque dans l'escalier. Une chandelle allumée était posée sur la cheminée.

Une sorte d'âme commune agitait cette réunion. Les visages étaient pâles, mais on voyait dans tous les yeux la même grande résolution. Dans toutes ces ombres brillait la même flamme. Plusieurs demandèrent la parole à la fois. Je les priai de donner leurs noms à Baudin, qui les inscrivait et me passait ensuite la liste.

Le premier qui parla fut un ouvrier. Il commença par s'excuser de se mêler aux représentants, lui étranger à l'Assemblée. Les représentants l'interrompirent : — Non ! non ! dirent-ils, peuple et représentants ne font qu'un ! Parlez ! — Il déclara que, s'il prenait la parole, c'était pour laver de toute suspicion l'honneur de ses frères les ouvriers de Paris, qu'il avait entendu quelques représentants douter d'eux, qu'il affirmait que c'était injuste, que les ouvriers comprenaient tout le crime de M. Bonaparte et tout le devoir du peuple, qu'ils ne seraient pas sourds à l'appel des représentants républicains, et qu'on le verrait bien. Il dit tout cela simplement, avec une sorte d'embarras fier et de rudesse honnête. Il tint parole. Je le trouvai le lendemain combattant dans la barricade Rambuteau.

Mathieu (de la Drôme) entra comme l'ouvrier finissait. — J'apporte des nouvelles, cria-t-il. Il se fit un profond silence.

Comme je l'ai dit déjà, depuis le matin nous savions vaguement que la droite avait dû s'assembler, et qu'un certain nombre de nos amis avait probablement fait partie de la réunion, et c'était tout. Mathieu (de la Drôme) nous apportait les faits de la journée, les détails des arrestations à domicile exécutées sans obstacle, la réunion Daru brutalisée rue de Bourgogne, les représentants chassés de la salle de l'Assemblée, la platitude du président Dupin, l'évanouissement de la haute cour, la nullité du conseil d'État, la triste séance de la mairie du Xe arrondissement, l'avortement Oudinot, l'acte de déchéance du Président, les deux cent vingt empoignés et menés au quai d'Orsay. Il termina virilement. Le devoir de la gauche croissait d'heure en heure. Le lendemain serait probablement décisif. Il adjura la réunion d'aviser.

Un ouvrier ajouta un fait. Il s'était trouvé le matin rue de Grenelle, sur le passage des membres de l'Assemblée arrêtés ; il était là au moment où l'un des commandants des chasseurs de Vincennes avait prononcé cette parole : — Maintenant c'est le tour de messieurs les représentants rouges. Gare à eux !

Un des rédacteurs de *la Révolution*, Hennett de Kesler, qui fut plus tard un proscrit intrépide, compléta les renseignements de Mathieu (de la Drôme). Il raconta la démarche faite par deux membres de l'Assemblée près du soi-disant ministre de l'intérieur Morny et la réponse dudit Morny : « Si je trouve des représentants derrière les barricades, je les fais tous fusiller jusqu'au dernier » ; et cet autre mot du même drôle à propos des membres emmenés quai d'Orsay : *Ce sont là les derniers représentants qu'on fera prisonniers*. Il nous informa qu'une affiche s'imprimait en ce moment-là même à l'Imprimerie Nationale, déclarant que « quiconque serait saisi dans un conciliabule serait immédiatement fusillé. » L'affiche parut en effet le lendemain matin.

Baudin se leva. — Le coup d'État redouble de rage, s'écria-t-il. Citoyens, redoublons d'énergie !

Tout à coup un homme en blouse entra. Il était essoufflé. Il accourait. Il nous annonça qu'il venait de voir, et il insista, — de voir de ses yeux — dans la rue Popincourt un bataillon qui marchait en silence et se dirigeait vers l'impasse du n° 82, que nous étions investis et que nous allions être attaqués. Il nous conjura de nous disperser sur-le-champ.

— Citoyens représentants, s'écria Cournet, j'ai des vedettes dans l'impasse qui se replieront et viendront nous avertir si le bataillon s'y engage. La porte est étroite et sera barricadée en un clin d'œil. Nous sommes ici avec vous cinquante hommes armés et résolus, et nous serons deux cents au premier coup de fusil. Nous avons des munitions. Vous pouvez délibérer tranquilles.

Et en achevant il éleva le bras droit et l'on vit sortir de sa manche un large poignard qu'il y tenait caché, et il fit de l'autre main sonner dans ses poches les pommeaux d'une paire de pistolets. — Eh bien ! dis-je, continuons.

Trois des plus jeunes et des plus éloquents orateurs de la gauche, Bancel, Arnaud (de l'Ariége) et Victor Chauffour, opinèrent successivement. Tous trois étaient importunés de cette idée que, notre appel aux armes n'ayant pas pu encore être affiché, les divers épisodes du boulevard du Temple et du café Bouvalet n'ayant pas amené de résultats, aucun de nos actes, grâce à la pression de Bonaparte, n'ayant encore réussi à se produire, tandis que le fait de la mairie du Xe arrondissement commençait à se répandre dans Paris, il semblait que la droite eût fait acte de résistance avant la gauche. La généreuse émulation du salut public les aiguillonnait. C'était une joie pour eux de savoir qu'un bataillon prêt à attaquer était là, à quelques pas, et que peut-être dans peu de minutes leur sang allait couler.

Du reste les avis se multipliaient, et avec les avis les incertitudes. Quelques illusions se produisaient encore. Un ouvrier adossé tout près de moi à la cheminée venait de dire à demi-voix à un de ses camarades qu'il ne fallait pas compter sur le peuple et que si l'on se battait « on ferait une folie ».

Les incidents et les faits de la journée avaient modifié à quelques égards mon opinion sur la marche à suivre en ces graves conjonctures. Le silence de la foule au moment où Arnaud (de l'Ariége) et moi avions apostrophé les troupes, détruisait l'impression que m'avait laissée quelques heures auparavant l'enthousiasme du peuple au boulevard du Temple. Les hésitations d'Auguste m'avaient frappé, l'association des ébénistes semblait se dérober, la torpeur du faubourg Saint-Antoine était visible, l'inertie du faubourg Saint-Marceau ne l'était pas moins, je devais recevoir l'avis de l'ouvrier mécanicien avant onze heures, et il était plus de onze heures; les espérances s'éteignaient successivement. Du reste raison de plus, selon moi, pour étonner et réveiller Paris par un spectacle extraordinaire, par un acte hardi de vie et de puissance collective de la part des représentants de la gauche, par l'audace d'un immense dévouement.

On verra plus tard quel concours de circonstances toutes fortuites a empêché cette pensée de se réaliser comme je la comprenais. Les représentants ont fait tout leur devoir, la Providence n'a peut-être pas fait tout le sien. — Quoi qu'il en soit, en supposant que nous ne fussions pas emportés tout de suite par quelque combat nocturne et immédiat, et qu'à l'heure où je parlais nous eussions encore un lendemain, je sentais le besoin de fixer tous les yeux sur le parti à adopter pour la journée qui allait suivre. — Je pris la parole.

Je commençai par déchirer complétement le voile de la situation. Je fis le tableau en quatre mots : La Constitution jetée au ruisseau; l'Assemblée menée à coups de crosse en prison, le conseil d'État dissipé, la haute cour chassée par un argousin, un commencement évident de victoire pour Louis Bonaparte, Paris pris sous l'armée comme sous un filet, la stupeur partout, toute autorité terrassée, tout pacte mis à néant; il ne restait plus debout que deux choses : le coup d'État et nous.

Nous! et qui sommes-nous? Ce que nous sommes, dis-je, nous sommes la vérité et la justice! nous sommes le pouvoir suprême et souverain, le peuple incarné, le droit !

Je poursuivis :

Louis Bonaparte, à chaque minute qui s'écoule, fait un pas de plus dans son crime. Pour lui, rien d'inviolable, rien de sacré; ce matin il a violé le palais des représentants de la nation, quelques heures plus tard il a mis la main sur leurs personnes, demain, tout à l'heure peut-être, il versera leur sang. Eh bien! il avance sur nous, avançons sur lui. Le péril grandit, grandissons avec le péril.

Un mouvement d'adhésion se fit dans l'assemblée, je poursuivis :

— Je le répète et j'insiste.

Ne faisons grâce à ce malheureux Bonaparte d'aucune des énormités que contient son attentat. Puisqu'il a tiré le vin, — je veux dire le sang, — il faut qu'il le boive. Nous ne sommes pas des individus, nous sommes la nation. Chacun de nous marche vêtu de la souveraineté du peuple. Il ne peut frapper nos personnes sans la déchirer. Forçons sa mitraille à trouer nos écharpes avec nos poitrines. Cet homme est dans une voie où la logique le tient et le mène au parricide. Ce qu'il tue en ce moment, c'est la patrie! Eh bien! la balle du pouvoir exécutif à travers l'écharpe du pouvoir législatif, c'est là le parricide visible! C'est là ce qu'il faut qu'on voie!

— Nous sommes tout prêts! crièrent-ils. Votre avis sur les mesures à prendre?

— Pas de demi-mesures, répondis-je, un grand acte! Demain, — si nous sortons d'ici cette nuit, — trouvons-nous tous au faubourg Saint-Antoine...

On m'interrompit : — Pourquoi le faubourg Saint-Antoine?

— Oui, repris-je, le faubourg Saint-Antoine! Je ne puis croire que le cœur du peuple ait cessé de battre là. Trouvons-nous tous demain au faubourg Saint-Antoine. Il y a vis-à-vis le marché Lenoir une salle qui a servi à un club en 1848...

On me cria : — La salle Roysin.

— C'est cela, dis-je, la salle Roysin. Nous sommes

cent vingt représentants républicains restés libres. Installons-nous dans cette salle. Installons-nous-y dans la plénitude et dans la majesté du pouvoir législatif. Nous sommes désormais l'Assemblée, toute l'Assemblée ! siégeons là, délibérons là, en écharpes, au milieu du peuple. Mettons le faubourg Saint-Antoine en demeure, réfugions-y la représentation nationale, réfugions-y la souveraineté populaire, donnons le peuple à garder au peuple, adjurons-le de se défendre. Au besoin ordonnons-le-lui !

Une voix m'interrompit : — On ne donne pas d'ordres au peuple !

— Si ! m'écriai-je, quand il s'agit du salut public, du salut universel, quand il s'agit de l'avenir de toutes les nationalités européennes, quand il s'agit de défendre la République, la liberté, la civilisation, la Révolution, nous avons le droit, nous représentants de la nation tout entière, de donner, au nom du peuple français, des ordres au peuple parisien ! Réunissons-nous donc demain à cette salle Roysin. A quelle heure ? Pas de trop grand matin. En plein jour. Il faut que les boutiques soient ouvertes, qu'on aille et qu'on vienne, que la population circule, qu'il y ait du monde dans les rues, qu'on nous voie, qu'on sache que c'est nous, que la grandeur de notre exemple aille frapper tous les yeux et remuer tous les cœurs. Soyons là tous de neuf à dix heures du matin. S'il y a quelque obstacle pour la salle Roysin, nous prendrons la première église venue, un manége, un hangar, une enceinte fermée où nous puissions délibérer ; au besoin, comme l'a dit Michel de Bourges, nous siégerons dans un carrefour entre quatre barricades. Mais provisoirement j'indique la salle Roysin. Ne l'oubliez pas, dans une telle crise il ne faut pas de vide devant la nation. Cela l'effraye. Il faut qu'il y ait quelque part un gouvernement, et qu'on le sache. La rébellion à l'Élysée, le gouvernement au faubourg Saint-Antoine; la gauche gouvernement, le faubourg Saint-Antoine citadelle : voilà les idées dont il faut frapper dès demain l'esprit de Paris. A la salle Roysin donc! De là, au milieu de l'intrépide foule ouvrière de ce grand quartier de Paris, crénelés dans le faubourg comme dans une forteresse, tout à la fois législateurs et généraux, multipliant et inventant les moyens de défense et d'attaque, lançant des proclamations et remuant des pavés, employant les femmes à écrire nos affiches pendant que les hommes se battront, nous décréterons Louis Bonaparte, nous décréterons ses complices, nous frapperons de forfaiture les chefs militaires, nous mettrons hors la loi en masse tout le crime et tous les criminels, nous appellerons les citoyens aux armes, nous rappellerons l'armée au devoir, nous nous dresserons debout en face de Louis Bonaparte, terribles comme la République vivante, nous le combattrons d'une main avec la force de la loi, de l'autre avec la force du peuple, nous foudroierons ce révolté misérable, et nous nous dresserons au-dessus de sa tête à la fois comme un grand pouvoir régulier et comme un grand pouvoir révolutionnaire!

Tout en parlant je m'enivrais de ma propre idée. Mon enthousiasme se communiqua à la réunion. On m'acclama. Je m'aperçus que j'allais un peu loin dans l'espérance, que je me laissais entraîner et que je les entraînais, et que je leur présentais le succès comme possible, presque comme facile, dans un moment où il importait que personne ne se fît illusion. La vérité était sombre, et il était de mon devoir de la dire. Je laissai le silence se rétablir, et je fis signe de la main que j'avais un dernier mot à ajouter. Je repris alors, en baissant la voix :

— Écoutez, rendez-vous bien compte de ce que vous faites. D'un côté cent mille hommes, dix-sept batteries attelées, six mille bouches à feu dans les forts, des magasins, des arsenaux, des munitions de quoi faire la campagne de Russie ; de l'autre, cent vingt représentants, mille ou douze cents patriotes, six cents fusils, deux cartouches par homme, pas un tambour pour battre le rappel, pas un clocher pour sonner le tocsin, pas une imprimerie pour imprimer une proclamation ; à peine çà et là une presse lithographique, une cave où on imprimera en hâte et furtivement un placard à la brosse ; peine de mort contre qui remuera un pavé, peine de mort contre qui s'attroupera, peine de mort contre qui sera trouvé en conciliabule, peine de mort contre qui placardera un appel aux armes ; si vous êtes pris pendant le combat, la mort ; si vous êtes pris après le combat, la déportation ou l'exil ; d'un côté une armée, et le crime ; de l'autre une poignée d'hommes, et le droit. Voilà cette lutte. L'acceptez-vous ?

Un cri unanime me répondit : — Oui ! oui !

Ce cri ne sortait pas des bouches, il sortait des âmes. Baudin, toujours assis à côté de moi, me serra la main en silence.

On convint donc immédiatement qu'on se retrouverait le lendemain mercredi, entre neuf et dix heures du matin, à la salle Roysin, qu'on y arriverait isolément ou par petits groupes séparés, et qu'on avertirait de ce rendez-vous les absents. Cela fait, il ne restait plus qu'à se séparer. Il pouvait être environ minuit.

Un des éclaireurs de Cournet entra. — Citoyens représentants, dit-il, le bataillon n'est plus là. La rue est libre.

Le bataillon, sorti probablement de la caserne Popincourt, qui était très-voisine, avait occupé la rue vis-à-vis le cul-de-sac pendant plus d'une demi-heure, puis était rentré dans la caserne. Avait-on jugé l'attaque inopportune ou périlleuse, la nuit, dans ce cul-de-sac étroit, et au milieu de ce redoutable quartier Popincourt où l'insurrection avait tenu si longtemps en juin 1848? Il paraît certain que les soldats avaient visité quelques maisons du voisinage. Suivant des renseignements qui nous parvinrent plus tard, nous aurions été suivis, en sortant du n° 2 du quai Jemmapes, par un homme de la police, lequel nous aurait vus entrer dans cette maison où logeait un M. Cornet, et serait allé immédiatement à la préfecture dénoncer à ses chefs notre gîte. Le bataillon envoyé pour nous saisir cerna la maison, la fouilla de la cave au grenier, n'y trouva rien, et s'en alla.

Cette quasi-synonymie de *Cornet* et de *Cournet* dépista les limiers du coup d'État. Le hasard, on le voit, s'était mêlé utilement de nos affaires.

Je causais près de la porte avec Baudin et nous échangions quelques indications dernières, quand un jeune homme à barbe châtaine, mis comme un homme du monde et en ayant toutes les manières, et que j'avais remarqué pendant que je parlais, s'approcha de moi.

— Monsieur Victor Hugo, me dit-il, où allez-vous coucher?

Je n'y avais pas songé jusqu'à ce moment-là.
Il était peu prudent de rentrer chez moi.

— Ma foi, lui répondis-je, je n'en sais rien.

— Voulez-vous venir chez moi?

— Je veux bien.

Il me donna son nom. Il s'appelait M. de la R., il connaissait la famille d'alliance de mon frère Abel, les Montferrier parents des Cambacérès, et il demeurait rue Caumartin. Il avait été préfet sous le gouvernement provisoire. Il avait une voiture là. Nous y montâmes; et comme Baudin m'annonça qu'il passerait la nuit chez Cournet, je lui donnai l'adresse de M. de la R., afin qu'il pût m'y envoyer chercher, si quelque avis de mouvement venait du faubourg Saint-Marceau ou d'ailleurs. Mais je n'espérais plus rien pour la nuit, et j'avais raison.

Un quart d'heure environ après la séparation des représentants et après notre départ de la rue Popincourt, Jules Favre, Madier de Montjau, de Flotte et Carnot, que nous avions fait avertir rue des Moulins, arrivèrent chez Cournet, accompagnés de Schœlcher, de Charamaule, d'Aubry (du Nord) et de Bastide. Quelques représentants se trouvaient encore chez Cournet. Plusieurs, comme Baudin, devaient y passer la nuit. On fit part à nos collègues de ce qui avait été convenu sur ma proposition et du rendez-vous à la salle Roysin; seulement il paraît qu'il y eut quelques hésitations sur l'heure indiquée que Baudin en particulier ne se rappela plus exactement, et que nos collègues crurent que le rendez-vous qui avait été donné pour neuf heures du matin était pour huit heures. Ce changement d'heure, dû aux incertitudes des mémoires et dont on ne peut accuser personne, empêcha la réalisation du plan que j'avais conçu d'une Assemblée siégeant au faubourg et livrant bataille à Louis Bonaparte, mais nous donna pour compensation le fait héroïque de la barricade Sainte-Marguerite.

XX

ENTERREMENT

D'UN GRAND ANNIVERSAIRE

Telle fut cette première journée. Regardons-la fixement. Elle le mérite. C'est l'anniversaire d'Austerlitz; le neveu fête l'oncle. Austerlitz est la bataille la plus éclatante de l'histoire; le neveu se propose ce problème : faire une noirceur aussi grande que cette splendeur. Il y réussit.

Cette première journée, que d'autres suivront, est déjà complète. Tout y est. C'est le plus effrayant essai de poussée en arrière qui ait jamais été tenté. Jamais un tel écroulement de civilisation ne s'est vu. Tout ce qui était l'édifice est maintenant la ruine; le sol en est jonché. En une nuit l'inviolabilité de la loi, le droit du citoyen, la dignité du juge, l'honneur du soldat, ont disparu. D'épouvantables remplacements ont eu lieu; il y avait le serment, il y a le parjure; il y avait le drapeau, il y a un haillon; il y avait l'armée, il y a une bande; il y avait la justice, il y a la forfaiture; il y avait le code, il y a le sabre; il y avait un gouvernement, il y a une escroquerie ; il y avait la France, il y a une caverne. Cela s'appelle la société sauvée.

C'est le sauvetage du voyageur par le voleur.

La France passait, Bonaparte l'a arrêtée.

L'hypocrisie qui a précédé le crime égale en difformité l'effronterie qui l'a suivi. La nation était confiante et tranquille. Secousse subite et cynique. L'histoire n'a rien constaté de pareil au 2 décembre. Ici nulle gloire, rien que de l'abjection. Aucun trompe-l'œil. On se déclarait honnête ; on se déclare infâme ; rien de plus simple. Cette journée, presque inintelligible dans sa réussite, a prouvé que la politique a son obscénité. La trahison a brusquement relevé sa jupe immonde ; elle a dit : Eh bien, oui ! Et l'on a vu les nudités d'une âme malpropre. Louis Bonaparte s'est montré sans masque, ce qui a laissé voir l'horreur, et sans voile, ce qui a laissé voir le cloaque.

Hier président de la République, aujourd'hui un chourineur. Il a juré, il jure encore ; mais l'accent a changé. Le serment est devenu le juron. Hier on s'affirmait vierge, aujourd'hui on entre au lupanar, et l'on rit des imbéciles. Figurez-vous Jeanne d'Arc s'avouant Messaline. C'est là le Deux-Décembre.

Des femmes sont mêlées à ce forfait. C'est un attentat mélangé de boudoir et de chiourme. Il s'en dégage, à travers la fétidité du sang, une vague odeur de patchouli. Les complices de ce brigandage sont des hommes aimables, Romieu, Morny ; faire des dettes, cela mène à faire des crimes.

L'Europe fut stupéfaite. C'était le coup de foudre d'un filou. Il faut s'avouer que le tonnerre peut tomber en de mauvaises mains. Palmerston, ce traître, approuva ;

le vieux Metternich, rêveur dans sa villa du Rennweg, hocha la tête. Quant à Soult, l'homme d'Austerlitz après Napoléon, il fit ce qu'il avait à faire; le jour même de ce crime, il mourut. Hélas! et Austerlitz aussi.

DEUXIÈME JOURNÉE

LA LUTTE

I

ON VIENT POUR M'ARRÊTER

Pour aller de la rue Popincourt à la rue Caumartin, il faut traverser tout Paris. Nous trouvâmes partout un grand calme apparent. Il était une heure du matin quand nous arrivâmes chez M. de la R. Le fiacre s'arrêta près d'une grille que M. de la R. ouvrit à l'aide d'un passe-partout; à droite, sous la voûte, un escalier montait au premier étage d'un corps de logis isolé que M. de la R. habitait et où il m'introduisit.
Nous pénétrâmes dans un petit salon fort richement meublé, éclairé d'une veilleuse et séparé de la chambre à coucher par une portière en tapisserie aux deux tiers fermée. M. de la R. entra dans cette chambre et en ressortit quelques minutes après, en compagnie d'une ravissante femme blanche et blonde, en robe de chambre, les cheveux dénoués, belle, fraîche, stupéfaite, douce pourtant, et me considérant avec cet effarement qui dans un jeune regard est une grâce de plus. Madame de la R. venait d'être réveillée par son mari. Elle resta un

moment sur le seuil de sa chambre, souriant, dormant, très-étonnée, un peu effrayée, fixant ses yeux tour à tour sur son mari et sur moi, n'ayant jamais songé peut-être à ce que c'était que la guerre civile, et la voyant entrer brusquement chez elle au milieu de la nuit, sous cette forme inquiétante d'un inconnu qui demande un asile.

Je fis à madame de la R. mille excuses qu'elle reçut avec une bonté parfaite, et la charmante femme profita de l'incident pour aller caresser une jolie petite fille de deux ans qui dormait au fond du salon dans son berceau, et l'enfant qu'elle baisa lui fit pardonner au proscrit qui la réveillait.

Tout en causant, M. de la R. alluma un excellent feu dans la cheminée, et sa femme, avec un oreiller et des coussins, un caban à lui, une pelisse à elle, m'improvisa en face de cette cheminée un lit sur un canapé un peu court que nous allongeâmes avec un fauteuil.

Pendant la délibération de la rue Popincourt, que je venais de présider, Baudin m'avait passé son crayon pour prendre note de quelques noms. J'avais encore ce crayon sur moi. J'en profitai pour écrire à ma femme un billet que madame de la R. se chargea de porter elle-même à madame Victor Hugo le lendemain. Tout en vidant mes poches, j'y trouvai une loge pour les Italiens que j'offris à madame de la R.

Je regardais ce berceau, ces deux beaux jeunes gens heureux, et moi avec mes cheveux et mes habits en désordre, mes souliers couverts de boue, une pensée sombre dans l'esprit, et je me faisais un peu l'effet du hibou dans le nid des rossignols.

Quelques instants après, M. et madame de la R.

avaient disparu dans leur chambre, la portière entr'ouverte s'était refermée, je m'étais étendu tout habillé sur le canapé, et ce doux nid, troublé par moi, était rentré dans son gracieux silence.

On peut dormir la veille d'une bataille entre armées, la veille d'une bataille entre citoyens on ne dort pas. Je comptai toutes les heures qui sonnaient à une église peu éloignée; toute la nuit, passèrent dans la rue qui était sous les fenêtres du salon où j'étais couché, des voitures qui s'enfuyaient de Paris; elles se succédaient rapides et pressées; on eût dit la sortie d'un bal. Ne pouvant dormir, je m'étais levé. J'avais un peu écarté les rideaux de mousseline d'une fenêtre, et je cherchais à voir dehors; l'obscurité était complète. Pas d'étoiles, les nuages passaient avec la violence diffuse d'une nuit d'hiver. Un vent sinistre soufflait. Ce vent des nuées ressemblait au vent des événements.

Je regardais l'enfant endormi.

J'attendais le petit jour. Il vint. M. de la R. m'avait expliqué, sur ma demande, de quelle façon je pourrais sortir sans déranger personne. Je baisai au front l'enfant, et je sortis du salon. Je descendis en fermant les portes derrière moi le plus doucement que je pus pour ne pas réveiller madame de la R. La grille s'ouvrit, et je me trouvai dans la rue. Elle était déserte, les boutiques étaient encore fermées, une laitière, son âne à côté d'elle, rangeait paisiblement ses pots sur le trottoir.

Je n'ai plus revu M. de la R. J'ai su depuis dans l'exil qu'il m'avait écrit, et que sa lettre avait été interceptée. Il a, je crois, quitté la France. Que cette page émue lui porte mon souvenir.

La rue Caumartin donne dans la rue Saint-Lazare. Je me dirigeai de ce côté-là. Il faisait tout à fait jour; j'étais à chaque instant atteint et dépassé par des fiacres chargés de malles et de paquets, qui se hâtaient vers le chemin de fer du Havre. Les passants commençaient à se montrer. Quelques équipages du train remontaient la rue Saint-Lazare en même temps que moi. Vis-à-vis le n° 42, autrefois habité par Mlle Mars, je vis une affiche fraîche posée sur le mur, je m'approchai, je reconnus les caractères de l'Imprimerie Nationale et je lus :

COMPOSITION DU NOUVEAU MINISTÈRE

Intérieur, M. de Morny.
Guerre, M. le général de division de Saint-Arnaud.
Affaires étrangères, M. de Turgot.
Justice, M. Rouher.
Finances, M. Fould.
Marine, M. Ducos.
Travaux publics, M. Magne.
Instruction publique, M. H. Fortoul.
Commerce, M. Lefebvre-Duruflé.

J'arrachai l'affiche et la jetai dans le ruisseau; les soldats du train qui menaient les fourgons me regardèrent faire et passèrent leur chemin.

Rue Saint-Georges, près d'une porte bâtarde, encore une affiche. C'était l'APPEL AU PEUPLE. Quelques personnes la lisaient. Je la déchirai malgré la résistance du portier, qui me parut avoir la fonction de la garder.

Comme je passais place Bréda, quelques fiacres y étaient déjà arrivés. J'en pris un.

ON VIENT POUR M'ARRÊTER.

J'étais près de chez moi, la tentation était trop forte, j'y allai. En me voyant traverser la cour, le portier me regarda d'un air stupéfait. Je sonnai. Mon domestique Isidore vint m'ouvrir et jeta un grand cri : — Ah! c'est vous, monsieur! On est venu cette nuit pour vous arrêter. — J'entrai dans la chambre de ma femme, elle était couchée, mais ne dormait pas, et me conta la chose.

Elle s'était couchée à onze heures. Vers minuit et demi, à travers cette espèce de demi-sommeil qui ressemble à l'insomnie, elle entendit des voix d'hommes. Il lui sembla qu'Isidore parlait à quelqu'un dans l'antichambre. Elle n'y prit d'abord pas garde et essaya de s'endormir, mais le bruit de voix continua. Elle se leva sur son séant, et sonna.

Isidore arriva. Elle lui demanda :

— Est-ce qu'il y a là quelqu'un?

— Oui, madame.

— Qui est-ce?

— C'est quelqu'un qui désire parler à monsieur.

— Monsieur est sorti.

— C'est ce que j'ai dit, madame.

— Eh bien? Ce monsieur ne s'en va pas?

— Non, madame. Il dit qu'il a absolument besoin de parler à M. Victor Hugo et qu'il l'attendra.

Isidore s'était arrêté sur le seuil de la chambre à coucher. Pendant qu'il parlait, un homme gras, frais, vêtu d'un paletot sous lequel on voyait un habit noir, apparut à la porte derrière lui.

Madame Victor Hugo aperçut cet homme qui écoutait en silence.

— C'est vous, monsieur, qui désirez parler à M. Victor Hugo?

— Oui, madame.

— Il est sorti.

— J'aurai l'honneur de l'attendre, madame.

— Il ne rentrera pas.

— Il faut pourtant que je lui parle.

— Monsieur, si c'est quelque chose qu'il soit utile de lui dire, vous pouvez me le confier à moi en toute sécurité, je le lui rapporterai fidèlement.

— Madame, c'est à lui-même qu'il faut que je parle.

— Mais de quoi s'agit-il donc ? Est-ce des affaires politiques ?

L'homme ne répondit pas.

— A ce propos, reprit ma femme, que se passe-t-il ?

— Je crois, madame, que tout est terminé.

— Dans quel sens ?

— Dans le sens du Président.

Ma femme regarda cet homme fixement et lui dit :
— Monsieur, vous venez pour arrêter mon mari.

— C'est vrai, madame, répondit l'homme en entr'ouvrant son paletot, qui laissa voir une ceinture de commissaire de police.

Il ajouta après un silence : — Je suis commissaire de police, et je suis porteur d'un mandat pour arrêter M. Victor Hugo. Je dois faire perquisition et fouiller la maison.

— Votre nom, monsieur ? lui dit madame Victor Hugo.

— Je m'appelle Hivert.

— Vous connaissez la Constitution ?

— Oui, madame.

— Vous savez que les représentants du peuple sont inviolables ?

— Oui, madame.

— C'est bien, monsieur, dit-elle froidement. Vous savez que vous commettez un crime. Les jours comme celui-ci ont un lendemain. Allez, faites.

Le sieur Hivert essaya quelques paroles d'explication ou pour mieux dire de justification; il bégaya le mot conscience, il balbutia le mot honneur. Madame Victor Hugo, calme jusque-là, ne put s'empêcher de l'interrompre avec quelque rudesse.

— Faites votre métier, monsieur, et ne raisonnez pas: vous savez que tout fonctionnaire qui porte la main sur un représentant du peuple commet une forfaiture. Vous savez que devant les représentants le président n'est qu'un fonctionnaire comme les autres, le premier chargé d'exécuter leurs ordres. Vous osez venir arrêter un représentant chez lui comme un malfaiteur! Il y a en effet ici un malfaiteur qu'il faudrait arrêter, c'est vous.

Le sieur Hivert baissa la tête et sortit de la chambre, et, par la porte restée entre-bâillée, ma femme vit défiler derrière le commissaire bien nourri, bien vêtu et chauve, sept ou huit pauvres diables efflanqués, portant des redingotes sales qui leur tombaient jusqu'aux pieds et d'affreux vieux chapeaux rabattus sur les yeux; loups conduits par le chien. Ils visitèrent l'appartement, ouvrirent çà et là quelques armoires, et s'en allèrent, — l'air triste, me dit Isidore.

Le commissaire Hivert surtout avait la tête basse; il la releva pourtant à un certain moment. Isidore, indigné de voir ces hommes chercher ainsi son maître dans tous les coins, se risqua à les narguer. Il ouvrit un tiroir, et dit: Regardez donc s'il ne serait pas là! — Le commissaire de police eut dans l'œil un éclair furieux, et cria:

— Valet, prenez garde à vous. — Le valet, c'était lui.

Ces hommes partis, il fut constaté que plusieurs de mes papiers manquaient. Des fragments de manuscrits avaient été volés, entre autres une pièce datée de juillet 1848, et dirigée contre la dictature militaire de Cavaignac, et où il y avait ces vers, écrits à propos de la censure, des conseils de guerre, des suppressions de journaux et en particulier de l'incarcération d'un grand journaliste, Émile de Girardin :

> ... O honte, un lansquenet
> Gauche, et parodiant César dont il hérite,
> Gouverne les esprits du fond de sa guérite!

Ces manuscrits sont perdus.

La police pouvait revenir d'un moment à l'autre ; — elle revint en effet quelques minutes après mon départ ; — j'embrassai ma femme, je ne voulus pas réveiller ma fille qui venait de s'endormir, et je redescendis. Quelques voisins effrayés m'attendaient dans la cour ; je leur criai en riant : — Pas encore pris!

Un quart d'heure après, j'étais rue des Moulins, n° 10. Il n'était pas encore huit heures du matin, et, pensant que mes collègues du comité d'insurrection avaient dû passer la nuit là, je jugeai utile d'aller les prendre pour nous rendre tous ensemble à la salle Roysin.

Je ne trouvai rue des Moulins que madame Landrin. On croyait la maison dénoncée et surveillée, et mes collègues s'étaient transportés rue Villedo, n° 7, chez l'ancien constituant Leblond, avocat des associations ouvrières. Jules Favre y avait passé la nuit. Madame Landrin déjeunait, elle m'offrit place à côté d'elle, mais le temps pressait, j'emportai un morceau de pain, et je partis.

Rue Villedo, n° 7, la servante qui vint m'ouvrir m'introduisit dans un cabinet où étaient Carnot, Michel de Bourges, Jules Favre, et le maître de la maison, notre ancien collègue, le constituant Leblond.

— J'ai en bas une voiture, leur dis-je ; le rendez-vous est pour neuf heures à la salle Roysin, au faubourg Saint-Antoine. Partons.

Mais ce n'était point leur avis. Selon eux, les tentatives faites la veille au faubourg Saint-Antoine avaient éclairé ce côté de la situation ; elles suffisaient ; il était inutile d'insister ; il était évident que les quartiers populaires ne se lèveraient pas, il fallait se tourner du côté des quartiers marchands, renoncer à remuer les extrémités de la ville et agiter le centre. Nous étions le comité de résistance, l'âme de l'insurrection; aller au faubourg Saint-Antoine, investi par des forces considérables, c'était nous livrer à Louis Bonaparte. Ils me rappelèrent ce que j'avais moi-même dit la veille, rue Blanche, à ce sujet. Il fallait organiser immédiatement l'insurrection contre le coup d'État, et l'organiser dans les quartiers possibles, c'est-à-dire dans le vieux labyrinthe des rues Saint-Denis et Saint-Martin ; il fallait rédiger des proclamations, préparer des décrets, créer un mode de publicité quelconque ; on attendait d'importantes communications des associations ouvrières et des sociétés secrètes. Le grand coup que j'aurais voulu porter par notre réunion solennelle de la salle Roysin avorterait ; ils croyaient devoir rester où ils étaient, et, le comité étant peu nombreux et le travail à faire étant immense, ils me priaient de ne pas les quitter.

C'étaient des hommes d'un grand cœur et d'un grand courage qui me parlaient; ils avaient évidemment raison; mais je ne pouvais pas, moi, ne point aller au rendez-vous que j'avais moi-même fixé. Tous les motifs qu'ils me donnaient étaient bons, j'aurais pu opposer quelques doutes pourtant, mais la discussion eût pris trop de temps, et l'heure avançait. Je ne fis pas d'objections, et je sortis du cabinet sous un prétexte quelconque. Mon chapeau était dans l'antichambre, mon fiacre m'attendait et je pris le chemin du faubourg Saint-Antoine.

Le centre de Paris semblait avoir gardé sa physionomie de tous les jours. On allait et venait, on achetait et on vendait, on jasait et on riait comme à l'ordinaire. Rue Montorgueil, j'entendis un orgue de Barbarie. Seulement, en approchant du faubourg Saint-Antoine, le phénomène que j'avais déjà remarqué la veille était de plus en plus sensible : la solitude se faisait, et une certaine paix lugubre.

Nous arrivâmes place de la Bastille.

Mon cocher s'arrêta.

— Allez, lui dis-je.

II

DE LA BASTILLE A LA RUE DE COTTE

La place de la Bastille était tout à la fois déserte et remplie. Trois régiments en bataille; pas un passant.

Quatre batteries attelées étaient rangées au pied de la colonne. Çà et là quelques groupes d'officiers parlaient à voix basse, sinistres.

Un de ces groupes, le principal, fixa mon attention. Celui-là était silencieux, on n'y causait pas. C'étaient plusieurs hommes à cheval; l'un, en avant des autres, en habit de général avec le chapeau bordé à plumes noires; derrière cet homme, deux colonels, et, derrière les colonels, une cavalcade d'aides de camp et d'officiers d'état-major. Ce peloton chamarré se tenait immobile et comme en arrêt entre la colonne et l'entrée du faubourg. A quelque distance de ce groupe se développaient, tenant toute la place, les régiments en bataille et les canons en batterie.

Mon cocher s'arrêta encore.

— Continuez, lui dis-je, entrez dans le faubourg.

— Mais, monsieur, on va nous empêcher.

— Nous verrons.

La vérité, c'est qu'on ne nous empêcha point.

Le cocher se remit en route, mais hésitant et marchant au pas. L'apparition d'un fiacre, dans la place, avait causé quelque surprise, et les habitants commençaient à sortir des maisons. Plusieurs s'approchaient de ma voiture.

Nous passâmes devant le groupe d'hommes à grosses épaulettes. Ces hommes, tactique comprise plus tard, n'avaient pas même l'air de nous voir.

L'émotion que j'avais eue la veille devant le régiment de cuirassiers me reprit. Voir en face de moi, à quelques pas, debout, dans l'insolence d'un triomphe tranquille, les assassins de la patrie, cela était au-dessus de mes forces; je ne pus me contenir. Je m'arrachai mon écharpe, je la pris à poignée, et passant mon bras et ma tête par la vitre du fiacre baissée et agitant l'écharpe, je criai :

— Soldats, regardez cette écharpe, c'est le symbole de la loi, c'est l'Assemblée nationale visible. Où est cette écharpe est le droit. Eh bien, voici ce que le droit vous ordonne. On vous trompe, rentrez dans le devoir. C'est un représentant du peuple qui vous parle, et qui représente le peuple représente l'armée. Soldats, avant d'être des soldats, vous avez été des paysans, vous avez été des ouvriers, vous avez été et vous êtes des citoyens. Citoyens, écoutez-moi donc quand je vous parle. La loi seule a le droit de vous commander. Eh bien, aujourd'hui la loi est violée. Par qui? Par vous. Louis Bonaparte vous entraîne à un crime. Soldats, vous qui êtes l'honneur, écoutez-moi, car je suis le devoir. Soldats, Louis Bonaparte assassine la République. Défendez-la. Louis Bonaparte est un bandit, tous ses complices le suivront au bagne. Ils y sont déjà. Qui est digne du bagne est au bagne. Mériter la chaîne, c'est la porter. Regardez cet homme qui est à votre tête et qui ose vous commander. Vous le prenez pour un général, c'est un forçat.

Les soldats semblaient pétrifiés.

Quelqu'un qui était là (remercîment à cette généreuse âme dévouée) m'étreignit le bras, s'approcha de mon oreille et me dit : — Vous allez vous faire fusiller.

Mais je n'entendais pas et je n'écoutais rien.

Je poursuivis, toujours secouant l'écharpe :

— Vous qui êtes là, habillé comme un général, c'est à vous que je parle, monsieur. Vous savez qui je suis; je suis un représentant du peuple, et je sais qui vous êtes, et je vous l'ai dit, vous êtes un malfaiteur. Maintenant voulez-vous savoir mon nom? Le voici :

Et je lui criai mon nom.

Et j'ajoutai :

— A présent, vous, dites-moi le vôtre.

Il ne répondit pas.

Je repris :

— Soit, je n'ai pas besoin de savoir votre nom de général, mais je saurai votre numéro de galérien.

L'homme en habit de général courba la tête. Les autres se turent. Je comprenais tous ces regards pourtant, quoiqu'ils ne se levassent pas. Je les voyais baissés et je les sentais furieux. J'eus un mépris énorme, et je passai outre.

Comment s'appelait ce général? Je l'ignorais et je l'ignore encore.

Une des apologies du coup d'État, publiées en Angleterre, en rapportant cet incident et en le qualifiant de « provocation insensée et coupable », dit que la « modération » montrée par les chefs militaires en cette occasion, « *fait honneur au général* .... ». Nous laissons à l'auteur de ce panégyrique la responsabilité de ce nom et de cet éloge.

Je m'engageai dans la rue du Faubourg-Saint-Antoine.

Mon cocher, qui savait mon nom désormais, n'hésita plus, et poussa son cheval. Ces cochers de Paris sont une race intelligente et vaillante.

Comme je dépassais les premières boutiques de la grande rue, neuf heures sonnaient à l'église Saint-Paul.

— Bon, me dis-je, j'arrive à temps.

Le faubourg avait un aspect extraordinaire. L'entrée était gardée, mais non barrée, par deux compagnies d'infanterie. Deux autres compagnies étaient échelonnées plus loin de distance en distance, occupant la rue et laissant le passage libre. Les boutiques, ouvertes à l'entrée du faubourg, n'étaient plus qu'entre-bâillées cent pas plus loin. Les habitants, parmi lesquels je remarquai beaucoup d'ouvriers en blouse, s'entretenaient sur le seuil des portes et regardaient. Je remarquai à chaque pas les affiches du coup d'État intactes.

Au delà de la fontaine qui fait l'angle de la rue de Charonne, les boutiques étaient fermées. Deux cordons de soldats se prolongeaient des deux côtés de la rue du faubourg sur la lisière des trottoirs; les soldats étaient espacés de cinq pas en cinq pas, le fusil haut, la poitrine effacée, la main droite sur la détente, prêts à mettre en joue, gardant le silence, dans l'attitude du guet. A partir de là, à l'embouchure de chacune des petites rues qui viennent aboutir à la grande rue du faubourg, une pièce de canon était braquée. Quelquefois c'était un obusier. Pour se faire une idée précise de ce qu'était cette disposition militaire, on n'a qu'à se figurer, se prolongeant des deux côtés du faubourg Saint-Antoine, deux chapelets dont les soldats seraient les chaînes et les canons les nœuds.

Cependant mon cocher devenait inquiet. Il se tourna vers moi et me dit : — Monsieur, ça m'a tout l'air que nous allons rencontrer des barricades par là. Faut-il retourner?

— Allez toujours, lui dis-je.

Il continua d'avancer.

Brusquement ce fut impossible. Une compagnie d'infanterie, rangée sur trois lignes, occupait toute la rue d'un trottoir à l'autre. Il y avait à droite une petite rue. Je dis au cocher :

— Prenez par là.

Il prit à droite, puis à gauche. Nous pénétrâmes dans un labyrinthe de carrefours.

Tout à coup j'entendis une détonation.

Le cocher m'interrogea.

— Monsieur, de quel côté faut-il aller?

— Du côté où vous entendez des coups de fusil.

Nous étions dans une rue étroite; je voyais à ma gauche au-dessus d'une porte cette inscription : GRAND LAVOIR, et à ma droite une place carrée avec un bâtiment central qui avait l'aspect d'un marché. La place et la rue étaient désertes; je demandai au cocher :

— Dans quelle rue sommes-nous?

— Dans la rue de Cotte.

— Où est le café Roysin?
— Droit devant nous.
— Allez-y.

Il se remit à marcher, mais au pas. Une nouvelle détonation éclata, celle-ci très-près de nous, l'extrémité de la rue se remplit de fumée; nous passions en ce moment-là devant le numéro 22, qui a une porte bâtarde, au-dessus de laquelle je lisais : PETIT LAVOIR.

Subitement une voix cria au cocher :
— Arrêtez.

Le cocher s'arrêta, et, la vitre du fiacre étant baissée, une main se tendit vers la mienne. Je reconnus Alexandre Rey.

Cet homme intrépide était pâle.
— N'allez pas plus loin, me dit-il, c'est fini.
— Comment! fini?
— Oui, on a dû avancer l'heure; la barricade est prise, j'en arrive. Elle est à quelques pas d'ici, devant nous.

Et il ajouta :
— Baudin est tué.

La fumée se dissipait à l'extrémité de la rue.
— Voyez, me dit Alexandre Rey.

J'aperçus, à cent pas devant nous, au point de jonction de la rue de Cotte et de la rue Sainte-Marguerite, une barricade très-basse que des soldats défaisaient. On emportait un cadavre.

C'était Baudin.

III

LA BARRICADE SAINT-ANTOINE

Voici ce qui s'était passé.

Dans cette même nuit, dès quatre heures du matin, de Flotte était dans le faubourg Saint-Antoine. Il voulait, si quelque mouvement se produisait avant le jour, qu'un représentant du peuple fût là ; et il était de ceux qui, lorsque la généreuse insurrection du droit éclate, veulent remuer les pavés de la première barricade.

Mais rien ne bougea. De Flotte, seul au milieu du faubourg désert et endormi, erra de rue en rue toute la nuit.

Le jour paraît tard en décembre. Avant les premières lueurs du matin, de Flotte était au lieu du rendez-vous vis-à-vis le marché Lenoir.

Ce point n'était que faiblement gardé. Il n'y avait d'autres troupes aux environs que le poste même du marché Lenoir et, à quelque distance, l'autre poste qui occupait le corps de garde situé à l'angle du faubourg et de la rue de Montreuil, près du vieil arbre de liberté planté en 1793 par Santerre. Ni l'un ni l'autre de ces deux postes n'étaient commandés par des officiers.

De Flotte reconnut la position, se promena quelque temps de long en large sur le trottoir, puis, ne voyant encore personne venir, et de crainte d'éveiller l'attention, il s'éloigna et rentra dans les rues latérales du faubourg.

De son côté Aubry (du Nord) s'était levé à cinq heures. Rentré chez lui au milieu de la nuit, en revenant de la rue Popincourt, il n'avait pris que trois heures de repos. Son portier l'avait averti que des hommes suspects étaient venus le demander dans la soirée du 2, et qu'on s'était présenté à la maison d'en face, au numéro 12 de cette même rue Racine, chez Huguenin, pour l'arrêter. C'est ce qui détermina Aubry à sortir avant le jour.

Il alla à pied au faubourg Saint-Antoine. Comme il arrivait à l'endroit désigné pour le rendez-vous, il rencontra Cournet et d'autres de la rue Popincourt. Ils furent presque immédiatement rejoints par Malardier.

Il était petit jour. Le faubourg était désert. Ils marchaient absorbés et parlant à voix basse. Tout à coup un groupe violent et singulier passa près d'eux.

Ils tournèrent la tête. C'était un piquet de lanciers qui entourait quelque chose qu'au crépuscule ils reconnurent pour une voiture cellulaire. Cela roulait sans bruit sur le macadam.

Ils se demandaient ce que cela pouvait signifier, quand un deuxième groupe pareil au premier apparut, puis un troisième, puis un quatrième. Dix voitures cellulaires passèrent ainsi, se suivant de très-près et se touchant presque.

— Mais ce sont nos collègues ! s'écria Aubry (du Nord).

En effet, le dernier convoi des représentants prisonniers du quai d'Orsay, le convoi destiné à Vincennes, traversait le faubourg. Il était environ sept heures du matin. Quelques boutiques s'ouvraient, éclairées à l'intérieur, et quelques passants sortaient des maisons.

Ces voitures défilaient l'une après l'autre, fermées, gardées, mornes, muettes; aucune voix n'en sortait, aucun cri, aucun souffle. Elles emportaient au milieu des épées, des sabres et des lances, avec la rapidité et la fureur du tourbillon, quelque chose qui se taisait; et ce quelque chose qu'elles emportaient et qui gardait ce silence sinistre, c'était la tribune brisée, c'était la souveraineté des assemblées, c'était l'initiative suprême d'où toute civilisation découle, c'était le verbe qui contient l'avenir du monde, c'était la parole de la France !

Une dernière voiture arriva, que je ne sais quel hasard avait retardée. Elle pouvait être éloignée du convoi principal de trois ou quatre cents mètres, et elle était escortée seulement par trois lanciers. Ce n'était pas une voiture cellulaire, c'était un omnibus, le seul qu'il y eût dans le convoi. Derrière le conducteur qui était un agent de police, on apercevait distinctement les représentants entassés dans l'intérieur. Il semblait facile de les délivrer.

Cournet s'adressa aux passants : — Citoyens, s'écriat-il, ce sont vos représentants qu'on emmène ! Vous venez de les voir passer dans les voitures des malfaiteurs ! Bonaparte les arrête contrairement à toutes les lois. Délivrons-les ! Aux armes !

Un groupe s'était formé d'hommes en blouse et d'ouvriers qui allaient à leur travail. Un cri partit du groupe :

— Vive la République! et quelques hommes s'élancèrent vers la voiture. La voiture et les lanciers prirent le galop.

— Aux armes! répéta Cournet.

— Aux armes! reprirent les hommes du peuple.

Il y eut un instant d'élan. Qui sait ce qui eût pu arriver? C'eût été une chose étrange que la première barricade contre le coup d'État eût été faite avec cet omnibus, et qu'après avoir servi au crime, il servît au châtiment. Mais au moment où le peuple se ruait sur la voiture, on vit plusieurs des représentants prisonniers qu'elle contenait faire des deux mains signe de s'abstenir. — Eh, dit un ouvrier, ils ne veulent pas!

Un deuxième reprit : — Ils ne veulent pas de la liberté!

Un autre ajouta : — Ils n'en voulaient pas pour nous; ils n'en veulent pas pour eux.

Tout fut dit, on laissa l'omnibus s'éloigner. Une minute après, l'arrière-garde de l'escorte survint et passa au grand trot, et le groupe qui entourait Aubry (du Nord), Malardier et Cournet, se dispersa.

Le café Roysin venait de s'ouvrir. On s'en souvient, la grande salle de ce café avait servi aux séances d'un club fameux en 1848. C'était là, on se le rappelle également, que le rendez-vous avait été donné.

On entre dans le café Roysin par une allée qui donne sur la rue, puis on traverse un vestibule de quelques mètres de longueur, et l'on trouve une salle assez vaste, avec de hautes fenêtres et des glaces au mur, et au milieu plusieurs billards, des tables à dessus de marbre, des chaises et des banquettes de velours. C'est cette salle, mal disposée du reste pour une séance où l'on eût délibéré, qui avait été la salle du club Roysin. Cournet, Aubry et Malardier s'y installèrent. En entrant, ils ne dissimulèrent pas qui ils étaient ; on les reçut bien, et on leur indiqua une sortie par les jardins, en cas.

De Flotte venait de les rejoindre.

Huit heures sonnaient quand les représentants commencèrent à arriver. Bruckner, Maigne et Brillier d'abord, puis successivement Charamaule, Cassal, Dulac, Bourzat, Madier de Montjau et Baudin. Bourzat, à cause de la boue, selon son habitude, avait des sabots. Qui prendrait Bourzat pour un paysan se tromperait, c'est un bénédictin. Bourzat, imagination méridionale, intelligence vive, fine, lettrée, ornée, a dans sa tête l'Encyclopédie et des sabots à ses pieds. Pourquoi pas? Il est esprit et peuple. L'ancien constituant Bastide arriva avec Madier de Montjau. Baudin serrait la main de tous avec effusion, mais ne parlait pas. Il était pensif. — Qu'avez-vous, Baudin? lui demanda Aubry (du Nord). Est-ce que vous êtes triste? — Moi, dit Baudin en relevant la tête, je n'ai jamais été plus content !

Se sentait-il déjà l'élu? quand on est si près de la mort, toute rayonnante de gloire, qui vous sourit dans l'ombre, peut-être l'aperçoit-on.

Un certain nombre d'hommes étrangers à l'Assemblée, tous déterminés comme les représentants eux-mêmes, les accompagnait et les entourait.

Cournet en était le chef. Il y avait parmi eux des ouvriers, mais pas de blouses. Afin de ne point effaroucher la bourgeoisie, on avait recommandé aux ouvriers, notamment chez Derosne et Cail, de venir en habit.

Baudin avait sur lui une copie de la proclamation que je lui avais dictée la veille. Cournet la déplia et la lut. — Faisons-la tout de suite afficher dans le faubourg, dit-il. Il faut que le peuple sache que Louis Bonaparte est hors la loi. — Un ouvrier lithographe, qui était là, s'offrit à l'imprimer sur-le-champ. Tous les représentants présents la signèrent, et ils ajoutèrent mon nom à leurs signatures. — Aubry (du Nord) écrivit en tête les mots: *Assemblée Nationale*. L'ouvrier emporta la proclamation, et tint parole. Quelques heures après, Aubry (du Nord) et plus tard un ami de Cournet appelé Gay le rencontrèrent dans le faubourg du Temple un pot de colle à la main et appliquant la proclamation à tous les coins de rue, à côté même de l'affiche Maupas qui menaçait de la peine de mort quiconque serait trouvé placardant un appel aux armes. Les groupes lisaient les deux affiches à la fois. Détail qu'il faut noter, un sergent de la ligne en uniforme, en pantalon garance et le fusil sur l'épaule, accompagnait l'ouvrier et le faisait respecter. C'était sans doute un soldat sorti du service depuis peu.

L'instant fixé la veille pour le rendez-vous général était de neuf à dix heures du matin. Cette heure avait été choisie afin qu'on eût le temps d'avertir tous les membres de la gauche; il convenait d'attendre que les représentants arrivassent, afin que le groupe ressemblât davantage à une assemblée et que ses manifestations eussent plus d'autorité sur le faubourg.

Plusieurs des représentants déjà arrivés n'avaient pas d'écharpe. On en fit à la hâte quelques-unes dans une maison voisine avec des bandes de calicot rouge, blanc et bleu, et on les leur apporta. Baudin et de Flotte furent de ceux qui se revêtirent de ces écharpes improvisées.

Cependant il n'était pas encore neuf heures que déjà des impatiences se manifestaient autour d'eux[1].

1. « Il y eut aussi malentendu sur le moment fixé. Quelques-uns se

Ces généreuses impatiences, plusieurs les partageaient.

Baudin voulait attendre.

— Ne devançons pas l'heure, disait-il; laissons à nos collègues le temps d'arriver.

Mais on murmurait autour de Baudin :

— Non, commencez, donnez le signal, sortez. Le faubourg n'attend que la vue de vos écharpes pour se soulever. Vous êtes peu nombreux, mais on sait que vos amis vont venir vous rejoindre. Cela suffit. Commencez.

La suite a prouvé que cette hâte ne pouvait produire qu'un avortement. Cependant ils jugèrent que le premier exemple que devaient les représentants du peuple, c'était le courage personnel. Ne laisser s'éteindre aucune étincelle, marcher les premiers, marcher en avant, c'était là le devoir. L'apparence d'une hésitation aurait été plus funeste en effet que toutes les témérités.

Schœlcher est une nature de héros; il a la superbe impatience du danger.

— Allons, s'écria-t-il, nos amis nous rejoindront. Sortons.

Ils n'avaient pas d'armes.

---

trompèrent et crurent que c'était neuf heures. Les premiers arrivés attendirent avec impatience leurs collègues. Ils étaient, comme nous l'avons dit, au nombre de douze à quinze à huit heures et demie. — Le temps se perd, s'écria l'un d'eux à peine entré, mettons nos écharpes, montrons les représentants à la population, élevons avec elle des barricades. Nous sauverons le pays peut-être, l'honneur du parti à coup sûr. Allons, faisons des barricades. Tous furent immédiatement du même avis; un seul, le citoyen Baudin, reproduisit la terrible objection : Nous ne sommes pas en nombre pour adopter une semblable résolution. — Mais il se rallia d'entrain au système général, et, la conscience tranquille, après avoir réservé le principe, il ne fut pas le dernier à ceindre son écharpe. » SCHŒLCHER, *Histoire des crimes du 2 décembre*, p. 130-131.

— Désarmons le poste qui est là, dit Schœlcher.

Ils sortirent de la salle Roysin en ordre, deux par deux, se tenant sous le bras. Quinze ou vingt hommes du peuple leur faisaient cortége. Ils allaient devant eux criant : Vive la République! Aux armes!

Quelques enfants les précédaient et les suivaient en criant : Vive la Montagne!

Les boutiques fermées s'entr'ouvraient. Quelques hommes paraissaient au seuil des portes, quelques femmes se montraient aux fenêtres. Des groupes d'ouvriers qui allaient à leur travail les regardaient passer. On criait : Vivent nos représentants! Vive la République!

La sympathie était partout, mais nulle part l'insurrection. Le cortége se grossit peu chemin faisant.

Un homme qui menait un cheval sellé s'était joint à eux. On ne savait qui était cet homme, ni d'où venait ce cheval. Cela avait l'air de s'offrir à quelqu'un qui voudrait s'enfuir. Le représentant Dulac ordonna à cet homme de s'éloigner.

Ils arrivèrent ainsi au corps de garde de la rue de Montreuil. A leur approche, la sentinelle poussa le cri d'alerte et les soldats sortirent du poste en tumulte.

Schœlcher calme, impassible, en manchettes et en cravate blanche, vêtu de noir comme à l'ordinaire, boutonné jusqu'au cou dans sa redingote serrée, avec l'air intrépide et fraternel d'un quaker, marcha droit à eux :

— Camarades, leur dit-il, nous sommes les représentants du peuple, et nous venons au nom du peuple vous demander vos armes pour la défense de la Constitution et des lois.

Le poste se laissa désarmer. Le sergent seul fit mine

LA BARRICADE SAINT-ANTOINE.

de résister, mais on lui dit : — Vous êtes seul, — et il céda. Les représentants distribuèrent les fusils et les cartouches au groupe résolu qui les entourait.

Quelques soldats s'écrièrent : — Pourquoi nous prenez-vous nos fusils? Nous nous battrions pour vous et avec vous.

Les représentants se demandèrent s'ils accepteraient cette offre. Schœlcher y inclinait. Mais l'un d'eux fit observer que quelques gardes mobiles avaient fait la même ouverture aux insurgés de juin et avaient tourné contre l'insurrection les armes que l'insurrection leur avait laissées.

On garda donc les fusils.

Le désarmement fait, on compta les fusils, il y en avait quinze.

— Nous sommes cent cinquante, dit Cournet, nous n'avons pas assez de fusils.

— Eh bien, demanda Schœlcher, où y a-t-il un poste?

— Au marché Lenoir.

— Désarmons-le.

Schœlcher en tête et escortés des quinze hommes armés, les représentants allèrent au marché Lenoir. Le poste du marché Lenoir se laissa désarmer plus volontiers encore que le poste de la rue de Montreuil. Les soldats se tournaient pour qu'on prît leurs cartouches dans leurs gibernes.

On chargea immédiatement les armes.

— Maintenant, cria de Flotte, nous avons trente fusils, cherchons un coin de rue et faisons une barricade.

Ils étaient alors environ deux cents combattants.

Ils montèrent la rue de Montreuil. Au bout d'une

cinquantaine de pas, Schœlcher dit : — Où allons-nous ? nous tournons le dos à la Bastille. Nous tournons le dos au combat.

Ils redescendirent vers le faubourg.

Ils criaient : — Aux armes ! On leur répondait : — Vivent nos représentants ! Mais quelques jeunes gens seulement se joignirent à eux. Il était évident que le vent de l'émeute ne soufflait pas.

— N'importe, disait de Flotte, engageons l'action. Ayons la gloire d'être les premiers tués.

Comme ils arrivaient au point où les rues Sainte-Marguerite et de Cotte aboutissent l'une à l'autre et coupent le faubourg, une charrette de paysan chargée de fumier entrait rue Sainte-Marguerite.

— Ici, cria de Flotte.

Ils arrêtèrent la charrette de fumier et la renversèrent au milieu de la rue du Faubourg-Saint-Antoine.

Une laitière arriva.

Ils renversèrent la charrette de la laitière.

Un boulanger passait dans sa voiture à pain. Il vit ce qui se faisait, voulut fuir et mit son cheval au galop. Deux ou trois gamins — de ces enfants de Paris braves comme des lions et lestes comme des chats — coururent après le boulanger, dépassèrent le cheval qui galopait toujours, l'arrêtèrent et ramenèrent la voiture à la barricade commencée.

On renversa la voiture à pain.

Un omnibus survint, qui arrivait de la Bastille.

— Bon ! dit le conducteur, je vois ce que c'est.

Il descendit de bonne grâce et fit descendre les voyageurs, puis le cocher détela les chevaux et s'en alla en secouant son manteau.

On renversa l'omnibus.

Les quatre voitures mises bout à bout barraient à peine la rue du faubourg, fort large en cet endroit. Tout en les alignant, les hommes de la barricade disaient :

— N'abîmons pas trop les voitures.

Cela faisait une médiocre barricade, assez basse, trop courte, et qui laissait les trottoirs libres des deux côtés.

En ce moment un officier d'état-major passa suivi d'une ordonnance, aperçut la barricade et s'enfuit au galop de son cheval.

Schœlcher inspectait tranquillement les voitures renversées. Quand il fut à la charrette de paysan, qui faisait un tas plus élevé que les autres, il dit : — Il n'y a que celle-là de bonne.

La barricade avançait. On jeta dessus quelques paniers vides qui la grossissaient et l'exhaussaient sans la fortifier.

Ils y travaillaient encore quand un enfant accourut en criant : — La troupe !

En effet deux compagnies arrivaient de la Bastille au pas de course par le faubourg, échelonnées par pelotons de distance en distance et barrant toute la rue.

Les portes et les fenêtres se fermaient précipitamment.

Pendant ce temps-là, dans un coin de la barricade, Bastide impassible contait gravement une histoire à Madier de Montjau. — Madier, lui disait-il, il y a près de deux cents ans que le prince de Condé, prêt à livrer bataille dans ce même faubourg Saint-Antoine où nous sommes, demandait à un officier qui l'accompagnait : — As-tu jamais vu une bataille perdue ? — Non, monseigneur. — Eh bien, tu vas en voir une. — Moi, Madier, je vous dis aujourd'hui : — Vous allez voir tout à l'heure une barricade prise.

Cependant ceux qui étaient armés s'étaient placés à leur position de combat derrière la barricade.

Le moment approchait.

— Citoyens, cria Schœlcher, ne tirez pas un coup de fusil. Quand l'armée et les faubourgs se battent, c'est le sang du peuple qui coule des deux côtés. Laissez-nous d'abord parler aux soldats.

Il monta sur un des paniers qui exhaussaient la barricade. Les autres représentants se rangèrent près de lui sur l'omnibus. Malardier et Dulac étaient à sa droite. Dulac lui dit : — Vous me connaissez à peine, citoyen Schœlcher, moi, je vous aime. Donnez-moi pour mission de rester à côté de vous. Je ne suis que du second rang à l'Assemblée, mais je veux être du premier rang au combat.

En ce moment quelques hommes en blouse, de ceux que le 10 décembre avait embrigadés, parurent à l'angle de la rue Sainte-Marguerite, tout près de la barricade et crièrent : — A bas les vingt-cinq francs !

Baudin, qui avait déjà choisi son poste de combat et qui était debout sur la barricade, regarda fixement ces hommes et leur dit :

— *Vous allez voir comment on meurt pour vingt-cinq francs !*

Un bruit se fit dans la rue. Quelques dernières portes restées entr'ouvertes se fermèrent. Les deux colonnes d'attaque venaient d'arriver en vue de la barricade. Plus loin on apercevait confusément d'autres rangées de baïonnettes. C'étaient celles qui m'avaient barré le passage.

Schœlcher, élevant le bras avec autorité, fit signe au capitaine qui commandait le premier peloton d'arrêter.

Le capitaine fit de son épée un signe négatif. Tout le 2 décembre était dans ces deux gestes. La loi disait : — Arrêtez ! Le sabre répondait : — Non !

Les deux compagnies continuèrent d'avancer, mais à pas lents et en gardant leurs intervalles.

Schœlcher descendit de la barricade dans la rue. De Flotte, Dulac, Malardier, Brillier, Maigne, Bruckner, le suivirent.

Alors on vit un beau spectacle.

Sept représentants du peuple, sans autre arme que leurs écharpes, c'est-à-dire majestueusement revêtus de la loi et du droit, s'avancèrent dans la rue hors de la barricade et marchèrent droit aux soldats, qui les attendaient le fusil en joue.

Les autres représentants restés dans la barricade disposaient les derniers apprêts de la résistance. Les combattants avaient une attitude intrépide. Le lieutenant de marine Cournet les dominait tous de sa haute taille. Baudin, toujours debout sur l'omnibus renversé, dépassait la barricade de la moitié du corps.

En voyant approcher les sept représentants, les soldats et les officiers eurent un moment de stupeur. Cependant le capitaine fit signe aux représentants d'arrêter.

Ils s'arrêtèrent en effet, et Schœlcher dit d'une voix grave :

— Soldats ! nous sommes les représentants du peuple souverain, nous sommes vos représentants, nous sommes les élus du suffrage universel. Au nom de la Constitution, au nom du suffrage universel, au nom de la République, nous qui sommes l'Assemblée nationale, nous qui sommes la loi, nous vous ordonnons de vous joindre à nous, nous vous sommons de nous obéir. Vos chefs, c'est nous. L'armée appartient au peuple, et les représentants du peuple sont les chefs de l'armée. Soldats, Louis Bonaparte viole la Constitution, nous l'avons mis hors la loi. Obéissez-nous.

L'officier qui commandait, un capitaine nommé Petit, ne le laissa pas achever.

— Messieurs, dit-il, j'ai des ordres. Je suis du peuple. Je suis républicain comme vous, mais je ne suis qu'un instrument.

— Vous connaissez la Constitution, dit Schœlcher.

— Je ne connais que ma consigne.

— Il y a une consigne au-dessus de toutes les consignes, reprit Schœlcher; ce qui oblige le soldat comme le citoyen, c'est la loi.

Il se tournait de nouveau vers les soldats pour les haranguer, mais le capitaine lui cria :

— Pas un mot de plus. Vous ne continuerez pas! Si vous ajoutez une parole je commande le feu.

— Que nous importe! dit Schœlcher.

En ce moment un officier à cheval arriva. C'était le chef de bataillon. Il parla un instant bas au capitaine.

— Messieurs les représentants, reprit le capitaine en agitant son épée, retirez-vous, ou je fais tirer.

— Tirez, cria de Flotte.

Les représentants — étrange et héroïque copie de Fontenoy — ôtèrent leurs chapeaux et firent face aux fusils.

Schœlcher seul garda son chapeau sur la tête et attendit les bras croisés.

— A la bayonnette! dit le capitaine. Et se tournant vers les pelotons : — Croisez — elte!

— Vive la République! crièrent les représentants.

Les bayonnettes s'abaissèrent, les compagnies s'ébranlèrent, et les soldats fondirent au pas de course sur les représentants immobiles.

Ce fut un instant terrible et grandiose.

Les sept représentants virent arriver les bayonnettes à leurs poitrines, sans un mot, sans un geste, sans un pas en arrière. Mais l'hésitation, qui n'était pas dans leur âme, était dans le cœur des soldats.

Les soldats sentirent distinctement qu'il y avait là une double souillure pour leur uniforme, attenter à des représentants du peuple, ce qui est une trahison, et tuer des hommes désarmés, ce qui est une lâcheté. Or, trahison et lâcheté, ce sont là deux épaulettes dont s'accommode quelquefois le général, jamais le soldat.

Quand les bayonnettes furent tellement près des représentants qu'elles leur touchaient la poitrine, elles se détournèrent d'elles-mêmes, et les soldats d'un mouvement unanime passèrent entre les représentants sans leur faire de mal. Schœlcher seul eut sa redingote percée en deux endroits, et, dans sa conviction, ce fut maladresse plutôt qu'intention. Un des soldats qui lui faisaient face voulut l'éloigner du capitaine et le toucha de sa bayonnette. La pointe rencontra le livre d'adresses des représentants que Schœlcher avait dans sa poche et ne perça que le vêtement.

Un soldat dit à de Flotte : — Citoyen, nous ne voulons pas vous faire de mal.

Pourtant un soldat s'approcha de Bruckner et le mit en joue.

— Eh bien, dit Bruckner, faites feu.

Le soldat, ému, abaissa son arme et serra la main de Bruckner.

Chose frappante, en dépit de l'ordre donné par les chefs, les deux compagnies arrivèrent successivement jusqu'aux représentants, croisant la baïonnette, et se détournant. La consigne commande, mais l'instinct règne ; la consigne peut être le crime, mais l'instinct, c'est l'honneur. Le chef de bataillon P... a dit plus tard : « On nous avait annoncé que nous aurions affaire à des brigands, nous avons eu affaire à des héros. »

Cependant, à la barricade on s'inquiétait, et, les voyant enveloppés et voulant les secourir, on tira un coup de fusil. Ce coup de fusil malheureux tua un soldat entre de Flotte et Schœlcher.

L'officier qui commandait le second peloton d'attaque passait près de Schœlcher comme le pauvre soldat tombait. Schœlcher montra à l'officier l'homme gisant. — Lieutenant, dit-il, voyez.

L'officier répondit avec un geste de désespoir.

— Que voulez-vous que nous fassions ?

Les deux compagnies ripostèrent au coup de fusil par une décharge générale et s'élancèrent à l'assaut de la barricade, laissant derrière elles les sept représentants stupéfaits d'être encore vivants.

La barricade répondit par une décharge, mais elle ne pouvait tenir. Elle fut emportée.

Baudin fut tué.

Il était resté debout à sa place de combat sur l'omnibus. Trois balles l'atteignirent. Une le frappa de bas en haut à l'œil droit et pénétra dans le cerveau. Il tomba. Il ne reprit pas connaissance. Une demi-heure après il était mort. On porta son cadavre à l'hôpital Sainte-Marguerite.

Bourzat, qui était près de Baudin avec Aubry (du Nord), eut son manteau percé d'une balle.

Un détail qu'il faut noter encore, c'est que les soldats ne firent aucun prisonnier dans cette barricade. Ceux qui la défendaient se dispersèrent dans les rues du faubourg ou trouvèrent asile dans les maisons voisines. Le représentant Maigne, poussé par des femmes effarées derrière une porte d'allée, s'y trouva enfermé avec un des soldats qui venaient de prendre la barricade. Un moment après, le représentant et le soldat sortirent ensemble. Les représentants purent quitter librement ce premier champ de combat.

A ce commencement solennel de la lutte une dernière lueur de justice et de droit brillait encore et la probité militaire reculait avec une sorte de morne anxiété devant l'attentat où on l'engageait. Il y a l'ivresse du bien, et il y a l'ivrognerie du mal ; cette ivrognerie plus tard noya la conscience de l'armée.

L'armée française n'est pas faite pour commettre des crimes. Quand la lutte se prolongea et qu'il fallut exécuter de sauvages ordres du jour, les soldats durent s'étourdir. Ils obéirent, non froidement, ce qui eût été monstrueux, mais avec colère, ce que l'histoire invoquera comme leur excuse ; et, pour beaucoup peut-être, il y avait au fond de cette colère du désespoir.

Le soldat tombé était resté sur le pavé. Ce fut Schœlcher qui le releva. Quelques femmes éplorées et vaillantes sortirent d'une maison. Quelques soldats vinrent. On le porta, Schœlcher lui soutenant la tête, d'abord chez une fruitière, puis à l'hôpital Sainte-Marguerite où l'on avait déjà porté Baudin.

C'était un conscrit. La balle l'avait frappé au côté. On voyait à sa capote grise boutonnée jusqu'au collet le trou souillé de sang. Sa tête tombait sur son épaule, son visage pâle, bridé par la mentonnière du shako, n'avait plus de regard, le sang lui sortait de la bouche. Il paraissait dix-huit ans à peine. Déjà soldat et encore enfant. Il était mort.

Ce pauvre soldat fut la première victime du coup d'État. Baudin fut la seconde.

Avant d'être représentant, Baudin avait été instituteur. Il sortait de cette intelligente et forte famille des maîtres d'école, toujours persécutés, qui sont tombés de la loi Guizot dans la loi Falloux et de la loi Falloux dans la loi Dupanloup. Le crime du maître d'école, c'est de tenir un livre ouvert; cela suffit, la sacristie le condamne. Il y a maintenant en France dans chaque village un flambeau allumé, le maître d'école, et une bouche qui souffle dessus, le curé. Les maîtres d'école de France qui savent mourir de faim pour la vérité et pour la science étaient dignes qu'un des leurs fût tué pour la liberté.

La première fois que je vis Baudin ce fut à l'Assemblée le 13 janvier 1850. Je voulais parler contre la loi d'enseignement. Je n'étais pas inscrit; Baudin était inscrit le second. Il vint m'offrir son tour. J'acceptai, et je pus parler le surlendemain 15.

Baudin était, pour les rappels à l'ordre et les avanies, un des points de mire du sieur Dupin. Il partageait cet honneur avec les représentants Miot et Valentin.

Baudin monta plusieurs fois à la tribune. Sa parole,

hésitante dans la forme, était énergique dans le fond. Il siégeait à la crête de la montagne. Il avait l'esprit ferme et les manières timides. De là dans toute sa personne je ne sais quel embarras mêlé à la décision. C'était un homme de moyenne taille. Sa face, colorée et pleine, sa poitrine ouverte, ses épaules larges, annonçaient l'homme robuste, le laboureur maître d'école, le penseur paysan. Il avait cette ressemblance avec Bourzat. Baudin penchait la tête sur son épaule, écoutait avec intelligence et parlait avec une voix douce et grave. Il avait le regard triste et le sourire amer d'un prédestiné.

Le 2 décembre au soir, je lui avais demandé : — Quel âge avez-vous ? Il m'avait répondu : — Pas tout à fait trente-trois ans.

— Et vous ? me dit-il.

— Quarante-neuf ans.

Et il avait repris :

— Nous avons le même âge aujourd'hui.

Il songeait en effet à ce lendemain qui nous attendait, et où se cachait ce *peut-être* qui est la grande égalité.

Les premiers coups de fusil étaient tirés, un représentant était tombé, et le peuple ne se levait pas. Quel bandeau avait-il sur les yeux ? Quel plomb avait-il sur le cœur ? Hélas ! la nuit que Louis Bonaparte avait su faire sur son crime, loin de se dissiper, s'épaississait. Pour la première fois depuis soixante ans que l'ère providentielle des révolutions est ouverte, Paris, la ville de l'intelligence, semblait ne point comprendre.

En quittant la barricade de la rue Sainte-Marguerite, de Flotte alla au faubourg Saint-Marceau, Madier de Montjau alla à Belleville, Charamaule et Maigne se portèrent sur les boulevards. Schœlcher, Dulac, Malardier et Brillier remontèrent le faubourg Saint-Antoine par les rues latérales que la troupe n'avait pas encore occupées. Ils criaient : Vive la République ! Ils apostrophaient le peuple sur le pas des portes. — Est-ce donc l'empire que vous voulez ? criait Schœlcher. Ils allèrent jusqu'à chanter la Marseillaise. On ôtait les chapeaux sur leur passage et l'on criait : Vivent nos représentants ! Mais c'était tout.

Ils avaient soif et la fatigue les gagnait. Rue de Reuilly un homme sortit d'une porte une bouteille à la main et leur offrit à boire.

Sartin les rejoignit en route. Rue de Charonne, ils entrèrent au local de l'Association des ébénistes, espérant y trouver le comité de l'Association en permanence. Il n'y avait personne. Mais rien n'abattait leur courage.

Comme ils atteignaient la place de la Bastille, Dulac dit à Schœlcher : — Je vous demande la permission de vous quitter une heure ou deux, et voici pourquoi : je suis seul ici à Paris avec ma petite fille qui a sept ans. Depuis huit jours elle a la fièvre scarlatine, et hier, quand le coup d'État est arrivé, elle était à la mort. Je n'ai que cette enfant au monde. Je l'ai quittée ce matin pour venir, et elle m'a dit : « Papa, où vas-tu ? » Puisque je ne suis pas tué, je vais voir si elle n'est pas morte.

Deux heures après l'enfant vivait encore, et nous étions en séance de permanence rue Richelieu, n° 15, Jules Favre, Carnot, Michel de Bourges et moi, quand nous vîmes entrer Dulac, qui nous dit : — Je viens me mettre à votre disposition.

IV

LES ASSOCIATIONS OUVRIÈRES

NOUS DEMANDENT UN ORDRE DE COMBAT.

En présence du fait de la barricade Saint-Antoine, si héroïquement construite par les représentants, si tristement délaissée par la population, les dernières illusions, les miennes, durent se dissiper. Baudin tué, le faubourg froid, cela parlait haut. C'était une démonstration suprême, évidente, absolue, de ce fait auquel je ne pouvais me résigner, l'inertie du peuple; inertie déplorable, s'il comprenait, trahison de lui-même, s'il ne comprenait pas, neutralité fatale dans tous les cas, calamité dont la responsabilité, répétons-le, revenait, non au peuple, mais à ceux qui, en juin 1848, après lui avoir promis l'amnistie, la lui avaient refusée, et qui avaient déconcerté la grande âme du peuple de Paris en lui manquant de parole. Ce que la Constituante avait semé, la Législative le récoltait. Nous, innocents de la faute, nous en subissions le contre-coup.

L'étincelle que nous avions vue un instant courir dans la foule, Michel de Bourges, du haut du balcon de Bonvalet, moi, au boulevard du Temple, cette étincelle semblait évanouie. Maigne d'abord, puis Brillier, puis Brucker, plus tard Charamaule, Madier de Montjau, Bastide et Dulac vinrent nous rendre compte de ce qui s'était passé à la barricade Saint-Antoine, des motifs qui avaient déterminé les représentants présents à ne pas attendre l'heure du rendez-vous fixé, et de la mort de Baudin. Le rapport que je fis moi-même de ce que j'avais vu, et que Cassal et Alexandre Rey complétèrent en y ajoutant des circonstances nouvelles, acheva de fixer la situation. Le comité ne pouvait plus hésiter; je renonçais moi-même aux espérances que j'avais fondées sur une grande manifestation, sur une puissante réplique au coup d'État, sur une sorte de bataille rangée livrée par les gardiens de la République aux bandits de l'Élysée. Les faubourgs faisaient défaut; nous avions le levier, le droit, mais la masse à soulever, le peuple, nous ne l'avions pas. Il n'y avait plus rien à espérer, comme ces deux grands orateurs, Michel de Bourges et Jules Favre, avec leur profond sens politique, l'avaient déclaré dès l'abord, que d'une lutte lente, longue, évitant les engagements décisifs, changeant de quartiers, tenant Paris en haleine, faisant dire à chacun : Ce n'est pas fini; laissant aux résistances des départements le temps de se produire, mettant les troupes sur les dents, et dans laquelle le peuple parisien, qui ne respire pas longtemps la poudre impunément, finirait peut-être par prendre feu. Barricades faites partout, peu défendues, tout de suite refaites, se dérobant et se multipliant à la fois, telle était la stratégie indiquée par la situation. Le comité l'adopta, et envoya de tous côtés des ordres dans ce sens. Nous siégions en ce moment-là rue Richelieu, n° 15, chez notre collègue Grévy, qui avait été arrêté la veille au Xe arrondissement, et qui était à Mazas. Son frère nous avait offert sa maison pour délibérer. Les représentants, nos émissaires naturels, affluaient autour de nous, et se répandaient dans Paris avec nos instructions pour organiser sur tous les points la résistance. Ils en étaient les bras et le comité en était l'âme. Un certain nombre d'anciens constituants, hommes éprouvés, Garnier-Pagès, Marie, Martin (de Strasbourg), Senart, ancien président de la Constituante, Bastide, Laissac, Landrin, s'étaient joints depuis la veille aux représentants. On établit donc, dans les quartiers où cela fut possible, des comités de permanence correspondant avec nous, comité central, et composés ou de représentants ou de citoyens dévoués. Nous choisîmes pour mot d'ordre : *Baudin*.

Vers midi, le centre de Paris commença à s'agiter.

On vit apparaître notre appel aux armes placardé d'abord place de la Bourse et rue Montmartre. Les groupes se pressaient pour le lire et luttaient contre les agents de police qui s'efforçaient de déchirer les affiches. D'autres placards lithographiés portaient en regard sur deux colonnes le décret de déchéance rendu à la mairie du Xe arrondissement par la droite, et la mise hors la loi votée par la gauche. On distribuait, imprimé sur papier gris, avec des têtes de clous, l'arrêt de la haute cour de justice déclarant Louis Bonaparte prévenu du crime de haute trahison et signé Hardouin, président, Delapalme, Moreau (de la Seine), Cauchy, Bataille, juges. Ce dernier nom était ainsi orthographié par erreur. Il faut lire Pataille.

On croyait en ce moment-là, et nous croyions nous-mêmes, à cet arrêt, qui n'était point, on l'a vu, l'arrêt véritable.

En même temps, dans les quartiers populaires, on affichait au coin de toutes les rues deux proclamations. La première portait :

AU PEUPLE.

Art. 3[1]. — La Constitution est confiée à la garde et au patriotisme des citoyens français. LOUIS NAPOLÉON est mis hors la loi.

L'état de siége est aboli.

Le suffrage universel est rétabli.

VIVE LA RÉPUBLIQUE!
AUX ARMES !

POUR LA MONTAGNE RÉUNIE,

Le délégué,

Victor Hugo.

1. Faute d'impression. Il faut lire art. 68. — A l'occasion de cette affiche, l'auteur de ce livre a reçu la lettre suivante. Elle honore ceux qui l'ont écrite :

« Citoyen Victor Hugo, nous savons que vous avez fait un appel aux armes. Nous n'avons pu nous le procurer. Nous y suppléons par ces affiches que nous signons de votre nom. Vous ne nous désavouerez pas. Quand la France est en danger, votre nom appartient à tous ; votre nom est une force publique.

Dabat. — Félix Bony.

La seconde était ainsi conçue :

HABITANTS DE PARIS.

Les gardes nationales et le peuple des départements marchent sur Paris pour vous aider à saisir le TRAITRE Louis-Napoléon BONAPARTE.

Pour les représentants du peuple :

VICTOR HUGO, *président.*
SCHOELCHER, *secrétaire.*

Cette dernière affiche, imprimée sur des petits carrés de papier, se répandit, dit un historiographe du coup d'État, à des milliers d'exemplaires.

De leur côté, les malfaiteurs installés dans les hôtels du gouvernement répliquaient par des menaces ; les larges placards blancs, c'est-à-dire officiels, se multipliaient. On lisait dans l'un :

« Nous, préfet de police,

« Arrêtons ce qui suit :

« ART. 1er. — Tout rassemblement est rigoureusement interdit. Il sera immédiatement dissipé par la force.

« Art. 2. — Tout cri séditieux, toute lecture en public, tout affichage d'écrit politique n'émanant pas d'une autorité régulièrement instituée, sont également interdits.

« Art. 3. — Les agents de la force publique veilleront à l'exécution du présent arrêté.

« Fait à la préfecture de police, le 3 décembre 1851.

« *Le préfet de police,*

« De Maupas.

« Vu et approuvé,
 « *Le ministre de l'intérieur,*

« De Morny. »

On lisait dans l'autre :

« Le Ministre de la guerre,
« Vu la loi sur l'état de siége,
« Arrête :

« Tout individu pris construisant ou défendant une barricade, ou les armes à la main, sera fusillé.

« *Le général de division, ministre de la guerre,*

« De Saint-Arnaud. »

Nous reproduisons ces proclamations scrupuleusement, et jusqu'à la ponctuation. Les mots sera fusillé étaient en majuscules dans l'affiche signée De Saint-Arnaud.

Les boulevards se couvraient d'une foule en fermentation. L'agitation, grandissant dans le centre, gagnait trois arrondissements, le VIe, le VIIe et le XIIe. Le quartier des Écoles entrait en rumeur. Les étudiants en droit et en médecine acclamaient de Flotte sur la place du Panthéon. Madier de Montjau, ardent, éloquent, parcourait et remuait Belleville. Les troupes, à chaque instant grossies, prenaient possession de tous les points stratégiques de Paris.

A une heure, un jeune homme nous fut amené par l'avocat des associations ouvrières, l'ancien constituant Leblond, chez lequel le comité avait délibéré le matin même. Nous étions en permanence, Carnot, Jules Favre, Michel de Bourges et moi. Ce jeune homme, qui avait la parole grave et le regard intelligent, se nommait King. Il était envoyé vers nous par le comité des associations ouvrières dont il était délégué. Les associations ouvrières, nous dit-il, se mettaient à la disposition du comité d'insurrection légale nommé par la gauche. Elles pouvaient jeter dans la lutte cinq ou six mille hommes résolus. On ferait de la poudre; quant aux fusils, on en trouverait. Les associations ouvrières nous demandaient un ordre de combat signé de nous. Jules Favre prit une plume et écrivit :

« Les représentants soussignés donnent mandat au citoyen King et à ses amis de défendre avec eux, et les armes à la main, le suffrage universel, la République, les lois. »

Il data et nous signâmes tous les quatre.

— Cela suffit, nous dit le délégué, vous entendrez parler de nous.

Deux heures après, on vint nous annoncer que le combat commençait. On se battait rue Aumaire.

V

LE CADAVRE DE BAUDIN

Du côté du faubourg Saint-Antoine, nous avions, je l'ai dit, à peu près perdu toute espérance, mais les hommes du coup d'État n'avaient pas perdu toute inquiétude. Depuis les tentatives et les barricades du matin, une surveillance rigoureuse y avait été organisée. Quiconque abordait le faubourg avait chance d'être examiné, suivi, et au moindre soupçon, arrêté. La surveillance était pourtant parfois en défaut. Vers deux heures, un homme de petite taille, à l'air sérieux et attentif, traversait le faubourg. Un sergent de ville et un agent en bourgeois lui barrèrent le chemin. — Qui êtes-vous? — Vous le voyez, un passant. — Où allez-vous? — Là, tout près, chez Bartholomé, contre-maître à la sucrerie. — On le fouille. Lui-même ouvre son portefeuille; les agents retournent les poches de son gilet et déboutonnent sa chemise sur sa poitrine; enfin le sergent de ville dit en grommelant : — Vous me faisiez pourtant l'effet d'avoir été ici ce matin, allez-vous-en.

C'était le représentant Gindrier. S'ils ne s'étaient pas arrêtés aux poches du gilet et s'ils avaient fouillé le paletot, ils y auraient trouvé son écharpe; Gindrier eût été fusillé.

Ne point se laisser arrêter, se conserver libres pour la lutte, tel était le mot d'ordre des membres de la gauche; c'est pourquoi nous avions nos écharpes sur nous, mais point visibles.

Gindrier n'avait pas mangé de la journée; il songea à rentrer chez lui et regagna les quartiers neufs du chemin de fer du Havre où il demeurait. Rue de Calais — c'est une rue déserte qui va de la rue Blanche à la rue de Clichy — un fiacre passait. Gindrier s'entend appeler par son nom. Il se retourne et aperçoit dans le fiacre deux personnes, parentes de Baudin, et un homme qu'il ne connaissait pas. L'une des parentes de Baudin, madame L., lui dit : — Baudin est blessé! Elle ajouta : — On l'a porté à l'hospice Saint-Antoine. Nous allons le chercher. Venez avec nous. — Gindrier monta dans le fiacre.

Cependant l'inconnu était le porte-sonnette du commissaire de police de la rue Sainte-Marguerite-Saint-Antoine. Il avait été chargé par le commissaire d'aller chez Baudin, rue de Clichy, n° 88, prévenir sa famille. Ne rencontrant que des femmes, il s'était borné à leur dire que le représentant Baudin était blessé. Il s'était offert à les accompagner et se trouvait dans le fiacre. On avait prononcé devant lui le nom de Gindrier. Ce pouvait être une imprudence. On s'en expliqua avec lui; il déclara qu'il ne trahirait pas le représentant, et il fut convenu que devant le commissaire de police Gindrier serait un parent et s'appellerait Baudin.

Les pauvres femmes espéraient. La blessure était grave peut-être, mais Baudin était jeune et d'une bonne constitution. — On le sauvera, disaient-elles. Gindrier gardait le silence. Chez le commissaire de police, le voile se déchira. — Comment va-t-il? demanda madame L. en entrant. — Mais, dit le commissaire, il est mort. — Comment! mort? — Oui, tué sur le coup.

Ce fut un moment douloureux. Le désespoir de ces deux femmes si brusquement frappées au cœur éclata en sanglots. — Ah! infâme Bonaparte, s'écriait madame L.! il a tué Baudin, eh bien, je le tuerai. Je serai la Charlotte Corday de ce Marat.

Gindrier réclama le corps de Baudin. Le commissaire de police ne consentit à le rendre à la famille qu'en exigeant la promesse qu'on l'enterrerait sur-le-champ et sans bruit et qu'on ne le montrerait pas au peuple. — Vous comprenez, ajouta-t-il, que la vue d'un représentant tué et sanglant pourrait soulever Paris. — Le coup d'État faisait des cadavres, mais ne voulait pas qu'on s'en servît.

A ces conditions, le commissaire donna à Gindrier deux hommes et un sauf-conduit pour aller chercher Baudin à l'hospice où il avait été déposé.

Cependant le frère de Baudin, jeune homme de vingt-quatre ans, étudiant en médecine, survint. Ce jeune homme a été depuis arrêté et emprisonné; son crime, c'est son frère; poursuivons. On se rendit à l'hospice. Sur le vu du sauf-conduit, le directeur introduisit Gindrier et le jeune Baudin dans une salle basse. Il y avait là trois grabats couverts de draps blancs sous lesquels on distinguait la forme immobile de trois corps humains. Celui des trois qui occupait le lit du milieu, c'était Baudin. Il avait à sa droite le jeune soldat tué une minute avant lui à côté de Schœlcher, et à sa gauche une vieille femme qu'une balle perdue avait atteinte rue de Cotte et que les exécuteurs du coup d'État n'avaient ramassée que plus tard ; dans le premier moment on ne retrouve pas toutes ses richesses.

Les trois cadavres étaient nus sous leur suaire.

On avait seulement laissé à Baudin sa chemise et son gilet de flanelle. On avait trouvé sur lui sept francs, sa montre et sa chaîne d'or, sa médaille de représentant, et un porte-crayon en or dont il s'était servi rue Popincourt, après m'avoir passé l'autre crayon, que je conserve. Gindrier et le jeune Baudin s'approchèrent tête nue du grabat qui était au milieu. On souleva le suaire, et la face de Baudin mort leur apparut. Il était calme et semblait dormir. Aucun trait du visage n'était contracté ; une nuance livide commençait à marbrer ses joues.

On dressa procès-verbal. C'est l'usage. Il ne suffit pas de tuer les gens, il faut encore dresser procès-verbal. Le jeune Baudin dut signer comme quoi, sur la réquisition du commissaire de police, « on lui faisait livraison » du cadavre de son frère. Pendant ces signatures, Gindrier, dans la cour de l'hospice, s'efforçait, sinon de consoler, du moins de calmer les deux femmes désespérées.

Tout à coup un homme qui venait d'entrer dans la cour, et qui depuis quelques instants le considérait avec attention, l'aborda brusquement :

— Que faites-vous là ?

— Que vous importe ! dit Gindrier.

— Vous venez chercher le corps de Baudin ?

— Oui.

— Cette voiture est à vous?

— Oui.

— Montez-y tout de suite et baissez les stores.

— Que voulez-vous dire?

— Vous êtes le représentant Gindrier. Je vous connais. Vous étiez ce matin à la barricade. Si quelque autre que moi vous voit, vous êtes perdu.

Gindrier suivit le conseil et monta dans le fiacre. Tout en montant, il demanda à l'homme :

— Vous êtes de la police?

L'homme ne répondit pas. Un moment après, il revint et dit à voix basse près de la portière du fiacre derrière laquelle Gindrier s'était renfermé :

— Oui, j'en mange le pain, mais je n'en fais pas le métier.

Les deux hommes de peine envoyés par le commissaire de police prirent Baudin sur le lit de bois et l'apportèrent à la voiture. On le mit au fond du fiacre, la face couverte, et enveloppé du suaire de la tête aux pieds. Un ouvrier qui était là prêta son manteau qu'on jeta sur le cadavre, afin de ne pas attirer l'attention des passants. Madame L. se plaça à côté du corps, Gindrier en face, le jeune Baudin près de Gindrier. Un fiacre suivait où étaient l'autre parente de Baudin et un étudiant en médecine nommé Dutèche.

On partit. Pendant le trajet, la tête du cadavre secoué par la voiture allait et venait d'une épaule à l'autre; le sang de la blessure recommença à couler et reparaissait en larges plaques rouges à travers le drap blanc. Gindrier, le bras étendu et la main posée sur sa poitrine, l'empêchait de tomber en avant; madame L. le soutenait de côté.

On avait recommandé au cocher d'aller lentement; le trajet dura plus d'une heure.

Quand on arriva au n° 88 de la rue de Clichy, la descente du corps attira des curieux devant la porte. Les voisins accoururent. Le frère de Baudin, aidé de Gindrier et de Dutèche, monta le cadavre au quatrième étage, où Baudin demeurait. C'était une maison neuve et il n'y habitait que depuis quelques mois.

Ils le portèrent dans sa chambre, qui était en ordre et telle qu'il l'avait quittée le 2 au matin. Le lit où il n'avait pas couché la nuit précédente n'était pas défait. Un livre qu'il lisait était resté sur sa table, ouvert à la page où il s'était interrompu. Ils déroulèrent le suaire, et Gindrier lui coupa avec des ciseaux sa chemise et son gilet de flanelle. Ils lavèrent le corps. La balle était entrée par l'angle de l'arcade de l'œil droit et sortie par le derrière de la tête. La plaie de l'œil n'avait pas saigné. Il s'y était formé une sorte de tumeur; le sang avait coulé à flots par le trou de l'occiput. On lui mit du linge blanc, on lui fit un lit blanc et on le coucha, la tête sur son oreiller, la face découverte. Les femmes se lamentaient dans la chambre à côté.

Gindrier, déjà, avait rendu le même service à l'ancien constituant James Demontry. En 1850, James Demontry mourut, proscrit, à Cologne. Gindrier partit pour Cologne, alla au cimetière, et fit exhumer James Demontry. Il fit extraire le cœur, l'embauma et l'enferma dans un vase d'argent qu'il apporta à Paris. La réunion de la Montagne le délégua avec Chollet et Joigneaux pour porter ce cœur à Dijon, patrie de Demontry, et lui faire des funérailles solennelles. Ces funérailles furent empêchées par ordre de Louis Bonaparte,

LE CADAVRE DE BAUDIN.

alors président de la République. L'enterrement des hommes vaillants et fidèles déplaisait à Louis Bonaparte; leur mort, non.

Quand Baudin fut couché sur son lit, les femmes rentrèrent, et toute cette famille, assise autour du cadavre, pleura. Gindrier, que d'autres devoirs réclamaient, redescendit avec Dutêche. Un rassemblement s'était formé devant la porte.

Un homme en blouse, le chapeau sur la tête, monté sur une borne, pérorait, et glorifiait le coup d'État, le suffrage universel rétabli, la loi du 31 mai abolie, « les vingt-cinq francs » supprimés; Louis Bonaparte a bien fait, etc. — Gindrier, debout sur le seuil de la porte, éleva la voix : — Citoyens, là-haut est Baudin, représentant du peuple, tué en défendant le peuple! Baudin, votre représentant à tous, entendez-vous bien! Vous êtes devant sa maison, il est là qui saigne sur son lit, et voilà un homme qui ose ici applaudir son assassin! Citoyens, voulez-vous que je vous dise le nom de cet homme? il s'appelle la Police. Honte et infamie aux traîtres et aux lâches! Respect au cadavre de celui qui est mort pour vous!

Et, fendant l'attroupement, Gindrier prit au collet l'homme qui venait de parler, et, lui jetant son chapeau à terre d'un revers de main, il cria : — Chapeau bas!

VI

DÉCRETS

DES REPRÉSENTANTS RESTÉS LIBRES

Le texte de l'arrêt que l'on croyait rendu par la haute cour de justice nous avait été apporté par l'ancien constituant Martin (de Strasbourg), avocat à la cour de cassation. En même temps nous apprenions ce qui se passait rue Aumaire. La bataille s'engageait, il importait de la soutenir et de l'alimenter ; il importait de placer toujours la résistance légale à côté de la résistance armée. Les membres réunis la veille à la mairie du Xe arrondissement avaient décrété la déchéance de Louis Bonaparte ; mais ce décret rendu par une réunion presque exclusivement composée des membres impopulaires de la majorité, pouvait être sans action sur les masses ; il était nécessaire que la gauche le reprît, le fît sien, lui imprimât un accent plus énergique et plus révolutionnaire, et s'emparât de l'arrêt de la haute cour, que l'on croyait réel, pour prêter main-forte à cet arrêt et le rendre exécutoire.

Dans notre appel aux armes, nous avions mis Louis

Bonaparte hors la loi. Le décret de déchéance, repris et contre-signé par nous, s'ajoutait utilement à cette mise hors la loi, et complétait l'acte révolutionnaire par l'acte légal.

Le comité de résistance convoqua les représentants républicains.

L'appartement de M. Grévy où nous étions étant trop resserré, nous assignâmes pour lieu de réunion le n° 10 de la rue des Moulins, quoique avertis que la police avait déjà fait une descente dans cette maison. Mais nous n'avions pas le choix; en révolution, la prudence est impossible, et l'on s'aperçoit bien vite qu'elle est inutile. Se confier, se confier toujours, telle est la loi des grands actes qui déterminent parfois les grands événements. L'improvisation perpétuelle des moyens, des procédés, des expédients, des ressources, rien pas à pas, tout d'emblée, jamais le terrain sondé, toutes les chances acceptées en bloc, les mauvaises comme les bonnes, tout risqué à la fois de tous les côtés, l'heure, le lieu, l'occasion, les amis, la famille, la liberté, la fortune, la vie, c'est le combat révolutionnaire.

Vers trois heures, soixante représentants environ étaient réunis rue des Moulins, n° 10, dans le grand salon, sur lequel s'ouvrait un petit cabinet où siégeait le comité de résistance.

C'était une journée de décembre très-sombre, et la nuit semblait déjà presque venue. L'éditeur Hetzel, qu'on pourrait appeler aussi le poëte Hetzel, est un esprit généreux et un grand courage, il a, on le sait, montré de rares qualités politiques comme secrétaire général du ministère des affaires étrangères sous Bastide; il vint s'offrir à nous, ainsi qu'avait déjà fait dans la matinée le brave et patriote Hingray. Hetzel savait que ce qui nous manquait surtout, c'était une imprimerie, nous n'avions pas la parole, et Louis Bonaparte parlait seul; Hetzel avait été trouver un imprimeur qui lui avait dit : *Forcez-moi, mettez-moi le pistolet sur la gorge, j'imprimerai tout ce que vous voudrez*; il ne s'agissait donc plus que de réunir quelques amis, de s'emparer de cette imprimerie de vive force, de s'y barricader, et d'y soutenir un siége au besoin pendant qu'on imprimerait nos proclamations et nos décrets; Hetzel nous l'offrait. Un détail de son arrivée au lieu de notre réunion mérite d'être noté. Comme il approchait de la porte cochère, il vit, dans l'espèce de crépuscule de ce triste jour de décembre, un homme debout et immobile à quelque distance et qui semblait guetter. Il alla à cet homme et reconnut l'ancien commissaire de police de l'Assemblée, M. Yon.

— Que faites-vous là? dit brusquement Hetzel. Est-ce que vous êtes là pour nous arrêter? En ce cas, voici ce que j'ai pour vous. — Et il tira deux pistolets de ses poches.

M. Yon répondit en souriant :

— Je veille en effet, non contre vous, mais pour vous; je vous garde.

M. Yon sachant notre réunion chez Landrin, et craignant que nous ne fussions arrêtés, faisait spontanément la police pour nous.

Hetzel s'était déjà ouvert de son projet au représentant Labrousse qui devait l'accompagner et lui donner l'appui moral de l'Assemblée dans sa périlleuse expédition. Un premier rendez-vous, convenu entre eux, au café Cardinal, ayant manqué, Labrousse avait laissé au maître du café pour Hetzel un billet ainsi conçu :

Madame Élisabeth attend M. Hetzel rue des Moulins, n° 10. — C'est sur ce mot qu'Hetzel était venu.

Nous acceptâmes les offres d'Hetzel, et il fut entendu qu'à la nuit tombante le représentant Versigny, qui remplissait les fonctions de secrétaire du comité, lui porterait nos proclamations, nos décrets, les nouvelles qui nous seraient parvenues, et tout ce que nous jugerions à propos de publier. On régla qu'Hetzel attendrait Versigny sur le trottoir du bout de la rue de Richelieu qui longe le café Cardinal.

Cependant Jules Favre, Michel de Bourges et moi, nous avions rédigé le décret final qui devait combiner la déchéance votée par la droite avec la mise hors la loi votée par nous. Nous rentrâmes dans le salon pour le lire aux représentants assemblés et le leur faire signer.

En ce moment la porte s'ouvrit et Émile de Girardin se présenta. Depuis la veille nous ne l'avions pas encore vu.

Émile de Girardin, en le dégageant de cette vapeur qui enveloppe tout combattant dans la mêlée des partis et qui, à distance, change ou obscurcit la figure des hommes, Émile de Girardin est un rare penseur, un écrivain précis, énergique, logique, adroit, robuste, un journaliste dans lequel, comme dans tous les grands journalistes, on sent l'homme d'État. On doit à Émile de Girardin ce progrès mémorable, la presse à bon marché. Émile de Girardin a ce grand don, l'opiniâtreté lucide. Émile de Girardin est un veilleur public ; son journal, c'est son poste ; il attend, il regarde, il épie, il éclaire, il guette, il crie qui vive ; à la moindre alerte, il fait feu avec sa plume ; prêt à toutes les formes du combat, sentinelle aujourd'hui, général demain. Comme tous les esprits sérieux, il comprend, il voit, il reconnaît, il palpe, pour ainsi dire, l'immense et magnifique identité que couvrent ces trois mots : révolution, progrès, liberté; il veut la révolution, mais surtout par le progrès; il veut le progrès, mais uniquement par la liberté. On peut, et selon nous quelquefois avec raison, différer d'avis avec lui sur la route à prendre, sur l'attitude à tenir et sur la position à conserver, mais personne ne peut nier son courage qu'il a prouvé sous toutes les formes, ni rejeter son but qui est l'amélioration morale et matérielle du sort de tous. Émile de Girardin est plus démocrate que républicain, plus socialiste que démocrate; le jour où ces trois idées, démocratie, république, socialisme, c'est-à-dire le principe, la forme et l'application, se feront équilibre dans son esprit, les oscillations qu'il a encore, cesseront. Il a déjà la puissance, il aura la fixité.

Dans le cours de cette séance, on va le voir, je ne fus pas toujours d'accord avec Émile de Girardin. Raison de plus pour que je constate ici combien j'apprécie cet esprit, fait de lumière et de courage. Émile de Girardin, quelque réserve que chacun puisse ou veuille faire, est un des hommes qui honorent la presse contemporaine: il unit au plus haut degré la dextérité du combattant à la sérénité du penseur.

J'allai à lui et je lui demandai :

— Vous reste-t-il quelques ouvriers à *la Presse?*

Il me répondit : — Nos presses sont sous le scellé et gardées par la gendarmerie mobile, mais j'ai cinq ou six ouvriers de bonne volonté, on peut tirer quelques placards à la brosse.

— Eh bien, repris-je, imprimez nos décrets et nos proclamations. — J'imprimerai, répondit-il, tout ce qui ne sera pas un appel aux armes.

Il ajouta en s'adressant à moi : — Je connais votre proclamation. C'est un cri de guerre, je ne puis imprimer cela.

On se récria. Il nous déclara alors qu'il faisait de son côté des proclamations, mais dans un sens différent du nôtre. Que selon lui, ce n'était pas par les armes qu'il fallait combattre Louis Bonaparte, mais par le vide. Par les armes il sera vainqueur, par le vide il sera vaincu. Il nous conjura de l'aider à isoler « le déchu du 2 décembre ». — Faisons le vide autour de lui! s'écriait Émile de Girardin. Proclamons la grève universelle! Que le marchand cesse de vendre, que le consommateur cesse d'acheter, que l'ouvrier cesse de travailler, que le boucher cesse de tuer, que le boulanger cesse de cuire, que tout chôme, jusqu'à l'Imprimerie Nationale, que Louis Bonaparte ne trouve pas un compositeur pour composer *le Moniteur,* pas un pressier pour le tirer, pas un colleur pour l'afficher! L'isolement, la solitude, le vide autour de cet homme! Que la nation se retire de lui. Tout pouvoir dont la nation se retire tombe comme un arbre dont la racine se séparerait. Louis Bonaparte abandonné de tous dans son crime s'évanouira. Rien qu'en croisant les bras autour de lui, on le fera tomber. Au contraire, tirez-lui des coups de fusil, vous le consolidez. L'armée est ivre, le peuple est ahuri et ne se mêle de rien, la bourgeoisie a peur du président, du peuple, de vous, de tous! Pas de victoire possible. Vous allez devant vous, en braves gens, vous risquez vos têtes, c'est bien ; vous entraînez avec vous deux ou trois mille hommes intrépides dont le sang, mêlé au vôtre, coule déjà. C'est héroïque, soit. Ce n'est pas politique. Quant à moi, je n'imprimerai pas d'appel aux armes et je me refuse au combat. Organisons la grève universelle!

Ce point de vue était hautain et superbe; mais malheureusement je le sentais irréalisable. Deux aspects du vrai saisissent Girardin, le côté logique et le côté pratique. Ici, selon moi, le côté pratique faisait défaut.

Michel de Bourges lui répondit. Michel de Bourges, avec sa dialectique ferme et sa raison vive, posait le doigt sur ce qui était pour nous la question immédiate : le crime de Louis Bonaparte, la nécessité de se dresser debout devant ce crime. C'était plutôt une conversation qu'une discussion; mais Michel de Bourges, puis Jules Favre, qui parla ensuite, s'y élevèrent à la plus haute éloquence. Jules Favre, digne de comprendre le puissant esprit de Girardin, eût volontiers adopté cette idée, si elle eût semblé praticable, de la grève universelle, du vide autour de l'homme; il la trouvait grande, mais impossible. Une nation ne s'arrête pas court. Même frappée au cœur, elle va encore. Le mouvement social, qui est la vie animale des sociétés, survit au mouvement politique. Quoi que pût espérer Émile de Girardin, il y aura toujours un boucher qui tuera, un boulanger qui cuira, il faut bien manger! Faire croiser les bras au travail universel, chimère! disait Jules Favre, rêve! Le peuple se bat trois jours, quatre jours, huit jours; la société n'attend pas indéfiniment. Quant à la situation, sans doute elle était terrible, sans doute elle était tragique, et le sang coulait; mais cette situation, qui l'avait faite? Louis Bonaparte. Nous, nous l'acceptions telle qu'elle était, rien de plus.

Émile de Girardin, ferme, logique, absolu dans son

idée, persista. Quelques-uns pouvaient être ébranlés. Les arguments, si abondants dans ce vigoureux et inépuisable esprit, lui arrivaient en foule. Quant à moi, je voyais devant moi le devoir comme un flambeau.

Je l'interrompis, je m'écriai : — Il est trop tard pour délibérer sur ce qu'on fera. Ce n'est pas à faire. C'est fait. Le gant du coup d'État est jeté, la gauche le ramasse. C'est aussi simple que cela. L'acte du Deux-Décembre est un défi infâme, insolent, inouï, à la démocratie, à la civilisation, à la liberté, au peuple, à la France. Je répète que nous avons ramassé ce gant, nous sommes la loi, mais la loi vivante qui peut s'armer au besoin et combattre. Un fusil dans nos mains, c'est une protestation. Je ne sais pas si nous vaincrons, mais nous devons protester. Protester dans le Parlement d'abord ; le Parlement fermé, protester dans la rue ; la rue fermée, protester dans l'exil ; l'exil accompli, protester dans la tombe. Voilà notre rôle à nous, notre fonction, notre mission. Le mandat des représentants est élastique : le peuple le donne, les événements l'élargissent.

Pendant que nous délibérions, notre collègue Napoléon Bonaparte, fils de l'ancien roi de Westphalie, était survenu. Il écoutait. Il prit la parole. Il flétrit énergiquement et avec l'accent d'une indignation sincère et généreuse le crime de son cousin, mais il déclara que dans sa pensée une protestation écrite suffisait, protestation des représentants, protestation du conseil d'État, protestation des magistrats, protestation de la presse ; que cette protestation serait unanime et éclairerait la France, que pour toute autre forme de résistance on n'aurait pas l'unanimité. Que, quant à lui, ayant toujours trouvé la Constitution mauvaise, l'ayant dans la Constituante combattue dès le premier instant, il ne la défendrait pas le dernier jour; qu'il ne donnerait, certes, pas une goutte de sang pour elle. Que la Constitution était morte, mais que la République était vivante; et qu'il fallait sauver, non la Constitution, cadavre, mais la République, principe !

Les réclamations éclatèrent. Bancel, jeune, ardent, éloquent, impétueux, tout débordant de conviction, s'écria que ce qu'il fallait voir, ce n'était pas les défauts de la Constitution, mais l'horreur du crime commis, la trahison flagrante, le serment violé; il déclara qu'on pouvait avoir voté contre la Constitution dans l'Assemblée constituante et la défendre aujourd'hui en présence d'un usurpateur, et que c'était logique, et que plusieurs d'entre nous étaient dans ce cas. Il me cita comme exemple. — Preuve, dit-il, Victor Hugo. — Il termina ainsi : — Vous avez assisté à la construction d'un navire, vous l'avez trouvé mal bâti, vous avez donné des conseils qui n'ont pas été écoutés. Cependant vous avez dû monter à bord de ce vaisseau, vos enfants et vos frères y sont avec vous, votre mère y est embarquée. Un pirate arrive, la hache dans une main pour saborder le navire, la torche dans l'autre pour l'incendier. L'équipage veut se défendre, court aux armes. Direz-vous à l'équipage : Moi, je trouve ce navire mal construit et je veux le laisser détruire ?

— En pareil cas, ajouta Edgar Quinet, qui n'est pas du parti du navire est du parti du pirate.

On nous cria de toutes parts : Le décret ! lisez le décret !

J'étais debout adossé à la cheminée. Napoléon Bonaparte vint à moi, et, s'approchant de mon oreille :

— Vous livrez, me dit-il tout bas, une bataille perdue d'avance.

Je lui répondis : — Je ne regarde pas le succès, je regarde le devoir.

Il répliqua : — Vous êtes un homme politique, et par conséquent vous devez vous préoccuper du succès. Je vous répète, avant que vous alliez plus loin, que c'est une bataille d'avance perdue.

Je repris : — Si nous engageons la lutte, la bataille est perdue, vous le dites, je le crois, mais si nous ne l'engageons pas, c'est l'honneur qui est perdu ; j'aime mieux perdre la bataille que l'honneur.

Il resta un moment silencieux, puis il me prit la main.

— Soit, reprit-il, mais écoutez. Vous courez, vous personnellement, de grands dangers. De tous les hommes de l'Assemblée, vous êtes celui que le président hait le plus. Vous l'avez, du haut de la tribune, surnommé Napoléon le Petit ; vous comprenez, c'est inoubliable cela. En outre, c'est vous qui avez dicté l'appel aux armes, et on le sait. Si vous êtes pris, vous êtes perdu. Vous serez fusillé sur place, ou tout au moins déporté. Avez-vous un lieu sûr où coucher cette nuit ?

Je n'y avais pas encore songé. — Ma foi non, lui dis-je.

Il reprit : — Eh bien, venez chez moi. Il n'y a peut-être qu'une maison dans Paris où vous soyez en sûreté, c'est la mienne. On ne viendra pas vous chercher là. Venez-y le jour, la nuit, à quelque heure qu'il vous plaira ; je vous attendrai, et c'est moi qui vous ouvrirai. Je demeure rue d'Alger, n° 5.

Je le remerciai, l'offre était noble et cordiale ; j'en fus touché. Je n'en ai point usé, mais je ne l'ai pas oubliée.

On cria de nouveau : — Lisons le décret. Assis ! assis ! —
Il y avait devant la cheminée une table ronde; on y
apporta une lampe, des plumes, des écritoires et du
papier; les membres du comité s'assirent à cette table;
les représentants prirent place autour d'eux sur les
canapés et sur les fauteuils et sur toutes les chaises qu'on
put trouver dans les chambres voisines. Quelques-uns
cherchèrent des yeux Napoléon Bonaparte. Il s'était
retiré.

Un membre demanda qu'avant toute chose la réunion se déclarât Assemblée nationale et se constituât en nommant immédiatement un président et un bureau. Je fis remarquer que nous n'avions pas à nous déclarer Assemblée, que nous étions l'Assemblée, de droit comme de fait, et toute l'Assemblée, nos collègues absents étant empêchés par la force; que l'Assemblée nationale, même mutilée par le coup d'État, devait conserver son entité et rester constituée après comme avant; que nommer un autre président et un autre bureau, ce serait donner prise à Louis Bonaparte, et accepter en quelque sorte la dissolution; que nous ne devions faire rien de pareil; que nos décrets devaient être publiés, non avec la signature d'un président quel qu'il fût, mais avec la signature de tous les membres de la gauche non arrêtés, qu'ils auraient ainsi pleine autorité sur le peuple, et pleine action. On renonça à nommer un président. Noël Parfait proposa que nos décrets et nos actes fussent rendus, non avec la formule : l'Assemblée nationale décrète, etc.; mais avec la formule : les représentants du peuple, restés libres, — décrètent : — etc.; — de cette façon nous conservions toute l'autorité attachée à la qualité de représentants du peuple, sans associer à la solidarité de nos actes les représentants arrêtés. Cette formule avait en outre l'avantage de nous séparer de la droite. Le peuple savait que les seuls représentants restés libres étaient les membres de la gauche. On adopta l'avis de Noël Parfait.

Je donnai lecture du décret de déchéance. Il était conçu en ces termes :

DÉCLARATION.

Les représentants du peuple restés libres, vu l'article 68 de la Constitution ainsi conçu :

« ART. 68. — Toute mesure par laquelle le président de la République dissout l'Assemblée, la proroge, ou met obstacle à l'exercice de son mandat, est un crime de haute trahison.

« Par ce seul fait le président est déchu de ses fonctions ; les citoyens sont tenus de lui refuser obéissance ; le pouvoir exécutif passe de plein droit à l'Assemblée nationale ; les juges de la haute cour de justice se réunissent immédiatement, à peine de forfaiture ; ils convoquent les jurés dans le lieu qu'ils désignent pour procéder au jugement du Président et de ses complices. »

Décrètent :

ARTICLE PREMIER. — Louis Bonaparte est déchu de ses fonctions de président de la République.

ART. 2. — Tous citoyens et fonctionnaires publics sont tenus de lui refuser obéissance sous peine de complicité.

ART. 3. — L'arrêt rendu le 2 décembre par la

haute cour de justice, et qui déclare Louis Bonaparte prévenu du crime de haute trahison, sera publié et exécuté. En conséquence, les autorités civiles et militaires sont requises, sous peine de forfaiture, de prêter main-forte à l'exécution dudit arrêt.

Fait à Paris, en séance de permanence, le 3 décembre 1851.

Le décret, lu et voté par acclamation, nous le signâmes, et les représentants se pressèrent en foule autour de la table pour joindre leurs signatures aux nôtres. Sain fit remarquer que cette signature prenait du temps, qu'en outre nous n'étions guère plus de soixante, un grand nombre des membres de la gauche étant en mission dans les rues insurgées. Il demanda si le comité, qui avait pleins pouvoirs de toute la gauche, voyait quelque objection à faire suivre le décret du nom de tous les représentants républicains restés libres sans exception, absents comme présents. Nous répondîmes qu'en effet le décret signé de tous remplissait mieux le but. C'était d'ailleurs l'avis que j'avais ouvert. Bancel avait précisément dans sa poche un vieux numéro du *Moniteur* contenant un scrutin de division. On y coupa la liste des membres de la gauche, on y effaça les noms de ceux qui étaient arrêtés, et on joignit cette liste au décret[1].

Le nom d'Émile de Girardin sur cette liste frappa mes yeux. Il était toujours présent.

— Signez-vous le décret? lui demandai-je.

1. Cette liste, qui appartient à l'histoire, ayant servi de base à la liste de proscription, on la retrouvera tout entière dans les *Notes* de ce livre.

— Sans hésiter.

— En ce cas, vous consentez à l'imprimer ?

— Tout de suite.

Il reprit :

— N'ayant plus de presses, comme je vous l'ai dit, je ne puis faire tirer qu'en placards et à la brosse ; c'est long, mais ce soir à huit heures vous aurez cinq cents exemplaires.

— Et, poursuivis-je, vous persistez à refuser d'imprimer l'appel aux armes ?

— Je persiste.

On fit une double copie du décret qu'Émile de Girardin emporta.

La délibération recommença. A chaque instant des représentants survenaient et apportaient des nouvelles : — Amiens en insurrection — Reims et Rouen en mouvement et en marche sur Paris — le général Canrobert résistant au coup d'État, le général Castellane hésitant — le ministre des États-Unis demandant ses passe-ports.

— Nous ajoutions peu de foi à ces bruits, et les faits ont prouvé que nous avions raison.

Cependant Jules Favre avait rédigé le décret suivant qu'il proposa et qui fut immédiatement adopté :

DÉCRET

RÉPUBLIQUE FRANÇAISE

Liberté — Égalité — Fraternité

« Les représentants, soussignés, demeurés libres, réunis en assemblée de permanence ;

« Vu l'arrestation de la plupart de leurs collègues, vu l'urgence ;

« Considérant que pour l'accomplissement de son crime Louis Bonaparte ne s'est pas contenté de multiplier les moyens de destruction les plus formidables contre la vie et les propriétés des citoyens de Paris, qu'il a foulé aux pieds toutes les lois, anéanti toutes les garanties des nations civilisées ;

« Considérant que ces criminelles folies ne font qu'augmenter la violente réprobation de toutes les consciences et hâter l'heure de la vengeance nationale, mais qu'il importe de proclamer le droit,

« Décrètent :

« ARTICLE PREMIER. — L'état de siége est levé dans tous les départements où il a été établi, les lois ordinaires reprennent leur empire.

« ART. 2. — Il est enjoint à tous les chefs militaires, sous peine de forfaiture, de se démettre immédiatement des pouvoirs extraordinaires qui leur ont été conférés.

« ART. 3. — Les fonctionnaires et agents de la force publique sont chargés, sous peine de forfaiture, de mettre à exécution le présent décret.

« Fait en séance de permanence, le 3 décembre 1851. »

Madier de Montjau et de Flotte entrèrent. Ils arrivaient du dehors, ils avaient été partout où la lutte était engagée, ils avaient vu de leurs yeux l'hésitation d'une partie de la population devant ces mots : *La loi du 31 mai est abolie, le suffrage universel est rétabli.* Les affiches de Louis Bonaparte faisaient évidemment du ravage. Il fallait opposer effort à effort, et ne rien négliger de ce qui pouvait ouvrir les yeux au peuple ; je dictai la proclamation suivante :

PROCLAMATION.

« Peuple! on te trompe.

« Louis Bonaparte dit qu'il te rétablit dans tes droits et qu'il te rend le suffrage universel.

« Louis Bonaparte en a menti.

« Lis ses affiches, il t'accorde, quelle dérision infâme! le droit de lui conférer à lui, à lui SEUL, le pouvoir constituant, c'est-à-dire la suprême puissance qui t'appartient. Il t'accorde le droit de le nommer dictateur POUR DIX ANS. En d'autres termes, il t'accorde le droit d'abdiquer et de le couronner; droit que tu n'as même pas, ô peuple, car une génération ne peut disposer de la souveraineté de la génération qui suivra.

« Oui, il t'accorde à toi, Souverain, le droit de te donner un maître, et ce maître, c'est lui.

« Hypocrisie et trahison !

« Peuple, nous démasquons l'hypocrite, c'est à toi de punir le traître ! »

Le comité de résistance :

Jules Favre, — de Flotte, — Carnot, — Madier de Montjau, — Mathieu (de la Drôme), — Michel de Bourges, — Victor Hugo.

Baudin était tombé héroïquement. Il fallait faire connaître au peuple sa mort et honorer sa mémoire. Le décret qu'on va lire fut voté sur la proposition de Michel de Bourges :

DÉCRET.

« Les représentants du peuple restés libres, considérant que le représentant Baudin est mort sur la barricade du faubourg Saint-Antoine pour la République et pour les lois, et qu'il a bien mérité de la patrie,

Décrètent :

« Les honneurs du Panthéon sont décernés au représentant Baudin.

« Fait en séance de permanence, le 3 décembre 1851. »

Après les honneurs aux morts, et les nécessités du combat, il importait, selon moi, de réaliser immédiatement et dictatorialement quelque grande amélioration populaire. Je proposai l'abolition des octrois et de l'impôt des boissons. On fit cette objection : — Pas de caresse au peuple ! après la victoire, nous verrons. En attendant, qu'il combatte ! S'il ne combat pas, s'il ne se lève pas, s'il ne comprend pas que c'est pour lui, que c'est pour son droit que nous, les représentants, nous risquons nos têtes à cette heure, s'il nous laisse seuls sur la brèche, en présence du coup d'État, c'est qu'il n'est pas digne de la liberté ! — Bancel fit remarquer que l'abolition des octrois et de l'impôt des boissons n'était pas une caresse au peuple, mais un secours aux misères, une grande mesure économique réparatrice, une satisfaction au cri public, satisfaction que la droite avait toujours obstinément refusée, et que la gauche, maîtresse du terrain, devait se hâter d'accorder. — On vota, avec la réserve de ne les publier qu'après la victoire, les deux décrets en un seul, sous cette forme.

DÉCRET.

« Les représentants restés libres

« Décrètent :

« Les octrois sont abolis dans toute l'étendue du « territoire de la République.

« Fait en séance de permanence, le 3 décembre 1851. »

Versigny, avec une copie des proclamations et du décret, partit à la recherche d'Hetzel. Labrousse y alla de son côté. On se donna rendez-vous pour huit heures du soir chez l'ancien membre du gouvernement provisoire Marie, rue Neuve-des-Petits-Champs.

Comme les membres du comité et les représentants se retiraient, on vint me dire que quelqu'un demandait à me parler ; j'entrai dans une espèce de petite chambre attenante au salon et j'y trouvai un homme en blouse à l'air sympathique et intelligent. Cet homme avait à la main un rouleau de papier.

— Citoyen Victor Hugo, me dit-il, vous n'avez pas d'imprimerie. Voici un moyen de vous en passer.

Il déploya à plat sur la cheminée le rouleau qu'il tenait à la main. C'était un cahier d'une espèce de papier bleu très-mince et qui me parut légèrement huilé. Entre chaque feuille de papier bleu il y avait une feuille de papier blanc. Il tira de sa poche une sorte de poinçon émoussé en disant : La première chose venue peut servir, un clou, une allumette; et il traça avec le poinçon sur la première feuille du cahier le mot *République*. Puis tournant les feuillets : Voyez, me dit-il.

Le mot *République* était reproduit sur les quinze ou vingt feuilles blanches que contenait le cahier.

Il ajouta : — On se sert habituellement de ce papier pour décalquer les dessins de fabrique. J'ai pensé qu'il pourrait être utile dans un moment comme celui-ci. J'en ai chez moi une centaine de feuilles, avec lesquelles je puis faire cent copies de ce que vous voudrez, d'une proclamation par exemple, dans le même temps qu'on met pour en faire quatre ou cinq. Écrivez-moi quelque chose, ce que vous croirez utile dans l'instant où nous sommes, et demain matin ce sera affiché dans Paris à cinq cents exemplaires.

Je n'avais sur moi aucun des actes que nous venions de rédiger, Versigny était parti avec les copies. Je pris une feuille de papier, et j'écrivis sur le coin de la cheminée la proclamation suivante :

A L'ARMÉE.

« Soldats!

« Un homme vient de briser la Constitution. Il déchire le serment qu'il avait prêté au peuple, supprime la loi, étouffe le droit, ensanglante Paris, garrotte la France, trahit la République!

« Soldats, cet homme vous engage dans son crime.

« Il y a deux choses saintes : le drapeau, qui représente l'honneur militaire, et la loi, qui représente le droit national. Soldats, le plus grand des attentats, c'est le drapeau levé contre la loi ! Ne suivez pas plus longtemps le malheureux qui vous égare. Pour un tel crime, les soldats français doivent être des vengeurs, non des complices.

« Cet homme dit qu'il s'appelle Bonaparte. Il ment, car Bonaparte est un mot qui veut dire gloire. Cet homme dit qu'il s'appelle Napoléon. Il ment, car Napoléon est un mot qui veut dire génie. Lui, il est obscur et petit. Livrez à la loi ce misérable ! Soldats, c'est un faux Napoléon. Un vrai Napoléon vous ferait recommencer Marengo ; lui, il vous fait recommencer Transnonain !

« Tournez les yeux vers la vraie fonction de l'armée française : protéger la patrie, propager la révolution, délivrer les peuples, soutenir les nationalités, affranchir le continent, briser les chaînes partout, défendre partout le droit, voilà votre rôle parmi les armées d'Europe. Vous êtes dignes des grands champs de bataille.

« Soldats ! l'armée française est l'avant-garde de l'humanité.

« Rentrez en vous-mêmes, réfléchissez ; reconnaissez-vous, relevez-vous ! Songez à vos généraux arrêtés, pris au collet par des argousins et jetés, menottes aux mains, dans la cellule des voleurs ! Le scélérat qui est à l'Élysée croit que l'armée de la France est une bande du Bas-Empire ; qu'on la paie et qu'on l'enivre, et qu'elle obéit ! Il vous fait faire une besogne infâme ; il vous fait égorger en plein dix-neuvième siècle, et dans Paris même, la liberté, le progrès, la civilisation. Il vous fait détruire, à vous enfants de la France, tout ce que la France a si glorieusement et si péniblement construit en trois siècles de lumière et en soixante ans de révolution! Soldats, si vous êtes la grande armée, respectez la grande nation.

« Nous citoyens, nous représentants du peuple et vos représentants, nous vos amis, vos frères, nous qui sommes la loi et le droit, nous qui nous dressons devant vous en vous tendant les bras et que vous frappez aveuglément de vos épées, savez-vous ce qui nous désespère, ce n'est pas de voir notre sang qui coule, c'est de voir votre honneur qui s'en va.

« Soldats! un pas de plus dans l'attentat, un jour de plus avec Louis Bonaparte et vous êtes perdus devant la conscience universelle. Les hommes qui vous commandent sont hors la loi. Ce ne sont pas des généraux, ce sont des malfaiteurs. La casaque des bagnes les attend; voyez-la dès à présent sur leurs épaules. Soldats, il est temps encore, arrêtez! revenez à la patrie! revenez à la République! Si vous persistiez, savez-vous ce que l'histoire dirait de vous? Elle dirait : Ils ont foulé aux pieds de leurs chevaux et écrasé sous la roue de leurs canons toutes les lois de leur pays; eux, des soldats français, ils ont déshonoré l'anniversaire d'Austerlitz et, par leur faute, par leur crime, il dégoutte aujourd'hui du nom de Napoléon sur la France autant de honte qu'il en a autrefois découlé de gloire!

« Soldats français! cessez de prêter main forte au crime! »

Mes collègues du comité étaient partis, je ne pouvais les consulter, le temps pressait, je signai : *Pour les repré-*

sentants du peuple restés libres, le représentant membre du comité de résistance.

Victor Hugo.

L'homme en blouse emporta la proclamation et me dit : — Vous la reverrez demain matin. Il tint parole. Je la trouvai le lendemain affichée rue Rambuteau, au coin de la rue de l'Homme-Armé, et à la Chapelle-Saint-Denis. Pour les personnes qui n'étaient pas dans le secret du procédé, elle semblait écrite à la main avec de l'encre bleue.

Je songeai à rentrer chez moi. Quand j'arrivai rue de la Tour-d'Auvergne, devant ma porte, elle se trouvait précisément et par je ne sais quel hasard entr'ouverte. Je la poussai et j'entrai. Je traversai la cour et je montai l'escalier sans rencontrer personne.

Ma femme et ma fille étaient dans le salon au coin du feu avec madame Paul Meurice. J'entrai sans bruit, elles causaient à voix basse. Elles parlaient de Pierre Dupont, le chansonnier populaire, qui était venu chez moi demander des armes. Isidore, qui avait été soldat, avait des pistolets et les avait prêtés à Pierre Dupont pour le combat.

Tout à coup ces dames tournèrent la tête et me virent près d'elles, ma fille jeta un cri. — Oh ! va-t'en, me dit ma femme en me sautant au cou, tu es perdu si tu restes une minute. Tu vas être pris ici ! — Madame Paul Meurice ajouta : — On vous cherche. La police était ici il y a un quart d'heure. — Je ne pus réussir à les rassurer. On me remit un paquet de lettres m'offrant des asiles pour la nuit, quelques-unes signées de noms inconnus. Après quelques minutes, les voyant de plus en plus effrayées, je m'en allai. Ma femme me dit : — Ce que tu fais, tu le fais pour la justice. Va, continue. — J'embrassai ma femme et ma fille, il y a cinq mois de cela au moment où j'écris ces lignes. Pendant que je m'en allais en exil, elles sont restées près de mon fils Victor en prison, je ne les ai pas revues depuis ce jour-là.

Je sortis comme j'étais entré, il n'y avait dans la loge du portier que deux ou trois petits enfants, assis autour d'une lampe, qui riaient et regardaient des estampes dans un livre.

VII

L'ARCHEVÊQUE

Dans cette journée obscure et tragique une idée vint à un homme du peuple.

C'était un ouvrier appartenant à l'honnête et imperceptible minorité des démocrates catholiques. La double exaltation de son esprit, révolutionnaire d'un côté, mystique de l'autre, le rendait un peu suspect dans le peuple, même à ses camarades et à ses amis. Assez dévot pour être appelé jésuite par les socialistes, assez républicain pour être appelé rouge par les réacteurs, il était dans les ateliers du faubourg une exception. Or ce qu'il faut, dans les conjonctures suprêmes, pour saisir et gouverner les masses, ce sont les exceptions par le génie, non les exceptions par l'opinion. Il n'y a pas d'originalité révolutionnaire. Pour être quelque chose, dans les temps de régénération et dans les jours de lutte sociale, il faut baigner en plein dans les puissants milieux homogènes qu'on appelle les partis. Les grands courants d'hommes suivent les grands courants d'idées, et le vrai chef révolutionnaire est celui qui sait le mieux pousser ceux-ci dans le sens de celles-là.

Or l'Évangile est d'accord avec la Révolution, mais le catholicisme non. Cela tient à ce qu'au fond la papauté n'est pas d'accord avec l'Évangile. On comprend à merveille le républicain chrétien, on ne comprend pas le démocrate catholique. C'est un composé de deux contraires. C'est un esprit dans lequel la négation barre le passage à l'affirmation. C'est un neutre.

Or, en temps de révolution, qui est neutre est impuissant.

Pourtant, dès les premières heures de la résistance au coup d'État, l'ouvrier catholique-démocrate dont nous racontons ici le noble effort se jeta si résolûment dans la cause du juste et du vrai qu'en peu d'instants il changea la défiance en confiance et fut acclamé par le peuple. Il fut si vaillant à la construction de la barricade de la rue Aumaire que d'une voix unanime on l'en nomma chef. Au moment de l'attaque, il la défendit comme il l'avait bâtie, ardemment. Ce fut là un triste et glorieux champ de combat; la plupart de ses compagnons y furent tués, et lui n'échappa que par miracle.

Cependant il parvint à rentrer chez lui, et il se dit avec angoisse : — Tout est perdu.

Il lui semblait évident que les profondes masses de peuple ne se soulèveraient pas. Vaincre le coup d'État par une révolution, cela paraissait désormais impossible; on ne pouvait plus le combattre que par la légalité. Ce qui avait été la chance du commencement redevenait l'espérance de la fin, car il croyait la fin fatale et proche. Selon lui, il fallait, à défaut du peuple, essayer maintenant de mettre en mouvement la bourgeoisie. Qu'une légion sortît en armes, et l'Élysée était perdu. Pour cela il fallait frapper un coup décisif, trouver le cœur des classes moyennes, passionner le bourgeois par un grand spectacle qui ne fût pas un spectacle effrayant.

C'est alors que cette pensée vint à cet ouvrier :

Écrire à l'archevêque de Paris.

L'ouvrier prit une plume et de sa pauvre mansarde écrivit à M. l'archevêque de Paris une lettre enthousiaste et grave où lui, homme du peuple et croyant, il disait ceci à son évêque; nous traduisons le sens de sa lettre :

— L'heure est solennelle, la guerre civile met aux prises l'armée et le peuple, le sang coule. Quand le sang coule, l'évêque sort. M. Sibour doit continuer M. Affre. L'exemple est grand, l'occasion est plus grande encore.

Que l'archevêque de Paris suivi de tout son clergé, la croix pontificale devant lui, la mitre en tête, sorte processionnellement dans les rues. Qu'il appelle à lui l'Assemblée nationale et la haute cour, les législateurs en écharpes et les juges en robes rouges, qu'il appelle à lui les citoyens, qu'il appelle à lui les soldats, et qu'il aille droit à l'Élysée. Que là il lève la main, au nom de la justice contre celui qui viole les lois, et au nom de Jésus contre celui qui verse le sang. Rien qu'avec cette main levée il brisera le coup d'État.

Et il mettra sa statue à côté de la statue de M. Affre, et il sera dit que deux fois deux archevêques de Paris ont écrasé du pied la guerre civile.

L'église est sainte, mais la patrie est sacrée. Il faut que dans l'occasion l'église vienne au secours de la patrie. —

La lettre finie, il la signa de sa signature d'ouvrier.

Mais maintenant une difficulté se présentait : — Comment la faire parvenir?

La porter lui-même?

Mais le laisserait-on parvenir, lui pauvre artisan en blouse, jusqu'à l'archevêque?

Et puis, pour arriver jusqu'au palais archiépiscopal, il fallait traverser précisément les quartiers soulevés et où la résistance durait peut-être encore, il fallait franchir des rues encombrées de troupes, il serait arrêté et fouillé, ses mains sentaient la poudre, on le fusillerait, et la lettre ne parviendrait pas!

Comment faire?

Au moment de désespérer, le nom d'Arnaud de l'Ariége se présenta à son souvenir.

Arnaud de l'Ariége était le représentant selon son cœur. C'était une noble figure qu'Arnaud de l'Ariége. Il était démocrate-catholique comme l'ouvrier. A l'Assemblée, il levait haut, mais il portait à peu près seul cette bannière peu suivie qui aspirait à rallier la démocratie à l'église. Arnaud de l'Ariége, jeune, beau, éloquent, enthousiaste, doux et ferme, combinait les tendances du tribun avec la foi du chevalier. Sa franche nature, sans vouloir se détacher de Rome, adorait la liberté. Il avait deux principes, mais il n'avait pas deux visages. En somme le démocrate en lui l'emportait. Il me disait un jour : — *Je donne la main à Victor Hugo et je ne la donne pas à Montalembert.*

L'ouvrier le connaissait. Il lui avait souvent écrit et l'avait vu quelquefois.

Arnaud de l'Ariége demeurait dans un quartier resté à peu près libre.

L'ouvrier s'y rendit sur-le-champ.

Comme nous tous, on l'a vu, Arnaud de l'Ariége était mêlé à la lutte. Comme la plupart des représentants de la gauche, il n'avait pas reparu chez lui depuis la matinée du 2. Cependant le deuxième jour, il songea à sa jeune femme qu'il avait laissée sans savoir s'il la reverrait, à l'enfant de six mois qu'elle allaitait et qu'il n'avait pas embrassé depuis tant d'heures, à ce doux foyer qu'à de certains instants on a absolument besoin d'entrevoir, il n'y put résister; l'arrestation, Mazas, la cellule, le ponton, le peloton qui fusille, tout disparut, l'idée du danger s'effaça, il revint chez lui.

C'est précisément dans ce moment-là que l'ouvrier y arriva.

Arnaud de l'Ariége le reçut, lut sa lettre, et l'approuva.

Arnaud de l'Ariége connaissait personnellement M. l'archevêque de Paris.

M. Sibour, prêtre républicain nommé archevêque de Paris par le général Cavaignac, était le vrai chef d'Église que rêvait le catholicisme libéral d'Arnaud de l'Ariége. Pour l'archevêque, Arnaud de l'Ariége représentait à l'Assemblée le catholicisme que M. de Montalembert dénaturait. Le représentant démocrate et l'archevêque républicain avaient dans l'occasion d'assez fréquentes conférences, auxquelles servait d'intermédiaire l'abbé Maret, prêtre intelligent ami du peuple et du progrès, vicaire général de Paris, qui a été depuis évêque *in partibus* de Surat. Quelques jours auparavant Arnaud avait vu l'archevêque et reçu ses doléances au sujet des empiétements du parti clérical sur l'autorité épiscopale, et il se proposait même d'interpeller prochainement le ministère à ce sujet et de porter la question à la tribune.

Arnaud joignit à la lettre de l'ouvrier une lettre d'envoi signée de lui et scella les deux lettres dans le même pli.

Mais ici la même question se représentait.

Comment faire parvenir la missive?

Arnaud, pour des raisons plus graves encore que les motifs de l'ouvrier, ne pouvait la porter lui-même.

Et le temps pressait!

Sa femme vit son embarras et lui dit avec simplicité :

— Je m'en charge.

Madame Arnaud de l'Ariége, belle et toute jeune, mariée depuis deux ans à peine, était la fille de l'ancien constituant républicain Guichard; digne fille d'un tel père et digne femme d'un tel mari.

On se battait dans Paris; il fallait affronter les dangers des rues, passer à travers les balles, risquer sa vie.

Arnaud de l'Ariége hésita.

— Que veux-tu faire? lui demanda-t-il.

— Je porterai cette lettre.

— Toi-même?

— Moi-même.

— Mais il y a du danger.

Elle leva les yeux et lui dit :

— T'ai-je fait cette objection avant-hier quand tu m'as quittée?

Il l'embrassa avec une larme et lui dit : — Va.

Mais la police du coup d'État était soupçonneuse, beaucoup de femmes étaient fouillées en traversant les rues; on pouvait trouver cette lettre sur madame Arnaud. Où cacher cette lettre?

— J'emporterai mon enfant, dit madame Arnaud.

Elle défit les langes de la petite fille, y cacha la lettre, et referma le maillot.

Quand cela fut fini, le père baisa son enfant au front et la mère s'écria en riant:

— Oh! la petite rouge! Elle n'a que six mois, et la voilà déjà qui conspire!

Madame Arnaud gagna l'Archevêché non sans peine. La voiture qui l'y conduisit dut faire force détours. Elle arriva pourtant. Elle demanda l'archevêque. Une femme qui porte un enfant, cela ne peut être bien terrible, on la laissa entrer.

Mais elle se perdit dans les cours et les escaliers. Elle cherchait son chemin, assez déconcertée, quand elle rencontra l'abbé Maret. Elle le connaissait. Elle l'aborda. Elle lui dit l'objet de sa démarche. L'abbé Maret lut la lettre de l'ouvrier et fut pris d'enthousiasme. — Cela peut tout sauver, dit-il.

Il ajouta : — Suivez-moi, madame. Je vais vous introduire.

M. l'archevêque de Paris était dans la chambre qui est contiguë à son cabinet. L'abbé Maret fit entrer madame Arnaud dans le cabinet, prévint l'archevêque, et, un moment après, l'archevêque entra. Outre l'abbé Maret, il avait avec lui l'abbé Deguerry, curé de la Madeleine.

Madame Arnaud remit à M. Sibour les deux lettres de son mari et de l'ouvrier. L'archevêque les lut, et resta pensif.

— Quelle réponse dois-je porter à mon mari? demanda madame Arnaud.

— Madame, dit l'archevêque, il est trop tard. Il fallait faire cela avant la lutte commencée. Maintenant, ce serait s'exposer à faire couler peut-être encore plus de sang qu'il n'en a été versé.

L'abbé Deguerry garda le silence. L'abbé Maret essaya respectueusement de tourner l'esprit de son évêque vers le grand effort conseillé par l'ouvrier. Il dit quelques paroles éloquentes. Il insista sur ceci que l'apparition de l'archevêque pourrait déterminer une manifestation de la garde nationale et qu'une manifestation de la garde nationale ferait reculer l'Élysée.

— Non, dit l'archevêque, vous espérez l'impossible. L'Élysée à présent ne reculera plus. On croit que j'arrêterais le sang, point, je le ferais répandre, et à flots. La garde nationale n'a plus de prestige. Si les légions paraissent, l'Élysée fera écraser les légions par les régiments. Et puis, qu'est-ce qu'un archevêque devant l'homme du coup d'État? Où est le serment? Où est la foi jurée? Où est le respect du droit? On ne rebrousse pas chemin quand on a fait trois pas dans un tel crime. Non! non! n'espérez pas! Cet homme fera tout. Il a frappé la loi dans la main du représentant; il frapperait Dieu dans la mienne.

Et il congédia madame Arnaud avec le regard d'un homme accablé.

Faisons le devoir de l'historien. Six semaines après dans l'église Notre-Dame, quelqu'un chantait le *Te Deum* en l'honneur de la trahison de Décembre, mettant ainsi Dieu de moitié dans un crime.

C'était l'archevêque Sibour.

VIII

AU MONT-VALÉRIEN

Sur les deux cent trente représentants prisonniers à la caserne du quai d'Orsay cinquante-trois avaient été envoyés au Mont-Valérien. On en chargea quatre voitures cellulaires. Il en restait quelques-uns qu'on entassa dans un omnibus. MM. Benoist-d'Azy, Falloux, Piscatory, Vatimesnil, furent verrouillés dans les cellules roulantes, tout comme Eugène Sue et Esquiros. L'honorable M. Gustave de Beaumont, grand partisan de l'encellulement, monta en voiture cellulaire. Il n'est pas mal, nous l'avons dit, que le législateur tâte de la loi.

Le commandant du Mont-Valérien se présenta sous la voûte du fort pour recevoir les représentants prisonniers.

Il eut d'abord quelque prétention de les écrouer. Le général Oudinot, sous lequel il avait servi, l'apostropha durement :

— Vous me connaissez?

— Oui, mon général.

— Eh bien, que cela vous suffise. N'en demandez pas davantage.

— Si, dit Tamisier, demandez-en davantage, et saluez. Nous sommes plus que l'armée, nous sommes la France.

Le commandant comprit. A partir de ce moment, il fut chapeau bas devant les généraux et tête basse devant les représentants.

On les conduisit à la caserne du fort et on les enferma pêle-mêle dans un dortoir auquel on ajouta de nouveaux lits et que les soldats évacuèrent. Ils passèrent là la première nuit. Les lits se touchaient. Les draps étaient sales.

Le lendemain matin, d'après quelques paroles entendues au dehors, le bruit se répandit parmi eux qu'un tri allait être fait dans les cinquante-trois, et que les républicains seraient mis à part. Peu après le bruit se confirma. Madame de Luynes parvint jusqu'à son mari, et apporta quelques informations. On assurait, entre autres indications, que le garde des sceaux du coup d'État, l'homme qui signait *Eugène Rouher, ministre de la Justice,* avait dit : — *Qu'on mette en liberté les hommes de la droite et au cachot les hommes de la gauche. Si la populace bouge, ils répondront de tout. Pour caution de la soumission des faubourgs, nous aurons la tête des rouges.*

Nous ne croyons pas que M. Rouher ait dit ce mot, où il y a de l'audace. En ce moment-là, M. Rouher n'en avait pas. Nommé ministre le 2 décembre, il temporisait, il montrait une vague pruderie, il n'osait aller s'installer place Vendôme. Tout ce qui se faisait était-il bien correct ? Dans de certaines âmes, le doute du succès se change en scrupule de conscience. Violer toutes les lois, se parjurer, égorger le droit, assassiner la patrie, est-ce bien honnête ? Tant que le fait n'est pas accompli, on recule ; quand la chose a réussi, on s'y précipite. Où il y a victoire, il n'y a plus forfaiture ; rien n'est tel que le succès pour débarbouiller et rendre acceptable cet inconnu qu'on appelle le crime. Dans les premiers moments, M. Rouher se réserva. Plus tard, il a été un des plus violents conseillers de Louis Bonaparte. C'est tout simple. Sa peur avant explique son zèle après.

La vérité c'est que les paroles menaçantes avaient été dites, non par Rouher, mais par Persigny.

M. de Luynes fit part à ses collègues de ce qui se préparait et les prévint qu'on allait venir leur demander leurs noms afin de séparer les brebis blanches des boucs écarlates. Un murmure qui parut unanime s'éleva. Des manifestations généreuses honorèrent les représentants de la droite.

— Non ! non ! ne nommons personne ! Ne nous laissons pas trier ! s'écria M. Gustave de Beaumont.

M. de Vatimesnil ajouta : — Nous sommes entrés ici tous ensemble ; nous devons en sortir tous ensemble.

Toutefois on vint avertir quelques instants après Antony Thouret qu'une liste des noms se faisait secrètement et que les représentants royalistes étaient invités à la signer. On attribuait, à tort sans doute, cette résolution peu noble à l'honorable M. de Falloux.

Antony Thouret prit vivement la parole au milieu des groupes qui bourdonnaient dans le dortoir.

— Messieurs, s'écria-t-il, une liste des noms se fait. Ce serait une indignité. Hier, à la mairie du Xe arrondissement, vous nous disiez : Il n'y a plus ni gauche ni droite; nous sommes l'Assemblée. Vous croyiez à la victoire du peuple, et vous vous abritiez derrière nous, républicains. Aujourd'hui vous croyez à la victoire du coup d'État, et vous redeviendriez royalistes pour nous livrer, nous démocrates! Fort bien, faites!

Une clameur générale s'éleva.

— Non, non, plus de droite ni de gauche. Tous sont l'Assemblée! Le même sort pour tous!

La liste commencée fut saisie et brûlée.

— Par décision de la Chambre, dit M. de Vatimesnil en souriant.

Un représentant légitimiste ajouta :

— De la Chambre, non! Disons de la chambrée.

Quelques instants après, le commissaire du fort se présenta, et en termes polis, mais qui sentaient l'injonction, invita les représentants du peuple à déclarer chacun leurs noms, afin qu'on pût assigner à tous des destinations définitives.

Un cri d'indignation lui répondit.

— Personne! Personne ne se nommera, dit le général Oudinot.

Gustave de Beaumont ajouta :

— Nous avons tous le même nom : Représentants du peuple.

Le commissaire salua et sortit.

Au bout de deux heures il revint. Il était assisté cette fois du chef des huissiers de l'Assemblée, un appelé Duponceau, espèce de bonhomme rogue à figure rouge et à cheveux blancs qui dans les grands jours se prélassait au pied de la tribune avec un collet argenté, une chaîne sur l'estomac et une épée entre les jambes.

Le commissaire dit à Duponceau :

— Faites votre devoir.

Ce que le commissaire entendait et ce que Duponceau comprenait par ce mot *devoir*, c'était que l'huissier dénonçât les législateurs. Quelque chose de pareil au valet qui trahit ses maîtres.

Cela se fit ainsi.

Ce Duponceau osa regarder en face les représentants les uns après les autres, et il les nommait au fur et à mesure à un homme de police qui prenait note.

Le sieur Duponceau fut fort maltraité en passant cette revue.

— Monsieur Duponceau, lui dit M. de Vatimesnil, je vous tenais pour un imbécile, mais je vous croyais un honnête homme.

Le mot le plus dur lui fut adressé par Antony Thouret. Il regarda le sieur Duponceau en face et lui dit :

— Vous mériteriez de vous appeler Dupin.

L'huissier en effet eût été digne d'être le président, et le président eût été digne d'être l'huissier.

Le troupeau compté, le classement fait, il se trouva treize boucs, dix représentants de la gauche : Eugène Sue, Esquiros, Antony Thouret, Pascal Duprat, Chanay, Fayolle, Paulin Durrieu, Benoît, Tamisier, Teillard-Latérisse, et trois membres de la droite qui depuis la veille étaient devenus brusquement rouges aux yeux du coup d'État : Oudinot, Piscatory et Thuriot de la Rosière.

On les enferma séparément, et l'on mit en liberté, les uns après les autres, les quarante qui restaient.

IX

COMMENCEMENT D'ÉCLAIRS

DANS LE PEUPLE

La soirée fut menaçante.
Des groupes s'étaient formés sur les boulevards. A la nuit ils se grossirent et devinrent des attroupements, qui bientôt se mêlèrent et ne firent plus qu'une foule. Foule immense, à chaque instant accrue et troublée par les affluents des rues, heurtée, ondoyante, orageuse, et d'où sortait un bourdonnement tragique. Cette rumeur se condensait dans un mot, dans un nom qui sortait à la fois de toutes les bouches et qui exprimait toute la situation : Soulouque! Sur cette longue ligne de la Madeleine à la Bastille, presque partout, excepté (était-ce exprès?) aux portes Saint-Denis et Saint-Martin, la chaussée était occupée par la troupe, infanterie et cavalerie en bataille, batteries attelées; sur les trottoirs, des deux côtés de ce bloc immobile et sombre, hérissé de canons, de sabres

et de bayonnettes, ruisselait un flot de peuple irrité.
Partout l'indignation publique, c'était là l'aspect des boulevards. A la Bastille, calme plat.

A la porte Saint-Martin, la foule, pressée et inquiète, parlait bas. Des cercles d'ouvriers causaient à demi-voix. La société du Dix-Décembre faisait là quelques efforts. Des hommes en blouse blanche, espèce d'uniforme que la police avait pris pour ces journées-là, disaient : — Laissons faire! Que les vingt-cinq francs s'arrangent! Ils nous ont abandonnés en juin 48; qu'ils se tirent d'affaire aujourd'hui tout seuls! Cela ne nous regarde pas! — D'autres blouses, des blouses bleues, leur répondaient :
— Nous savons ce que nous avons à faire. Ça ne fait que commencer. Il faudra voir.

D'autres racontaient qu'on refaisait des barricades rue Aumaire, qu'on y avait déjà tué beaucoup de monde, qu'on tirait sans sommation, que les soldats étaient pris de vin, qu'il y avait sur plusieurs points du quartier des ambulances déjà encombrées de blessés et de morts. Tout cela dit gravement, sans éclats de voix et sans gestes, du ton d'une confidence. De temps en temps la foule faisait silence et prêtait l'oreille, et l'on entendait des fusillades lointaines.

Les groupes disaient : — *Voilà qu'on commence à déchirer de la toile.*

Nous étions en permanence chez Marie, rue Croix-des-Petits-Champs. Les adhésions nous arrivaient de toutes parts. Plusieurs de nos collègues qui n'avaient pu nous retrouver la veille étaient venus nous rejoindre, entre autres Emmanuel Arago, fils vaillant d'un père illustre, Farconnet et Roussel (de l'Yonne), et quelques notabilités parisiennes au nombre desquelles le jeune et déjà célèbre défenseur de *l'Avènement du peuple*, M. Desmarets.

Deux hommes éloquents, Jules Favre et Alexandre Rey, assis à une grande table près de la fenêtre du cabinet, rédigeaient une proclamation à la garde nationale. Dans le salon, Sain, assis dans un fauteuil, les pieds sur les chenets et séchant à un grand feu ses bottes mouillées, disait avec ce tranquille et courageux sourire qu'il avait à la tribune : — Cela va mal pour nous, mais bien pour la République. La loi martiale est proclamée; on l'exécutera avec férocité, surtout contre nous. Nous sommes guettés, suivis, traqués, et il est peu probable que nous échappions. Aujourd'hui, demain, dans dix minutes peut-être, il y aura « un petit *écrasiat* » de représentants. Nous serons pris ici ou ailleurs, fusillés sur place ou tués à coups de baïonnette. On promènera nos cadavres, et il faut espérer que cela fera enfin lever le peuple et choir le Bonaparte. Nous sommes morts, mais Bonaparte est perdu.

A huit heures, comme Émile de Girardin l'avait promis, nous reçûmes de l'imprimerie de *la Presse* cinq cents exemplaires du décret de déchéance et de mise hors la loi visant l'arrêt de la haute cour et revêtu de toutes nos signatures. C'était un placard deux fois grand comme la main et imprimé sur du papier à épreuves. Ce fut Noël Parfait qui apporta les cinq cents exemplaires, tout humides encore, entre son gilet et sa chemise. Trente représentants se les partagèrent, et nous les envoyâmes sur les boulevards distribuer le décret au peuple.

L'effet de ce décret tombant au milieu de cette foule fut extraordinaire. Quelques cafés étaient restés ouverts; on s'arracha les placards, on se pressa aux devantures éclairées, on s'entassa au pied des réverbères ; quelques-uns montaient sur des bornes ou sur des tables et lisaient à haute voix le décret. — C'est cela ! bravo ! disait le peuple. — Les signatures ! les signatures ! criait-on. On lisait les signatures ; à chaque nom populaire, la foule battait des mains. Charamaule, gai et indigné, parcourait les groupes, distribuant les exemplaires du décret ; sa grande taille, sa parole haute et hardie, le paquet de placards qu'il élevait et agitait au-dessus de sa tête, faisaient tendre vers lui toutes les mains. — Criez à bas Soulouque ! et vous en aurez, disait-il. — Tout cela en présence des soldats. Un sergent de la ligne, apercevant Charamaule, tendit la main, lui aussi, pour avoir une de ces feuilles que Charamaule distribuait. — Sergent, lui dit Charamaule, criez : A bas Soulouque ! — Le sergent hésita un moment, puis répondit : Non ! — Eh bien, reprit Charamaule, criez : Vive Soulouque ! — Cette fois le sergent n'hésita pas, il éleva son sabre et, au milieu des éclats de rire et des applaudissements, il cria résolûment : Vive Soulouque !

La lecture du décret ajouta une ardeur sombre à l'indignation. On se mit à déchirer de toutes parts les affiches du coup d'État. De la porte du café des Variétés un jeune homme cria à des officiers : — Vous êtes ivres ! Des ouvriers sur le boulevard Bonne-Nouvelle montraient le poing aux soldats et disaient : — Tirez donc, lâches, sur des hommes sans armes ! Si nous avions des fusils, vous lèveriez la crosse en l'air ! — On commença à faire des charges de cavalerie devant le café Cardinal.

Comme il n'y avait pas de troupes boulevard Saint-Martin et boulevard du Temple, la foule était compacte là plus qu'ailleurs. Toutes les boutiques y étaient fermées; les réverbères jetaient seuls quelque lueur; aux vitres des fenêtres non éclairées on entrevoyait vaguement des têtes qui regardaient. L'obscurité produit le silence; cette multitude, comme nous l'avons déjà indiqué, se taisait; on n'entendait qu'un chuchotement confus.

Tout à coup une clarté, un bruit, un tumulte, éclatent au débouché de la rue Saint-Martin. Tous les yeux se tournent de ce côté; une houle profonde remue la foule; on se précipite et on se presse aux rampes des hauts trottoirs qui bordent le ravin devant les théâtres de la Porte-Saint-Martin et de l'Ambigu. On voit une masse qui se meut et une lumière qui approche. Des voix chantent. On reconnaît ce refrain redoutable : *Aux armes, citoyens ! Formez vos bataillons !* Ce sont des torches allumées qui arrivent; c'est *la Marseillaise,* cette autre torche de la révolution et de la guerre, qui flamboie.

La foule se rangeait au passage de l'attroupement qui portait les torches et qui chantait. L'attroupement atteignit le ravin Saint-Martin et s'y engagea. On distingua alors ce que c'était que cette marche lugubre. L'attroupement était composé de deux groupes distincts; le premier portait sur les épaules une planche où l'on voyait étendu un vieillard à barbe blanche, roide, la bouche béante, les yeux fixes et ayant un trou au front. L'oscillation de la marche faisait remuer le cadavre, et la tête morte s'abaissait et se relevait d'une façon menaçante et pathétique. Un des hommes qui le portaient, pâle, blessé à la poitrine, posait la main sur sa blessure, s'appuyait aux pieds du vieillard, et par moments paraissait lui-même prêt à tomber. L'autre groupe portait une autre civière sur laquelle un jeune homme était couché, le visage blanc et les yeux fermés ; sa chemise souillée, ouverte sur sa poitrine, laissait voir ses plaies. Tout en portant les deux civières, les groupes chantaient. Ils chantaient *la Marseillaise,* et à chaque refrain ils s'arrêtaient et élevaient leurs torches en criant : Aux armes ! Quelques jeunes hommes agitaient des sabres nus. Les torches jetaient une lueur sanglante aux fronts blêmes des cadavres et aux faces livides de la foule. Un frisson courut dans le peuple. Il semblait qu'on revît la vision formidable de février.

Ce cortége sinistre venait de la rue Aumaire. Vers huit heures, une trentaine d'ouvriers qui s'étaient recrutés aux environs des Halles, les mêmes qui le lendemain construisirent la barricade de la rue Guérin-Boisseau, étaient arrivés rue Aumaire par la rue du Petit-Lion, la rue Neuve-Bourg-l'Abbé et le carré Saint-Martin. Ils venaient combattre, mais l'action était finie sur ce point. L'infanterie s'était retirée après avoir défait les barricades. Deux cadavres, un vieillard de soixante-dix ans et un jeune homme de vingt-cinq ans, gisaient au coin de la rue, sur le pavé, face découverte, le corps dans une flaque de sang, la tête sur le trottoir où ils étaient tombés. Tous deux étaient vêtus de paletots et semblaient appartenir à la classe bourgeoise. Le vieux avait son chapeau à côté de lui ; c'était une figure vénérable, barbe blanche, cheveux blancs, l'air calme. Une balle lui avait traversé le crâne.

Le jeune avait eu la poitrine percée de plusieurs chevrotines. L'un était le père, l'autre était le fils. Le fils ayant vu tomber son père avait dit : Je veux mourir. Tous deux étaient couchés l'un près de l'autre.

Il y avait devant la grille du Conservatoire des arts

et métiers une maison en construction; on alla y chercher deux planches, on étendit les cadavres sur ces planches, la foule les souleva sur ses épaules, on apporta des torches et l'on se mit en marche. Rue Saint-Denis, un homme en blouse blanche leur barra le passage.— Où allez-vous? leur dit-il. Vous allez attirer des malheurs! Vous faites les affaires des vingt-cinq francs! — A bas la police! à bas la blouse blanche! cria la foule. L'homme s'esquiva.

L'attroupement se grossissait chemin faisant, la foule s'ouvrait et répétait en chœur *la Marseillaise*, mais à part quelques sabres personne n'était armé. Sur le boulevard, l'émotion fut profonde. Les femmes joignaient les mains de pitié. On entendait des ouvriers s'écrier :
— Et dire que nous n'avons pas d'armes!

Le cortége, après avoir quelque temps suivi les boulevards, rentra dans les rues, suivi de toute une multitude attendrie et indignée. Il gagna ainsi la rue des Gravilliers. Là une escouade de vingt sergents de ville, sortant brusquement d'une rue étroite, se rua l'épée haute sur les hommes qui portaient les civières et jeta les cadavres dans la boue. Un bataillon de chasseurs survint au pas de course et mit fin à la lutte à coups de bayonnette. Cent deux citoyens prisonniers furent conduits à la préfecture. Les deux cadavres reçurent plusieurs coups d'épée dans la mêlée et furent tués une seconde fois. Le brigadier Revial, qui commandait l'escouade de sergents de ville, a eu la croix pour ce fait d'armes.

Chez Marie nous étions au moment d'être cernés. Nous nous décidâmes à quitter la rue Croix-des-Petits-Champs.

A l'Élysée le tremblement commençait. L'ex-commandant Fleury, un des aides de camp de la présidence, fut appelé dans le cabinet où M. Bonaparte s'était tenu toute la journée. M. Bonaparte s'entretint quelques instants seul avec M. Fleury, puis l'aide de camp sortit du cabinet, monta à cheval et partit au galop dans la direction de Mazas.

Ensuite les hommes du coup d'État, réunis dans le cabinet de M. Bonaparte, tinrent conseil. Leurs affaires allaient visiblement mal; il était probable que la bataille finirait par prendre des proportions redoutables; jusque-là on l'avait désirée, maintenant on n'était pas bien sûr de ne pas la craindre. On y poussait, on s'en défiait. Il y avait des symptômes alarmants dans la fermeté de la résistance et d'autres non moins graves dans la lâcheté des adhérents. Pas un des nouveaux ministres nommés le matin n'avait pris possession de son ministère; timidité significative de la part de gens si prompts d'ordinaire à se ruer sur les choses. M. Rouher, particulièrement, avait plongé on ne sait où. Signe d'orage. Louis Bonaparte mis à part, le coup d'État continuait à peser uniquement sur trois noms, Morny, Saint-Arnaud et Maupas. Saint-Arnaud répondait de Magnan. Morny riait et disait à demi-voix : Mais Magnan répond-il de Saint-Arnaud? Ces hommes prirent des mesures; ils firent venir de nouveaux régiments; l'ordre aux garnisons de marcher sur Paris fut envoyé d'une part jusqu'à Cherbourg et de l'autre jusqu'à Maubeuge. Ces coupables, profondément inquiets au fond, cherchaient à se tromper les uns des autres; ils faisaient bonne contenance; tous parlaient de victoire certaine; chacun en arrière arrangeait sa fuite. En secret et sans rien dire, afin de ne pas donner l'éveil aux autres compromis, et en cas d'insuccès, de laisser au peuple quelques hommes à dévorer. Pour cette petite école des singes de Machiavel, la condition d'une bonne évasion c'est d'abandonner ses amis; en s'enfuyant on jette ses complices derrière soi.

X

CE QUE FLEURY ALLAIT FAIRE

A MAZAS

Dans cette même nuit, vers quatre heures du matin, les abords du chemin de fer du Nord furent silencieusement investis par deux bataillons, l'un de chasseurs de Vincennes, l'autre de gendarmerie mobile. Plusieurs escouades de sergents de ville s'installèrent dans l'embarcadère. L'ordre fut donné au chef de gare de préparer un train spécial et de faire chauffer une locomotive. On retint un certain nombre de chauffeurs et de mécaniciens pour un service de nuit. Du reste nulle explication pour personne et secret absolu. Un peu avant six heures un mouvement se fit dans la troupe, des sergents de ville arrivèrent en courant, et quelques instants après déboucha au grand trot par la rue du Nord un escadron de lanciers. Au milieu de l'escadron et entre les deux haies des cavaliers, on voyait deux voitures cellulaires traînées par des chevaux de poste; derrière chaque voiture venait une petite calèche ouverte dans laquelle se tenait un homme seul. En tête des lanciers galopait l'aide de camp Fleury.

Le convoi entra dans la cour, puis dans la gare, et les grilles et les portes se refermèrent.

Les deux hommes qui étaient dans les deux calèches se firent reconnaître du commissaire spécial de la gare auquel l'aide de camp Fleury parla en particulier. Ce convoi mystérieux excita la curiosité des employés du chemin de fer; les gens de service interrogeaient les hommes de police, mais ceux-ci ne savaient rien. Tout ce qu'ils purent dire, c'est que les voitures cellulaires étaient à huit places, que dans chaque voiture il y avait quatre prisonniers, occupant chacun une cellule, et que les quatre autres cellules étaient remplies par quatre sergents de ville placés entre les prisonniers de façon à empêcher toute communication de cellule à cellule.

Après les divers pourparlers entre l'aide de camp de l'Élysée et les gens du préfet Maupas, on plaça sur des trucs les deux voitures cellulaires, ayant toujours chacune derrière elle la calèche ouverte comme une guérite roulante où un agent de police faisait sentinelle. La locomotive était prête, on accrocha les trucs au tender, et le train partit. Il faisait encore nuit noire.

Le train roula longtemps dans le silence le plus profond. Cependant il gelait; dans la seconde des deux voitures cellulaires les sergents de ville, gênés et transis, ouvrirent leurs cellules et pour se réchauffer et se dégourdir se mirent à se promener dans l'étroit couloir qui traverse de part en part les voitures cellulaires. Le jour était venu ; les quatre sergents de ville respiraient l'air du dehors et regardaient la campagne par l'espèce de hublot qui borde des deux côtés le plafond du couloir. Tout à coup une voix forte sortit d'une des cellules restées fermées et cria : — Ah ça, il fait très-froid! Est-ce qu'on ne peut pas rallumer son cigare ici?

Une autre voix partit immédiatement d'une autre cellule et dit: — Tiens, c'est vous! Bonjour, Lamoricière!

— Bonjour, Cavaignac, reprit la première voix.

Le général Cavaignac et le général Lamoricière venaient de se reconnaître.

Une troisième voix s'éleva d'une troisième cellule : — Ah! vous êtes là, messieurs! Bonjour et bon voyage!

Celui qui parlait là, c'était le général Changarnier.

— Messieurs les généraux, cria une quatrième voix, je suis des vôtres.

Les trois généraux reconnurent M. Baze. Un éclat de rire sortit des quatre cellules à la fois.

Cette voiture cellulaire contenait en effet et emportait hors de Paris le questeur Baze et les généraux Lamoricière, Cavaignac et Changarnier. Dans l'autre voiture, qui était placée la première sur les trucs, il y avait le colonel Charras, les généraux Bedeau et Leflô, et le comte Roger (du Nord).

A minuit, ces huit représentants prisonniers dormaient chacun dans leur cellule à Mazas, lorsqu'on avait frappé brusquement à leur guichet, et une voix leur avait dit : — Habillez-vous; on va venir vous chercher.

— Est-ce pour nous fusiller? cria Charras à travers la porte. — On ne lui répondit pas.

Chose digne de remarque, cette idée en ce moment leur vint à tous. Et en effet, s'il faut en croire ce qui transpire aujourd'hui des querelles actuelles entre complices, il paraît que, dans le cas où un coup de main aurait été tenté par nous sur Mazas pour les délivrer, une fusillade était résolue, et que Saint-Arnaud en avait dans sa poche l'ordre écrit et signé : *Louis Bonaparte*.

Les prisonniers se levèrent. Déjà, la nuit précédente, un avis pareil leur avait été donné ; ils avaient passé la nuit sur pied, et à six heures du matin les guichetiers leur avaient dit : Vous pouvez vous coucher. Les heures s'écoulèrent ; ils finirent par croire qu'il en serait comme l'autre nuit, et plusieurs d'entre eux entendant sonner cinq heures à l'horloge intérieure de la prison, allaient se remettre au lit, quand les portes de leurs cellules s'ouvrirent. On les fit descendre tous les huit l'un après l'autre dans la rotonde du greffe, puis monter en voiture cellulaire, sans qu'ils se fussent rencontrés ni aperçus dans le trajet. Une espèce d'homme vêtu de noir, à l'air impertinent, assis à une table et une plume à la main, les arrêtait au passage et leur demandait leurs noms. — Je ne suis pas plus disposé à vous dire mon nom que curieux de savoir le vôtre, répondit le général Lamoricière, et il passa outre.

L'aide de camp Fleury, cachant son uniforme sous son caban, se tenait dans le greffe. Il était chargé, pour employer ses propres termes, de « les embarquer », et d'aller rendre compte de « l'embarquement » à l'Élysée. L'aide de camp Fleury avait fait presque toute sa carrière militaire en Afrique dans la division du général Lamoricière, et c'était le général Lamoricière qui, en 1848, étant ministre de la guerre, l'avait nommé chef d'escadron. En traversant le greffe, le général Lamoricière le regarda fixement.

Quand ils montèrent dans les voitures cellulaires, les généraux avaient le cigare à la bouche. On le leur ôta.

Le général Lamoricière avait gardé le sien. Une voix cria du dehors à trois reprises : Empêchez-le donc de fumer. Un sergent de ville qui se tenait debout à la porte de la cellule hésita quelque temps, puis finit pourtant par dire au général : — Jetez votre cigare.

De là plus tard l'exclamation qui fit reconnaître le général Lamoricière par le général Cavaignac. Les voitures chargées, on partit.

Ils ne savaient ni avec qui ils étaient ni où ils allaient. Chacun observait à part soi, dans sa boîte, les tournants de rue et tâchait de deviner; les uns crurent qu'on les menait au chemin du Nord, les autres songeaient au chemin du Havre. Ils entendaient le trot de l'escorte sur le pavé.

Sur le chemin de fer, le malaise des cellules alla croissant. Le général Lamoricière, encombré d'un paquet et d'un manteau, était plus à l'étroit encore que les autres. Il ne pouvait faire un mouvement; le froid le prit; il finit par jeter une parole qui les mit tous les quatre en communication.

En entendant les noms des prisonniers, les gardiens, brutaux jusque-là, devinrent respectueux. — Ah ça! dit le général Changarnier, ouvrez-nous nos cellules et laissez-nous nous promener comme vous dans le couloir. — Mon général, dit un sergent de ville, cela nous est défendu. Le commissaire de police est derrière la voiture dans une calèche d'où il voit tout ce qui se passe ici. — Cependant, quelques instants après, les gardiens, sous prétexte du froid, baissèrent la glace dépolie qui fermait le couloir du côté du commissaire, et ayant ainsi « bloqué la police, » comme disait l'un d'eux, ils ouvrirent les cellules des prisonniers.

Ce fut une joie aux quatre représentants de se revoir et de se serrer la main. Chacun des trois généraux, dans cet épanchement, conservait l'attitude de son tempérament, Lamoricière, furieux et spirituel, se ruant de toute sa verve militaire sur « le Bonaparte », Cavaignac calme et froid, Changarnier silencieux et regardant par le hublot dans la campagne. Les sergents de ville se risquaient à jeter çà et là quelques mots. Un d'eux conta aux prisonniers que l'ex-préfet Carlier avait passé la nuit du 1er au 2 à la préfecture de police. — Quant à moi, disait-il, j'ai quitté la préfecture à minuit, mais je l'y ai vu jusqu'à cette heure-là, et je puis affirmer qu'à minuit il y était encore.

Ils gagnèrent Creil, puis Noyon. A Noyon on les fit déjeûner sans les laisser descendre; un morceau sur le pouce et un verre de vin. Les commissaires de police ne leur adressèrent pas la parole. Puis on referma les voitures, et ils sentirent qu'on les enlevait des trucs et qu'on les replaçait sur des roues. Des chevaux de poste arrivèrent, et les voitures partirent, mais au pas. Il avaient maintenant pour escorte une compagnie de gendarmes mobiles à pied.

Il y avait dix heures qu'ils étaient en voiture cellulaire quand ils quittèrent Noyon. Cependant l'infanterie fit halte. Ils demandèrent à descendre un instant. — Nous y consentons, dit un des commissaires de police, mais pour une minute seulement et à condition que vous donnerez votre parole d'honneur de ne pas vous évader. — Nous ne donnons pas de parole d'honneur, répliquèrent les prisonniers. — Messieurs, reprit le commissaire, donnez-la-moi seulement pour une minute, le temps de boire un verre d'eau.

— Non, dit le général Lamoricière, mais le temps de faire le contraire. Et il ajouta : — A la santé de Louis Bonaparte! — On les laissa descendre, toujours l'un après l'autre, et ils purent respirer un moment un peu d'air libre en plein champ, au bord de la route.

Puis le convoi se remit en marche.

Comme le jour baissait, ils aperçurent par leur hublot un bloc de hautes murailles, un peu dépassées par une grosse tour ronde. Un moment après, les voitures s'engagèrent sous une voûte basse, puis s'arrêtèrent au milieu d'une cour longue, encaissée, entourée de grands murs et dominée par deux bâtiments dont l'un avait l'aspect d'une caserne et l'autre, grillé à toutes les fenêtres, l'aspect d'une prison. Les portières des voitures s'ouvrirent. Un officier qui portait les épaulettes de capitaine se tenait debout près du marchepied. Le général Changarnier descendit le premier. — Où sommes-nous? dit-il.

L'officier répondit : — Vous êtes à Ham.

Cet officier était le commandant du fort. Il avait été nommé à ce poste par le général Cavaignac.

Le trajet de Noyon à Ham avait duré trois heures et demie. Ils avaient passé treize heures en voiture dont dix dans le cachot roulant.

On les conduisit séparément à la prison, chacun dans la chambre qui lui était destinée. Cependant le général Lamoricière ayant été mené par mégarde dans la chambre de Cavaignac, les deux généraux purent échanger encore une poignée de main. Le général Lamoricière désira écrire à sa femme; la seule lettre dont les commissaires de police consentirent à se charger fut un billet portant cette ligne : « Je me porte bien. »

Le principal corps de logis de la prison de Ham est

composé d'un étage au-dessus d'un rez-de-chaussée. Le rez-de-chaussée, traversé d'une voûte obscure et surbaissée qui va de la cour principale dans une arrière-cour, contient trois chambres séparées par un couloir; le premier étage a cinq chambres. L'une des trois chambres du rez-de-chaussée n'est qu'un petit cabinet à peu près inhabitable; on y logea M. Baze. On installa dans les deux autres chambres d'en bas le général Lamoricière et le général Changarnier. Les cinq autres prisonniers furent distribués dans les cinq chambres du premier étage.

La chambre assignée au général Lamoricière avait été occupée, du temps de la captivité des ministres de Charles X, par l'ex-ministre de la marine, M. d'Haussez. C'était une pièce basse, humide, longtemps inhabitée, qui avait servi de chapelle, contiguë à la voûte noire qui allait d'une cour à l'autre, planchéyée de grosses planches visqueuses et moisies où le pied s'engluait, tapissée d'un papier gris devenu vert qui tombait par lambeaux, salpêtrée du plancher au plafond, éclairée sur la cour de deux fenêtres grillées qu'il fallait toujours laisser ouvertes à cause de la cheminée qui fumait. Au fond le lit, entre les fenêtres une table et deux chaises de paille. L'eau suintait sur les murs. Lorsque le général Lamoricière a quitté cette chambre, il en a emporté des rhumatismes; M. d'Haussez en était sorti perclus.

Quand les huit prisonniers furent entrés dans leur chambre, on ferma la porte sur eux; ils entendirent tirer les verrous du dehors et on leur dit: — Vous êtes au secret.

Le général Cavaignac occupa, au premier, l'ancienne chambre de M. Louis Bonaparte, la meilleure de la prison. La première chose qui frappa les yeux du général, ce fut une inscription tracée sur le mur et indiquant le jour où Louis Bonaparte était entré dans cette forteresse, et le jour où il en était sorti, on sait comment, déguisé en maçon et une planche sur l'épaule. Du reste le choix de ce logis était une attention de M. Louis Bonaparte qui, ayant pris en 1848 la place du général Cavaignac au pouvoir, voulut qu'en 1851 le général Cavaignac prît sa place en prison.

— Chassez-croisez ! avait dit Morny en souriant.

Les prisonniers étaient gardés par le 48e de ligne qui tenait garnison à Ham. Les vieilles bastilles sont indifférentes. Elles obéissent à ceux qui font les coups d'État jusqu'au jour où elles les saisissent. Que leur importe ces mots, équité, vérité, conscience, qui du reste, dans certaines régions, n'émeuvent pas beaucoup plus les hommes que les pierres. Elles sont les froides et sinistres servantes du juste et de l'injuste. Elles prennent qui on leur donne. Tout leur est bon. Sont-ce des coupables? c'est bien. Sont-ce des innocents? à merveille. Cet homme est le machinateur d'un guet-apens. En prison ! Cet homme est la victime d'un guet-apens. Écrouez! Dans la même chambre. Au cachot tous les vaincus !

Elles ressemblent, ces hideuses bastilles, à cette vieille justice humaine qui a tout juste autant de conscience qu'elles, qui a jugé Socrate et Jésus, qui, elle aussi, prend et laisse, empoigne et lâche, absout et condamne, libère et incarcère, s'ouvre et se ferme, au gré de la main quelconque qui pousse du dehors le verrou.

XI

FIN DE LA DEUXIÈME JOURNÉE

Quand nous sortîmes de chez Marie, il était temps. Les bataillons chargés de nous traquer et de nous prendre approchaient. Nous entendions dans l'ombre le pas mesuré des soldats. Les rues étaient obscures. Nous nous y dispersâmes. Je ne parle pas d'un asile qui nous fut refusé.

Moins de dix minutes après notre départ, la maison de M. Marie fut investie. Un fourmillement de fusils et de sabres s'y rua et l'envahit de la cave au grenier.
— Partout! partout! criaient les chefs. Les soldats nous cherchèrent avec quelque vivacité. Sans prendre la peine de se pencher pour regarder, ils fouillèrent sous les lits à coups de bayonnette. Quelquefois ils avaient de la peine à retirer la bayonnette enfoncée dans le mur. Par malheur pour ce zèle, nous n'étions pas là.

Ce zèle venait d'en haut. Les pauvres soldats obéissaient. Tuer les représentants était la consigne. C'était le moment où Morny envoyait cette dépêche à Maupas :

— *Si vous prenez Victor Hugo, faites-en ce que vous voudrez.* Tels étaient les euphémismes. Plus tard le coup d'État, dans son décret de bannissement, nous appela « *ces individus* », ce qui a fait dire à Schœlcher cette fière parole : « *Ces gens-là ne savent pas même exiler poliment.* »

Le docteur Véron, qui publie dans ses *Mémoires* la dépêche Morny-Maupas, ajoute : « M. de Maupas fit chercher Victor Hugo chez son beau-frère, M. Victor Foucher, conseiller à la cour de cassation. On ne l'y trouva pas. »

Un ancien ami, homme de cœur et de talent, M. Henry d'E., m'avait offert un asile dans un petit appartement qu'il avait rue Richelieu ; cet appartement, voisin du Théâtre-Français, était au premier étage d'une maison qui, comme celle de M. Grévy, avait une sortie sur la rue Fontaine-Molière.

J'y allai. M. Henry d'E. était absent, son portier m'attendait, et me remit la clef.

Une bougie éclairait la chambre où j'entrai. Il y avait une table près du feu, une écritoire, du papier. Il était plus de minuit, j'étais un peu fatigué ; mais avant de dormir, prévoyant que si je survivais à cette aventure j'en ferais l'histoire, je voulus fixer immédiatement quelques détails de la situation de Paris à la fin de cette journée, la deuxième du coup d'État. J'écrivis cette page que je reproduis ici parce qu'elle est ressemblante ; c'est une sorte de photographie du fait immédiat :

« — Louis Bonaparte a inventé une chose qu'il appelle Commission Consultative, et qu'il charge de rédiger le post-scriptum du crime.

« Léon Faucher refuse d'en être, Montalembert hésite, Baroche accepte.

« — Falloux méprise Dupin.

« — Les premiers coups de feu ont été tirés aux Archives. Aux Halles, rue Rambuteau, rue Beaubourg, j'ai entendu des détonations.

« — Fleury, l'aide de camp, s'est risqué à passer rue Montmartre. Un coup de fusil lui a traversé son képi. Il a vite pris le galop. A une heure on a fait voter les régiments sur le coup d'État. Tous adhèrent. Les élèves en droit et en médecine se sont réunis à l'École de droit pour protester. Les gardes municipaux les ont dispersés. Beaucoup d'arrestations. Ce soir, partout des patrouilles. Quelquefois, une patrouille, c'est un régiment tout entier.

« — Le représentant d'Hespel, qui a six pieds, n'a pu trouver à Mazas de cellule aussi longue que lui, et a dû rester chez le concierge où il est gardé à vue.

« — Mesdames Odilon Barrot et de Tocqueville ne savent pas où sont leurs maris. Elles courent de Mazas au Mont-Valérien. Les geôliers sont muets. C'est le 19ᵉ léger qui a attaqué la barricade où a été tué Baudin. Cinquante hommes de gendarmerie mobile ont enlevé au pas de course la barricade de l'Oratoire, rue Saint-Honoré. Du reste le combat se dessine ; on sonne le tocsin à la chapelle Bréa. Une barricade renversée met vingt barricades debout. Il y a la barricade des Écoles, rue Saint-André-des-Arts, la barricade des rues du Temple, la barricade du carrefour Phélippeaux défendue par vingt jeunes hommes qui se sont fait tous tuer ; on la reconstruit ; la barricade de la rue de Bretagne, qu'en ce moment Courtigis attaque à coups de canon. Il y a la barricade des Invalides, la barricade de la barrière des Martyrs, la barricade de la Chapelle-

Saint-Denis. Les conseils de guerre sont en permanence et font fusiller tous les prisonniers. Le 30⁰ de ligne a fusillé une femme. Huile sur le feu.

« — Le colonel du 49ᵉ de ligne a donné sa démission. Louis Bonaparte a nommé à sa place le lieutenant-colonel Négrier. M. Brun, officier de police de l'Assemblée, a été arrêté en même temps que les questeurs.

« — On dit que cinquante membres de la majorité ont signé une protestation chez Odilon Barrot.

« — Ce soir anxiété croissante à l'Élysée. On y craint l'incendie. On a ajouté aux sapeurs-pompiers deux bataillons de sapeurs du génie. Maupas fait garder les gazomètres.

« — Voici sous quelle griffe militaire on a mis Paris : — Bivouacs sur tous les points stratégiques. « Au pont Neuf et sur le quai aux Fleurs la garde municipale; place de la Bastille, douze pièces de canon, trois obusiers, mèches allumées; à l'angle du faubourg, des maisons de six étages occupées par la troupe du haut en bas; la brigade Marulaz, à l'Hôtel de ville; la brigade Sauboul, au Panthéon; la brigade Courtigis, au faubourg Saint-Antoine; la division Renaud, au faubourg Saint-Marceau. Au palais Législatif, les chasseurs de Vincennes et un bataillon du 15ᵉ léger; aux Champs-Élysées, infanterie et cavalerie; à l'avenue Marigny, artillerie. Dans l'intérieur du Cirque, un régiment entier; il a bivouaqué là toute la nuit. Un escadron de garde municipale bivouaque place Dauphine. Bivouac au Conseil d'État, bivouac dans la cour des Tuileries. Plus les garnisons de Saint-Germain et de Courbevoie. — Deux colonels tués, Loubeau, du 75ᵉ, et Quilio. Partout des infirmiers passent, portant des civières. Partout des ambulances : bazar de l'Industrie (boulevard Poissonnière); salle Saint-Jean, à l'Hôtel de ville ; rue du Petit-Carreau. — Dans cette sombre bataille neuf brigades sont engagées, toutes ont une batterie d'artillerie ; un escadron de cavalerie maintient les communications entre les brigades ; quarante mille hommes en lutte, avec une réserve de soixante mille hommes; cent mille soldats sur Paris. Telle est l'armée du crime. La brigade Reibell, 1er et 2e lanciers, protége l'Élysée. Les ministres couchent tous au ministère de l'intérieur, près de Morny. Morny veille, Magnan commande. Demain sera une journée terrible. »

Cette page écrite, je me couchai et je m'endormis.

FIN DU TOME PREMIER.

TABLE

TABLE

Préface. I
Note. II

PREMIÈRE JOURNÉE

LE GUET-APENS

I. Sécurité. 1
II. Paris dort; coup de sonnette 7
III. Ce qui s'était passé dans la nuit. 11
IV. Autres actes nocturnes. 33
V. Obscurité du crime. 37
VI. Les affiches. 41

TABLE.

VII.	Rue Blanche, n° 70.	47
VIII.	Violation de la salle.	59
IX.	Une fin pire qu'une mort.	73
X.	La porte noire.	75
XI.	La haute cour.	79
XII.	Mairie du Xe arrondissement.	95
XIII.	Louis Bonaparte de profil.	123
XIV.	Caserne d'Orsay.	127
XV.	Mazas.	141
XVI.	L'incident du boulevard Saint-Martin.	149
XVII.	Contrecoup du 24 juin sur le 2 décembre.	163
XVIII.	Les Représentants traqués.	173
XIX.	Un pied dans le sépulcre.	183
XX.	Enterrement d'un grand anniversaire.	197

II

DEUXIÈME JOURNÉE

LA LUTTE

I.	On vient pour m'arrêter.	203
II.	De la Bastille à la rue de Cotte.	213
III.	La barricade Saint-Antoine.	219
IV.	Les associations ouvrières nous demandent un ordre de combat.	239

V.	Le cadavre de Baudin	247
VI.	Décrets des Représentants restés libres. . .	255
VII.	L'archevêque	279
VIII.	Au mont Valérien.	287
IX.	Commencement d'éclairs dans le peuple	293
X.	Ce que Fleury allait faire a Mazas. . . .	303
XI.	Fin de la deuxième journée	313

Pour paraître le 2 décembre

HISTOIRE D'UN CRIME

III. — TROISIÈME JOURNÉE. — *LE MASSACRE.*
IV. — QUATRIÈME JOURNÉE. — *LA VICTOIRE.*
V. — CONCLUSION. — *LA CHUTE*

ŒUVRES DE VICTOR HUGO

POÉSIE

ODES ET BALLADES
LES ORIENTALES
LES FEUILLES D'AUTOMNE
LES CHANTS DU CRÉPUSCULE
LES VOIX INTÉRIEURES
LES RAYONS ET LES OMBRES
LES CHATIMENTS
LES CONTEMPLATIONS

LA LÉGENDE DES SIÈCLES
LES CHANSONS DES RUES ET DES BOIS
L'ANNÉE TERRIBLE
LA LÉGENDE DES SIÈCLES, — NOUVELLE SÉRIE
L'ART D'ÊTRE GRAND-PÈRE

ROMAN

HAN D'ISLANDE
BUG-JARGAL
LE DERNIER JOUR D'UN CONDAMNÉ
CLAUDE GUEUX

NOTRE-DAME DE PARIS
LES MISÉRABLES
LES TRAVAILLEURS DE LA MER
L'HOMME QUI RIT
QUATREVINGT-TREIZE

DRAME

CROMWELL
HERNANI
MARION DE LORME
LE ROI S'AMUSE
LUCRÈCE BORGIA

MARIE TUDOR
ANGELO, TYRAN DE PADOUE
LA ESMERALDA
RUY BLAS
LES BURGRAVES

LITTÉRATURE ET PHILOSOPHIE MÊLÉES
LE RHIN
NAPOLÉON LE PETIT
WILLIAM SHAKESPEARE
PARIS

MES FILS
ACTES ET PAROLES
   I. AVANT L'EXIL
   II. PENDANT L'EXIL
   III. DEPUIS L'EXIL

PARIS. — Impr. J. CLAYE. — A. QUANTIN et Cⁱᵉ, rue St-Benoît. — [1623].

Pour paraître le 2 décembre

HISTOIRE D'UN CRIME

III. — TROISIÈME JOURNÉE. — *LE MASSACRE.*
IV. — QUATRIÈME JOURNÉE. — *LA VICTOIRE.*
V. — CONCLUSION. — *LA CHUTE.*

ŒUVRES DE VICTOR HUGO

POÉSIE

- ODES ET BALLADES
- LES ORIENTALES
- LES FEUILLES D'AUTOMNE
- LES CHANTS DU CRÉPUSCULE
- LES VOIX INTÉRIEURES
- LES RAYONS ET LES OMBRES
- LES CHATIMENTS
- LES CONTEMPLATIONS
- LA LÉGENDE DES SIÈCLES
- LES CHANSONS DES RUES ET DES BOIS
- L'ANNÉE TERRIBLE
- LA LÉGENDE DES SIÈCLES, — NOUVELLE SÉRIE
- L'ART D'ÊTRE GRAND-PÈRE

ROMAN

- HAN D'ISLANDE
- BUG-JARGAL
- LE DERNIER JOUR D'UN CONDAMNÉ
- CLAUDE GUEUX
- NOTRE-DAME DE PARIS
- LES MISÉRABLES
- LES TRAVAILLEURS DE LA MER
- L'HOMME QUI RIT
- QUATREVINGT-TREIZE

DRAME

- CROMWELL
- HERNANI
- MARION DE LORME
- LE ROI S'AMUSE
- LUCRÈCE BORGIA
- MARIE TUDOR
- ANGELO, TYRAN DE PADOUE
- LA ESMERALDA
- RUY BLAS
- LES BURGRAVES

- LITTÉRATURE ET PHILOSOPHIE MÊLÉES
- LE RHIN
- NAPOLÉON LE PETIT
- WILLIAM SHAKESPEARE
- PARIS
- MES FILS
- ACTES ET PAROLES
  - I. AVANT L'EXIL
  - II. PENDANT L'EXIL
  - III. DEPUIS L'EXIL

PARIS. — Impr. J. CLAYE. — A. QUANTIN et Cⁱᵉ, rue S-Benoît. — [1623].

www.ingramcontent.com/pod-product-compliance
Lightning Source LLC
Chambersburg PA
CBHW050801170426
43202CB00013B/2515